应用型新商科人才培养教材

企业财务战略

卿玲丽◎主 编

沈 梅 何新昕◎副主编

西南财经大学出版社

中国·成都

图书在版编目(CIP)数据

企业财务战略/卿玲丽主编;沈梅,何新昕副主编.
成都:西南财经大学出版社,2024.12. --ISBN 978-7-5504-6460-5
Ⅰ.F275
中国国家版本馆 CIP 数据核字第 20247SS516 号

企业财务战略

QIYE CAIWU ZHANLÜE

主　编　卿玲丽

副主编　沈　梅　何新昕

策划编辑:李建蓉

责任编辑:李建蓉

责任校对:陈何真璐

封面设计:墨创文化

责任印制:朱曼丽

出版发行	西南财经大学出版社(四川省成都市光华村街55号)
网　　址	http://cbs.swufe.edu.cn
电子邮件	bookcj@swufe.edu.cn
邮政编码	610074
电　　话	028-87353785
照　　排	四川胜翔数码印务设计有限公司
印　　刷	郫县犀浦印刷厂
成品尺寸	185 mm×260 mm
印　　张	17.875
字　　数	427 千字
版　　次	2024 年 12 月第 1 版
印　　次	2024 年 12 月第 1 次印刷
印　　数	1— 2000 册
书　　号	ISBN 978-7-5504-6460-5
定　　价	45.00 元

前　言

在这个日益复杂多变的商业环境中，企业财务战略的重要性愈发凸显。财务战略决策不仅关系到企业的生存与发展，而且直接影响企业的竞争力和市场地位。呈现在读者面前的这本《企业财务战略》教材综合了财务管理的基本理论、最新研究成果及实践案例分析，力求通过系统的理论阐述和实践操作指导学生、财务人员以及企业决策者在不断变化的市场中做出精准的财务决策，为其提供一个全面且深入的财务战略视角。本书的主要特色如下：

（1）注重系统性和针对性。本书注重学科的系统性和条理性，编写主题紧密贴合企业的财务层面，具有很强的针对性，解决了现有教材主要聚焦于企业战略或企业战略管理而鲜少涉及企业财务战略的问题。全书结构紧密，结合企业不同类型的财务战略及管理展开，分为10章，分别是第1章企业财务战略概述、第2章企业财务战略制定的环境分析、第3章基于企业生命周期的财务战略、第4章基于企业战略匹配的财务战略、第5章基于企业财务活动匹配的财务战略、第6章企业并购的财务战略、第7章企业财务战略的实施、第8章企业财务战略的风险管理、第9章企业碳财务战略与ESG战略、第10章企业财务战略数字化。每章内容均包含学习目标、课程思政、章节思维导图、导入案例、本章小结、本章内容在历年CPA考试中涉及的考点、技能训练、案例演练等内容，能够充分满足读者的学习需求。

（2）注重价值引领。用心打造培根铸魂、启智增慧的精品教材，是习近平总书记对教材编写工作的重要指示。本书在各章节加入了相关思政元素，使专业技术技能与思政内容有机融合，以实现对学生思政教育与专业技能培养的双重目标，为培养德智体美劳全面发展的高素质技术技能人才提供有力支撑。这在财务战略领域的教材撰写方面具有创新性和开创性。

（3）融入创新视角。"纸上得来终觉浅"，战略不是纸上谈兵，不是坐而论道，战略必须落地，理论必须与实践对接。本书一方面注重传播理念，树立观念；另一方面突出财务战略的实践性，强调学以致用。书中大量使用来自不同国家和地区、不同产业的不同规模企业的最新真实案例来阐释理论与方法，希望读者有现场感，并从中获得具有挑战性和满足感的体验。本书引例和专栏案例的选择体现了时代性、典型性、新颖性和多元性，涉及的行业和领域包括各种新兴产业，如人工智能、大数据、移动互联网、5G技术、电商、直播、互联网科技、投融资、能源、管理咨询、汽车智能制造、航空、网红餐饮、煤电等，其中涉及的企业主要有海尔、阿里巴巴、TCL等。此外，本书所有的案例均采用了企业的最新数据。

（4）充分体现数字化。近年来，数字经济发展、智慧社会建设风生水起，数字化成为时代大潮和发展基底，从IT圈到工业界，各行各业的管理者都看到了数字化对企业长远发展的重要性。数字化、数智化转型已不是选择题，而是必答题。鉴于此，本书充分体现数字化特色，在第 10 章专门详细阐释了企业财务战略数字化。此外，本书还将着眼点放在能够支持移动学习并运用大数据进行网络建课、课程运行、上课互动等来推动线上线下混合教学的落实，使其具备可听、可视、可练、可互动功能，从而帮助学习者自主学习。例如，本书随文设置导入案例、技能训练、案例演练等内容的二维码，每一章数字内容对应多个知识点二维码，扫码即可获取相应章节的数字资源，大大提高了本书的数字化水平。

（5）紧密结合国家"双碳"目标。依照国家碳达峰、碳中和等相关战略指引，本书专门编写了第 9 章企业碳财务战略与 ESG 战略，专门详细阐释了环境保护对公司战略的影响及公司战略措施，完善了财务战略的组织应对体系。

（6）为准备注册会计师考试提供了便利。本书涵盖了注册会计师考试大纲的大部分内容，为便于考试复习，本书对注册会计师考试历年考点进行了总结，在各章中标注了本章内容在历年 CPA 考试中涉及的考点。

（7）丰富新形态立体化数字教学/学习资源。本书配有相应的 PPT、章节思维导图、本章小结，对相关的知识点进行高度概括；每个章节后均有题库，实现即测即评。题库主要包括判断题、单选题和多选题，答案、解析、知识点、难易程度等以二维码形式呈现，便于读者随时随地扫码做题。

参与本书编写工作的有卿玲丽（撰写第 3 章部分内容和第 4、8、9 章及第 10 章部分内容，并承担统筹、修改、校对等工作）、沈梅（撰写第 2、5、7 章）、何新昕（撰写第 3 章部分内容和第 6 章）、朱莉华（撰写第 1 章）、马翔（撰写第 10 章部分内容）、郑心怡（撰写第 3 章部分内容）。

要特别感谢韩国釜山大学商学院牟健教授，广州商学院会计学院陈淑萍教授、谢伟峰教授、陈德余教授，正是他们的启发、鼓励和支持才让本书得以顺利完成。

本书还参考了大量文献，正是这些文献的思想指引让我们有所领悟。虽已将相关参考文献列于书末，但仍不足以表达我们对文献作者的敬意。

本书能够出版，还要感谢西南财经大学出版社的编辑，没有他们认真的态度和耐心的付出，难成此书。

卿玲丽

2024 年 11 月

目　录

7 企业财务战略的实施 ·················· （147）

1　企业财务战略概述

【学习目标】

> 1. 掌握：战略、企业战略、财务战略等的定义以及相互之间的关系；企业财务战略的特征及重要性。
> 2. 理解：企业财务战略的分类标准及各标准下不同的财务战略类型。
> 3. 了解：企业财务战略的发展历程。

【课程思政】

课程思政目标：

1. 培养学生用理性的、发展的眼光看待事物的变化和发展。
2. 培养学生的团队合作意识和自我管理意识。

融入点：

1. 企业的发展深深植根于国家土壤之中，其从组织到控制、实施再到评估的每一个环节，都受到国际与国内环境的深远影响，这一切都在一个不断变化且错综复杂的背景中展开。

2. 作为一名现代企业的管理者，要作出科学合理的战略决策，不仅要深入了解国际局势以及我国的具体国情，还要具备宏观的战略视野和前瞻性的思考方式。

3. 借助案例来引导讨论，深入剖析利益相关者的分析框架，进而聚焦企业利益相关者的具体责任。这种方式不仅可以加深学生对相关内容的理解，而且可以有效提升他们的团队合作意识。

【思维导图】

本章思维导图如图 1-1 所示。

```
                                        ┌ 战略
                    ┌ 战略、企业战略与财务战略 ┤ 企业战略
                    │                    │ 财务战略
                    │                    └ 企业战略与财务战略的关系
                    │                          ┌ 企业财务战略的特征
                    │ 企业财务战略的特征与重要性 ┤
企业财务战略概述 ┤                          └ 企业财务战略的重要性
                    │                 ┌ 基于企业生命周期视角的分类
                    │ 企业财务战略的类型 ┤ 基于企业战略匹配视角的分类
                    │                 └ 基于企业财务活动匹配视角的分类
                    │                     ┌ 早期阶段
                    └ 企业财务战略的发展历程 ┤ 成熟阶段
                                        └ 现代阶段
```

图 1-1　本章思维导图

【导入案例】 海尔的六次战略转型

海尔总共经历了六个阶段的战略转型，即名牌战略阶段、多元化战略阶段、国际化战略阶段、全球化品牌战略阶段、网络化战略阶段和生态品牌战略阶段。

在名牌战略阶段，海尔的口号是"要么不干，要干就争第一"。为了打造名牌冰箱，海尔借助外资企业的先进设备，在生产上实施严格的质量管理，即高标准、精细化、零缺陷，因此有了著名的"砸冰箱事件"。到 20 世纪 80 年代末，海尔的电冰箱在全国赢得一定的口碑。

在多元化战略阶段，海尔延续名牌战略，完成了家电产品的多元化布局。海尔通过对国内家电企业的兼并重组、投资等方式，完成了由单一的电冰箱品牌到几乎覆盖当时所有家电品类的拓展。在经历了名牌战略阶段和多元化战略阶段后，海尔品牌在国内家电领域已经成为响当当的存在。

打造海尔"名牌"首战告捷，海尔决定"走出去"。这是海尔的国际化战略阶段。与大多数企业出海不同，海尔反其道而行之。海尔选择的出海路线是先发达国家，后发展中国家。其不仅在美国建了技术开发中心、贸易公司，还投资 4 000 万美元，建了海外第一个家电生产基地，实现了"设计、制造、营销"的本土化。通过跨国并购、在当地投资建厂，海尔相继进入欧洲、中东、东南亚市场。

随着全球经济一体化进程的加速，2005 年年底，张瑞敏宣布海尔进入全球化品牌战略阶段，确定了"走出去、走进去、走上去"的目标。与国际化战略阶段不同的是，这一阶段不仅要走出去，还要让海尔品牌成为当地的名牌。海尔当时对标全球主流、高端市场的法式双开门电冰箱，自主研发了设计理念先进、技术含量高的尖端电冰箱，其售价比惠而浦、西门子等高端电冰箱品牌高出一倍多，中国家电品牌第一次有能力比肩西方主流品牌。

互联网经济飞速发展，海尔审时度势，进入网络化战略阶段，聚焦对传统管理模式的突破。海尔定义的网络化企业是企业无边界、管理无领导、供应链无尺度。传统

企业通常形成了自身独立的封闭系统，而互联网企业则需发展成为开放且相互连接的网络节点。海尔不仅在战略层面进行创新，还在组织架构、员工、用户、薪酬及管理等多个方面进行了根本性的探索和变革，建立了以用户为中心的共创共赢生态圈，进入生态品牌战略阶段。

1.1 战略、企业战略与财务战略

企业本质上是一个资金流动的动态系统，其中财务战略扮演着至关重要的角色。财务战略不仅保持这一系统的正常运作，而且还致力于提升企业效率，是推动企业持续发展的关键力量之一。

1.1.1 战略

自20世纪80年代起，西方国家的企业管理领域逐渐形成了一种明显的发展趋势，即战略管理。至今，这一趋势仍日益显著。特别是在新经济泡沫破裂之后，全球范围内对战略制定的关注急剧增加。那么，何为战略？企业战略应包含哪些要素？

"战略"一词最初源自军事领域。根据《辞海》的定义，战略是依据国际和国内形势，以及政治、经济、军事、科技和地理等因素制定的，主要是对有关战争的发生、发展及其特点和规律进行分析与判断，确立战略方针、任务、方向和作战形式。毛泽东曾精辟地论述战略："研究带全局性的战争指导规律，是战略学的任务。"随着人类社会的进步，战略一词的应用已经扩展到社会、经济、政治等多个领域，其含义远超军事或战争本身，出现了诸如经济发展战略、外交战略、能源战略、科技发展战略等名词和术语。

1.1.2 企业战略

1.1.2.1 企业战略的定义

"企业战略"一词是由美国著名学者安索夫（Ansoff）于20世纪60年代在其所著《公司战略》一书中首次提出的。自此，20世纪70年代至80年代期间，企业战略的理论与实践均实现了显著的发展，并逐渐演化成为一个较为完善的理论体系。关于企业战略的定义，不同学者从不同角度给出了不同的定义。不同学者出发点不同，因此形成了不同的观点。表1-1整理了国内外学者对"企业战略"的定义。

表1-1　企业战略的定义

序号	学者名称	企业战略的概念内容
1	安索夫（Ansoff）	企业战略构成了企业经营、产品与市场之间的一条共同经营主线。该主线定义了企业当前及未来计划的业务基本属性。它由四个核心要素组成：产品与市场的范围、增长向量、竞争优势以及协同效应

表1-1(续)

序号	学者名称	企业战略的概念内容
2	安德鲁斯 (Andrews)	战略可定义为目标、意图或目的,以及为实现这些目的而制定的关键政策和计划的模式。此模式不仅界定了企业当前的或应承担的业务活动,还明确了企业现有的或应有的业务类型
3	明茨伯格 (H. Mintzberg)	企业战略的内容可定义为5P,即计划(Plan)、计策(Ploy)、模式(Patter)、定位(Position)、观念(Perspective)
4	纽曼 (W. H. Newman)	企业战略是确定长远的主要任务,指导整个企业经营活动的总谋略和总方针,以及为完成这一任务而采取的主要行动
5	陈炳富	企业战略可定义为对任何一个组织的全局性或决定性的谋划
6	汪应洛	企业战略是为实现企业长期的全局的经营目标,有效地组织利用企业内部各种资源和能力,使之适应战略决策。其作用主要是确定企业的产品—市场领域,确定企业的经营活动将向什么方向发展

表1-1清晰展示了企业战略定义的多样性,这些定义源自不同的视角。有的从企业所处的环境及其组织结构出发,有的聚焦于战略的制定与执行过程,还有的侧重于战略的特征描述。尽管这些定义在表述上存在差异,但它们对企业战略基本问题的理解却是一致的。这些差异不仅反映了企业战略的多维度特性,而且深刻影响了企业战略的特征与表现。其主要体现在以下几个关键点:

(1)在空间维度上,战略是企业全局性的整体决策。

(2)在时间维度上,战略是关乎企业未来的长远决策。

(3)在依据方面,战略是基于对企业外部及内部环境的深入分析与准确评估而制定和执行的,其核心在于企业的发展方向和对未来环境的适应。

(4)在影响程度上,战略对企业的发展具有根本性的影响。

(5)战略的本质在于创造和变革,在于创造和维持企业的竞争优势。

综上所述,企业战略本质上是战略理念在产业经济范畴内的应用与拓展,它立足于企业盈利的核心目标,旨在助力企业在特定的领域与市场环境中求得生存并实现持续发展。因此,本书给出的企业战略的定义为:在保证企业完成使命的条件下,在充分利用环境中存在的各种机会和创造新机会的基础上,确定企业同环境的关系,规定企业从事的经营范围、成长方向和竞争策略,合理设计企业结构,分配企业的全部资源,从而使企业获得某种竞争优势的全局性、长远性谋划。

1.1.2.2　企业战略的特征

企业战略具有全局性、长期性、应变性、风险性和竞争性等特征,由目的、目标、手段与方法构成。明确的战略意图将形成战略决策的长期一致性和关键创新资源(技术与市场)成长的长期一致性。企业战略作为指导企业生产经营活动的准绳,必须是科学合理的。不恰当的战略目标,不但难以起到应有的指导作用,而且还会给在各种内外条件制约下本来就已十分复杂的企业经营增添人为的矛盾和摩擦。企业战略应具备的特征包括以下五个方面:

（1）企业战略具有全局性。企业战略的全局性特征在于其是基于企业整体需求构建的，而非仅仅聚焦于某一特定部门。企业作为一个整体，由多个既相互关联又相对独立的部分构成，其整体面临的挑战并非各部分问题的简单累积。企业在成长过程中，会遇到诸多全局性问题。例如，企业需应对环境的重大变化，有效地开发、利用及整合资源，平衡生产要素与经营活动，协调各种基本关系等。对这些全局性问题进行妥善规划，是企业稳健发展的基石，这要求持续把握企业的整体发展方向。企业战略实质上是为企业全局发展设定的总体目标，在这一目标的引领下，企业内部各部分需制定与总体战略相符的自身发展目标，确保整体与局部之间的和谐统一。

（2）企业战略具有长期性。企业短期规划与企业战略存在显著差异。具体而言，企业短期规划主要是对未来一年内的生产与经营活动，进行详尽的计划与部署。相比之下，企业战略则是对企业经营方向和生存模式的深远考量与规划，其时间跨度通常超过三年。企业战略植根于企业当前的运营状况对企业未来发展进行合理预判，旨在实现企业长远利益的最大化，是一项高瞻远瞩的长期规划。

（3）企业战略具有应变性。企业战略具备显著的应变性。这种应变性主要表现在企业战略能够根据内外部环境的变化，及时进行必要的调整。企业战略的制定需要与企业所处的内外部环境相适应，当企业的内外部环境发生变化时，企业战略也应当根据变化的需要进行相应的调整和改变。也就是说，企业战略在制定的过程中并不是一成不变的，而是具有一定的弹性和应变性的。

（4）企业战略具有风险性。企业战略是对企业长远发展的整体规划与布局，鉴于决策中的主观因素及未来的不确定性，企业战略蕴含风险性。这种风险性具体源于两个方面：一方面是企业根据自身的情况所作出的预测和决策的失误带来的风险；另一方面是企业环境变化的不确定性带来的风险。

（5）企业战略具有竞争性。企业战略的核心目标在于对企业发展实施长远规划与全面统筹，使企业在激烈的市场竞争中超越对手，构建竞争优势，确保企业的持续长远发展。企业战略在制定过程中不仅要考虑企业自身情况，同时还要考虑竞争对手的企业战略，这样才能有针对性地、有竞争性地制定出企业战略。这种企业战略在保证企业自身发展的同时又能有效抵制竞争对手的进攻，能够建立竞争优势以获取长远利益。

1.1.3 财务战略

财务战略代表了战略理论在财务管理领域的具体应用和发展。这种战略既融合了一般战略的共通特征，又展现了其独特性质。一个科学的财务战略定义不仅应体现其战略本质，还应突出其财务特征。其中，前者揭示了其普遍性，后者强调了其特殊性。对于战略的共性问题我们已经有所了解，本部分将重点讨论财务战略的特殊性。财务战略的特殊性源于财务管理的对象——资金运动的特殊性。下面对此作简要的分析。

企业要进行生产经营，必须拥有足够的资金作为支撑，这些资金在企业运营中持续流动。企业的运营活动，既体现为实物的流转，也表现为资金流动（或称价值流动），两者紧密相连，互为表里。财务管理的核心任务是从价值维度出发，调控企业的运营活动。确保企业资金的均衡与高效流动，是企业持续运营与发展的基础。因此，财务管理聚焦于维持资金流的均衡与实现企业资本的保值和增值。资金流动始于现金，以现金为终点，其他资产则是现金流动过程中的临时形态。因此，资金流动的本质是现金的流动。均衡与高效的资金流动实际上确保了现金流的均衡与高效。具体来说，现金流的均衡主要体现在现金流入与流出的适当匹配上。企业在面临现金需求时，必须保证足够的现金流入以应对需求，否则资金链断裂可能导致企业盈利、发展乃至生存出现危机。反之，企业如有大量闲置现金，应寻求投资增值，避免资金时间价值的损失，维护企业的盈利能力。因此，企业的生存与发展依赖现金流的平衡，即保持现金流入和流出的平衡。美国战略管理权威威廉·纽曼也指出，制定资本运用及来源战略时，应重点关注现金流动。资本的保值与增值不仅是对资本的本质要求，也是企业存在的基本目标及财务管理的核心。若企业无法达成资本的增值，那么其将在资本市场上丧失投资者的信赖，在产品市场上失去竞争优势，这两者均对企业的生存构成威胁。因此，与现金流动的均衡一样，资本的保值与增值同样具有战略性的重要意义，关乎企业的生存与发展。然而，要实现现金流动的均衡与资本的保值增值，并非易事。企业受到众多内外部环境因素的影响，如经济周期、金融市场动态、竞争态势、政治法律环境、技术进步以及消费者行为等。为了应对这些挑战，保持现金流动的均衡与资本的稳健增值，企业必须运用战略思维，增强财务活动对未来环境变化的适应能力。由此可见，财务战略的核心应聚焦于现金流转与资本增值，特别是在复杂多变的环境条件下，如何从整体和长期的角度来实现这一目标。

综合以上讨论及对战略概念的共识，我们定义财务战略为：在公司总体战略的指导下，基于内外部环境对公司价值创造的影响分析，旨在实现公司现金流的均衡流动并推动公司财务价值长期最大化，对公司现金流动和资本运营进行的全局性、长远性、创造性的谋划。财务战略包括四项战略决策：①资产规模应该多大；②债务资本与权益资本的比例应该是多少；③利息中股息支付与留存收益的比例应各为多少；④需要发行多少新股。需要指出的是，为了与企业战略的概念保持一致，此处的定义是从战略方案角度进行的，即主要是指财务战略的制定。

1.1.4 企业战略与财务战略的关系

一般而言，在大中型企业中，企业战略可以划分为三个关键层次：第一，公司战略（company strategy），亦称作企业总体战略；第二，竞争战略（competitive strategy），也可称为业务单位战略；第三，职能战略（functional strategy）。

1.1.4.1 公司战略

在企业战略中，公司战略处于最高层级。它基于企业的经营理念、战略使命及目标，决定企业参与竞争的业务范畴，同时合理配置所需经营资源，确保各业务单元之间的相互支持与协调。简言之，从公司的发展方向到各经营单位的协同，从企业资源的配置与积累到企业文化与价值观的演变，均是构成公司战略的关键要素。因此，公司战略实质上是关于企业资源配置与市场活动协调的总体规划。

通常，企业战略要回答的重要问题包括：企业经营什么业务？企业应该在什么业务领域中经营？

企业战略具有如下特点：

（1）从性质上讲，企业战略关乎企业的全局性、整体性以及长期发展的战略部署。

（2）在参与战略制定的人员方面，企业战略的制定和执行主要依靠企业的高层管理团队。

（3）从对企业发展的影响程度看，企业战略对企业发展的影响，与企业的组织形式紧密相连。在企业组织形式简单、经营业务与目标单一的情况下，企业战略等同于该业务战略。而当企业组织形式复杂、经营业务与目标多元化时，企业战略也随之复杂化。值得注意的是，战略是基于企业对环境变化的适应需求而提出的，它同时对企业组织形式产生反作用，这要求企业相应地进行组织形式的变革。

1.1.4.2　竞争战略

竞争战略是企业在战略经营单位层面上的战略。所谓战略经营单位是指企业从组织上把具有共同战略因素的若干事业部或其中某些部分组合成一个经营单位。每个战略经营单位一般都有其独立的产品和细分市场。大型企业或多元化经营企业，为了提高协同作用，加强战略实施与控制，常常采用这种组织形式。

一般而言，战略经营单位与事业部是有区别的。有时在企业内部，如果各个事业部的产品和市场都具有特殊性，那么，这些事业部也可制定和实施自己独特的竞争战略。

因此，竞争战略主要关注的是战略经营单位、事业部或子公司层面。它指的是各战略经营单位在特定经营领域内，如何有效利用公司分配的资源，以建立和维持可持续的竞争优势的战略规划。竞争战略是在企业战略的制约下，为实现公司整体目标，对战略经营单位行动的指导和管理。因此，企业战略是对竞争战略的指导，而竞争战略是对企业战略的支持和支撑。

竞争战略要回答以下问题：

（1）集中在哪些细分市场与竞争对手进行竞争？

（2）用什么产品与竞争对手进行竞争？

（3）如何在所选定的细分市场和产品范围内获得可持续的竞争优势？

1.1.4.3　职能战略

职能战略，亦称职能层战略，指的是企业内部各主要职能部门所制定的短期战略规划。这一战略旨在让职能部门的管理者明确自身在实施公司整体战略及支撑业务单元战略中的职责。职能战略通过高效运用研发、市场营销、生产、财务管理、人力资源开发与管理等关键职能，确保了企业目标的实现。简而言之，职能战略是从各职能部门的角度出发，为公司战略与竞争战略的实施提供支持的详细规划。

上述三个战略层次在企业内部共同构建了一个有机、统一且分层的战略体系。这三个层次既相互关联，又相互作用与制约，它们之间的协调与紧密联系是企业竞争获胜的关键因素。具体而言，上一层次的战略为下一层次的战略提供了战略环境。例如，公司战略为战略经营单位创造了战略环境，而竞争战略则构成了职能部门的战略背景。同时，下一层次的战略又支撑着上一层次的战略。在这一战略体系中，竞争战略处于核心地位，它是企业获取持续竞争优势的关键，为企业战略提供了必要的支撑与基础，并为职能战略指明了发展方向。

下面以家电企业为例，描述企业各层级战略关系，具体如图1-2所示。

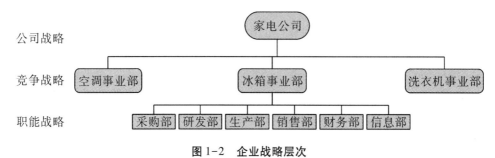

图1-2　企业战略层次

在上述体系中，财务战略是部门职能战略之一，主要关注的是公司战略执行所依赖的关键资源——财务资本。如图1-2所示，财务战略与企业战略之间存在整体与部分、主战略与子战略的关系。同时，企业战略与财务战略之间呈现一种辩证关系：一方面，企业战略中的公司战略起主导作用，并对财务战略起到指导作用；另一方面，财务战略保留了一定的独立性，对公司战略及其他功能战略具有既制约又支持的作用。

1.2　企业财务战略的特征与重要性

1.2.1　企业财务战略的特征

企业财务战略的特征主要表现在以下几个方面：

1.2.1.1　支持性

财务战略的支持作用主要体现在两个方面：首先，它是公司战略的关键部分；其次，它是实施和保障公司战略的核心环节。公司战略具有全局视角，从竞争分析入手，追求竞争优势，依靠技术、产品差异化和成本优势来实现目标。公司战略为财务战略和其他职能战略的制定提供指导。财务战略则在优化财务资源的规模、期限、成本和结构方面发挥作用，提高资金运营效率，并建立完善的风险预警机制，为实现公司战略目标提供稳固的财务基础。

1.2.1.2　相对独立性

企业战略展现出其多元化结构，覆盖企业整体、事业部和职能层面。财务战略作为职能战略的一部分，与其他职能战略有所重叠，但也具备独立性。在市场经济条件下，财务管理包括投资、融资和股利分配等，不仅仅是生产经营的附属。财务战略与其他职能战略虽相对独立，但仍与资金筹集和使用紧密相关，与企业内部融资需求相关，显示出与企业其他活动的密切联系。

1.2.1.3　动态性

财务战略需要保持动态适应性。通常，战略以长期规划和前瞻性为基础，但必须应对环境的常态变化。战略的核心在于灵活应对：对小变化严格遵循战略指导；对大变化则需调整战略，包括财务战略，以适应新情况。

1.2.1.4　综合性

企业财务战略的综合性表现在其如何全面反映战略期间企业的资金需求、使用和消耗，以及预期的总体经营效果。这一特性源于财务管理的对象——资金的综合流动性。

1.2.1.5　全员性

虽然财务战略主要由财务部门负责规划和执行，但企业其他管理层也发挥着重要作用。财务战略的全员参与性是其综合性的直接体现，涉及企业高层到财务部门主管、事业部财务，直至子公司财务的协同管理。财务战略与其他职能战略紧密配合，确保其思维贯穿各职能层次，由财务部门统一协调。

1.2.1.6　导向性

企业在制定财务战略时，需明确战略的预期目标和行动计划，以此指导未来的所有财务行为及战术的制定和实施，体现了财务战略的导向性。

1.2.1.7　风险性

企业财务战略的制定面对不断变化的环境，需依赖决策者的知识、经验和判断力。合适的财务战略能为企业带来发展，而不当的财务战略则可能带来风险和损失，甚至导致企业破产。

1.2.1.8　外向性

企业财务战略管理将企业与复杂的内外部环境相结合，通过观察和分析外部变化，识别机遇与挑战，增强企业对外部环境的适应性，提升其市场竞争力。

1.2.1.9　长期性

财务战略管理强调从战略高度审视企业财务活动，规划长期发展，并有效配置资源，预警风险，从而提升企业在复杂环境中的灵活性和市场竞争优势。

1.2.2　企业财务战略的重要性

企业的财务管理活动自产生至今，不断发展，已成为企业管理活动的核心之一。此外，战略管理由于其全局性、前瞻性和长远性等显著优势，被各类组织深入研究和广泛运用。随着企业财务导向时代的来临，财务作为战略管理的核心，与战略管理从形式互动走向实质互动，企业财务战略在战略体系中具有了一定的主导地位。

学者克莱维雷（W. O. Cleverley）主张，财务上不可行的战略计划本质上是无效的，而无法反映管理当局与董事会战略决策的财务计划则毫无价值。因此，战略管理理论的蓬勃发展和企业界的广泛重视驱动了战略问题及其元素进入财务管理领域，推动了财务战略管理的深化。国内学者刘志远也有相似见解，他认为在理论层面，财务战略是财务管理向战略方向发展的逻辑延伸和具有巨大潜力的扩展；在实践层面，财务战略已是或即将成为财务管理的新趋势。据此，我们可以认识到，财务管理的重要性可能使得企业财务战略在整体战略架构中取得核心地位。一个成功的企业战略，必须由相匹配的财务战略来支持。尽管财务战略属于企业战略的一环，但它同时对企业战略的成功执行起到了既制约又促进的作用，体现出一种辩证的关系。

从企业战略的行动方案和经营途径来看，财务战略与企业战略有着密切的联系。企业采取行动使收入来源呈现多元化的态势并进入全新的行业或业务，需要实施投资生产线、并购、兼并等财务战略；企业采取行动加强资源基础，提升竞争能力，往往需要实施融资结构协调战略；企业采取行动充分利用新的机会，如开发新技术、进行产品革新等，需要在研发方面实施积极的投资聚集战略；等等。这些行为都是企业战略实施的生动案例，均与财务战略实施紧密相连。这说明，财务战略是企业战略的基本保证，它决定着企业财务资源的合理配置与有效利用，可以促进经济效益的提高，为企业创造良好的生存环境和发展前景。在实施投资、融资、股利分配、资本重组等重大的企业战略行为时，企业财务战略往往成为这些行为主要的驱动力量，或者可以说，财务战略在这时就上升为企业战略。

财务战略不仅归属于企业战略，而且在企业战略体系中占据至关重要的位置。它与企业战略是整体与局部、主要战略与分支战略的关系。尽管财务活动本身并不涵盖全局视野，且只是企业战略的一个环节，属于职能战略的范畴，但其某些方面对企业的整体长期发展具有显著影响。因此，财务战略是整个企业战略不可或缺的一环。资本是影响企业生存与发展的关键因素之一，财务可行性制约着其他战略的施行，因此财务战略的基本出发点必须站在企业全局的立场上。否则，财务战略就会背离企业战略，而这是不允许的。因此，财务战略往往构成企业战略的中坚。

作为一个综合性的分支战略，财务战略扮演着在企业内部与其他子战略相互协调的关键角色。存在于企业战略与财务战略之间的是一种辩证的关系：企业战略处于领导地位，对财务战略具有指导作用；相对而言，财务战略保持一定的独立性，对企业战略执行起到既制约又支持的作用。通过资金这一核心资源运用全面的财务信息，财务战略将企业各级战略紧密联结，充当着纵向与横向、内外战略关系的桥梁。在战略制定或实施前，企业须评估其财务可行性，包括资金分配的均衡性、金融市场的融资约束、资金来源结构的风险与收益匹配度，以及在经营风险高和现金流不确定性大时，是否仍采用高负债比率，即经营风险与财务风险的平衡。资金筹措战略的目标并非短期资金成本最小化，而是确保长期资金来源的稳定与灵活，并基于此持续降低长期资金成本。因此，企业在制定企业战略时，需注重其与财务战略的协调性。财务战略与企业战略的关系，并非无条件服从的，而是相互影响、相互验证、相互协调的。经过多阶段的相互作用与协调，二者最终达到平衡，形成相应的战略。

此外，在资金主导型企业等特殊场景下，财务子系统在众多子系统中担任核心角色，其日常运营活动频繁涉及资金的筹集、投资及分配等财务管理活动，这些活动或直接由理财活动显著驱动。对这些企业而言，财务战略不仅是企业战略的关键组成部分，其与企业战略的关系已超出简单的部分与整体的关系。同时，财务战略还对企业其他子系统的战略决策产生深刻影响。

1.3　企业财务战略的类型

事物的多元性意味着从不同视角观察会产生不同理解。根据不同的标准，企业财务战略的分类方法也各异。例如，从财务战略的具体内容来看，它可以被分为融资战略、投资战略和收益分配战略。依据企业所处的生命周期阶段，财务战略可进一步细分为初创期财务战略、成长期财务战略、成熟期财务战略及衰退期财务战略。根据企业财务战略覆盖的内容范围，其可被分为单项财务战略、综合财务战略。按照企业财务战略涉及的时间跨度，其可被分为长期财务战略、中期财务战略、短期财务战略。本书将基于企业生命周期视角、企业战略匹配视角和企业财务活动匹配视角对企业财务战略进行分类。

1.3.1　基于企业生命周期视角的分类

企业生命周期是企业从引入到退出经济活动的全过程，对企业生命周期的分析通常依托于对行业生命周期的判断。一般认为，行业生命周期分为投入期、成长期、成熟期和衰退期四个阶段，且不同阶段有不同特点。识别一个行业处于哪一个阶段，主要取决于其市场增长率、需求增长率、产品品种、竞争者数量以及进入或退出壁垒等。行业生命周期在很大程度上决定了企业生命周期。不过，企业生命周期又在很大程度上取决于企业管理自身。正如人们所说的，"只有夕阳行业，没有夕阳企业"。与行业生命周期相似，企业生命周期也可分为初创期、成长期、成熟期及衰退期。基于此，企业财务战略亦按企业生命周期分为初创期财务战略、成长期财务战略、成熟期财务战略和衰退期财务战略。鉴于各阶段所面临的经营风险不同，财务战略在不同时期的重点也有所差异，这表明财务战略在支撑企业总体战略及平衡经营与财务风险中扮演关键角色。

1.3.2　基于企业战略匹配视角的分类

作为企业战略中的关键职能部分，财务战略的制定必须支持企业战略并与之相匹配。因此，本书将财务战略分为扩张型财务战略、稳定型财务战略和收缩型财务战略。

1.3.2.1　扩张型财务战略

扩张型财务战略旨在与企业的成长战略相协调，其制定依赖于对以下几个关键决策点的评估：①选择扩张路径。这包括企业选择是通过内部积累实现逐步增长，还是通过外部并购实现快速发展，前者属于内涵式扩张，而后者属于外延式扩张。②确定扩张的方向。企业可以选择纵向一体化战略、横向一体化战略或是多元化战略。③设定扩张的速度。企业需要选择是采用低速、中速还是高速的扩张节奏，以维护财务的稳定性。④评估扩张资金的来源。这涉及权衡债务融资与股权融资的优劣，以在风险与收益间找到平衡点。公司财务战略必须精心规划，以支持并保障企业在扩张之路上稳健前行。

1.3.2.2　稳定型财务战略

稳定型财务战略旨在与企业稳定战略相协调，其主要特征体现为以下几个方面：第一，根据企业的经营状况，合理确定发展速度，避免盲目扩张。第二，财务战略着重于稳健管理，这包括控制债务水平和比例，注重税后利润的积累，并适当处理内部资金的积累与股利分配问题。第三，采取谨慎的并购策略，明确进入新领域的财务门槛，如设定资本回报率的最低要求。第四，避免进入与企业核心能力或主营业务无关的领域，集中于专业化和规模化的发展。第五，根据企业规模和市场变化适时调整组织结构，而非进行大规模的结构改革，保证管理的连续性和稳定性。

1.3.2.3　收缩型财务战略

收缩型财务战略的目的是配合公司的收缩战略，特别适合那些财务状况不佳和运营效率较低的企业。该战略的实施主要通过财务手段，如资产剥离、股份回购和子公司出售等来进行。

1.3.3　基于企业财务活动匹配视角的分类

投资管理、筹资管理和股利分配管理是构成企业财务管理的三大核心领域。基于此，本书将财务战略细分为投资战略、筹资战略及股利分配战略。

1.3.3.1　投资战略

投资战略包括选定投资方向、构建投资组合、设定投资决策标准、筹措所需资本、制定资本预算，以及管理并购行动等一系列策略。这些策略是企业从成长期到成熟期乃至衰退期的核心战略焦点，也是财务战略中永恒的主题。此外，合理的投资决策权划分是确保投资战略有效执行的关键。

1.3.3.2　筹资战略

筹资战略在企业的初创期和成长期尤为关键，其主要包括确定筹资总额、选择资本结构以及筹资方式等关键方面。

1.3.3.3　股利分配战略

股利分配战略不仅具有从属性，而且具有主动性特征。站在从属性角度，股利分配通常是对筹资与投资管理活动的一种补充，如剩余股利政策突出显示了股利分配额度与潜在投资机会及筹资战略的密切联系。同时，股利分配也表现出主动性，因为合理的分配政策能够促进生产经营的协调，进而加速企业的发展；反之，则可能阻碍企业成长。因此，股利分配战略不局限于单一的股利政策制定，而是从企业发展的全局出发，协调和处理与各利益相关者的关系。

综上所述，本书将财务战略的分类情况进行归纳，如图 1-3 所示。需要强调的是，上述三种分类方法并非彼此孤立的；相反，它们之间存在密切的内部关联。此关联主要体现在：企业处于企业生命周期的不同阶段，这决定了财务战略与企业战略的配合方式，进而影响了投资战略、筹资战略及股利分配战略的具体形式。

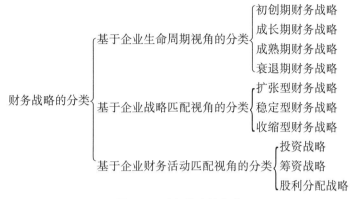

图 1-3　财务战略的分类

1.4　企业财务战略的发展历程

企业财务战略的形成和演变具有深厚的历史背景，大致可以分为三个发展阶段，即早期阶段、成熟阶段、现代阶段。

1.4.1　早期阶段

20 世纪初，企业财务战略管理主要集中于财务计划、预算控制以及筹资活动。在这一时期，泰罗作为科学管理的开创者，倡导通过精确的计划和系统的培训来组织劳动力，以提升生产效率。同时，法约尔强调计划与控制是管理职能的关键环节。在此阶段，预算控制成为财务战略管理的核心。随着西方企业规模的扩大和资金需求的增加，筹资功能应运而生，成为解决资金短缺、支持企业发展的关键手段。

1.4.2　成熟阶段

1930 年全球经济危机发生后，企业财务管理者开始重视如何科学控制和高效利用资金。随着科技的进步和市场竞争的加剧，许多企业建立了财务战略管理体系，并强化了内部财务管理与控制机制。这包括执行严格的预算管理，控制固定和流动资金使用，以及强化成本意识，提高资金效率。这一时期，内部财务决策成为核心议题，而资金筹措的重要性相对下降，这标志着财务战略管理进入以内部控制和财务管理为中心的新阶段。

1.4.3　现代阶段

第二次世界大战结束后，随着世界经济的深刻变化和资本主义经济危机的频发，企业领导者逐渐认识到，企业必须通过现代化财务管理来适应经济形势的变化。这推动了财务战略管理从内部控制阶段向现代财务管理阶段转变。在此过程中，企业普遍加强了对财务战略管理的重视，并将其作为企业管理的核心。价值分析法、量本利分析法、变动成本法、标准成本控制法等被广泛应用于财务决策和管理中。然而，传统财务管理理论与方法已难以满足现代企业战略管理的需求，因此，引入战略因素，完善财务管理的理论与方法，成为必然选择。20世纪80年代，英国学者西蒙兹提出"战略管理会计"概念，并强调其在企业战略构建中的支持作用，这标志着管理会计向战略管理会计的发展。

【本章小结】

本章小结具体见表1-2。

表1-2　本章小结

企业战略的特点	全局性、长期性、应变性、风险性和竞争性	
企业战略的层次	公司战略	公司战略是企业最高层次的战略，它通常涉及整个企业的财务结构和组织结构方面的问题
	竞争战略	竞争战略是企业各事业部门以及子公司的战略
	职能战略	职能战略是指企业内部各职能部门的战略（财务战略属于部门职能战略之一）
	三者关系：三个层次的战略在企业内部构成了一个有机的、统一的、分层次的战略体系，三个层次的战略既相互联系，又相互作用和制约，彼此之间的协调一致和紧密联系是企业在竞争中取胜的重要条件	
财务战略的特征	支持性、相对独立性、动态性、综合性、全员性、导向性、风险性、外向性、长期性	
财务战略的分类	基于企业生命周期视角	初创期财务战略
		成长期财务战略
		成熟期财务战略
		衰退期财务战略
	基于公司战略匹配视角	扩张型财务战略
		稳定型财务战略
		收缩型财务战略
	基于企业财务活动匹配视角	投资战略
		筹资战略
		股利分配战略
企业战略与财务战略的关系	财务战略与企业战略之间存在整体与部分、主战略与子战略的关系。同时，企业战略与财务战略之间呈现一种辩证关系：一方面，企业战略中的公司战略起主导作用，并对财务战略起到指导作用；另一方面，财务战略保留了一定的独立性，对公司战略及其他功能战略具有既制约又支持的作用	

【本章内容在历年 CPA 考试中涉及的考点】

> 敲黑板：
> 1. 公司战略的定义
> 2. 公司战略的层次

【技能训练】

一、单选题

1. 财务战略属于企业战略的（　　）层次。
   A. 公司战略
   B. 竞争战略
   C. 职能战略
   D. 运营战略

扫一扫，对答案

2. 当一个公司出售其子公司时，其最有可能采取的是基于与公司战略匹配的（　　）。
   A. 扩张型财务战略
   B. 收缩型财务战略
   C. 筹资战略
   D. 投资战略

3. 采购和生产战略是（　　）。
   A. 总体战略
   B. 职能战略
   C. 经营单位战略
   D. 竞争战略

二、多选题

1. 财务战略的特征有（　　）。
   A. 支持性
   B. 独立性
   C. 静态性
   D. 综合性

2. 基于企业财务活动匹配视角，财务战略可分为（　　）。
   A. 投资战略
   B. 筹资战略
   C. 融资战略
   D. 薪资分配战略

3. 企业战略可分为（　　）三个层次。
   A. 公司战略
   B. 竞争战略
   C. 职能战略
   D. 运营战略

4. 企业战略具备（　　）特征。
   A. 全局性
   B. 风险性
   C. 竞争性
   D. 应变性

三、判断题

1. 20 世纪 60 年代，美国著名实业家兼学者安索夫首次提出"企业战略"一词。
（ ）

2. 企业战略可以分为三个重要的层次：公司战略、竞争战略和职能战略，其中竞争战略是企业战略中最高层次的战略。（ ）

3. 企业战略的三个层次分别是公司战略、竞争战略和职能战略。（ ）

4. 筹资战略是公司成熟期的战略重点。（ ）

5. 收缩型财务战略主要运用于财务状况不佳、运营效率低下的企业。（ ）

四、简答题

1. 什么是财务战略？财务战略具有哪些特征？

2. 财务战略的主要分类标准有哪些？按照不同的标准，财务战略可以分为哪些类型？

3. 简要回答企业战略与财务战略的关系？

4. 企业战略由哪些层次构成？各层次之间有什么关联？

【案例演练】TCL 集团财务战略分析

TCL 集团股份有限公司（以下简称 TCL 集团），自 1981 年成立并于 2004 年 1 月在深圳证券交易所成功上市以来，不断拓展其业务范围。现 TCL 集团的核心业务已覆盖电视、手机、智能健康电器和液晶面板等领域，同时涉猎金融服务、互联网应用服务、投资及创业投资等多个领域。TCL 集团已在全球范围内拥有超过 8 万名员工，建立了 28 个研发基地、22 个制造基地，创立了超过 10 个联合实验室，业务遍及众多国家和地区。

"TCL"这一名称源于"the creative life"（创意生活）。TCL 集团为应对科技迅速发展的趋势以及高新技术行业日益激烈的竞争，于 2014 年推出了包括"智能+互联网"在内的一系列创新转型战略。这些战略紧扣时代脉搏与企业发展需求，助力 TCL 集团在竞争激烈的行业市场中确立了自身的竞争优势。

1. TCL 集团筹资战略分析

（1）债券筹资

TCL 集团在 2014—2020 年共筹集资金 361 亿元。详细来看，该集团通过四次发行短期融资券筹集 124 亿元，两次发行中期票据筹得 25 亿元，五次发行公司债券累计筹集 212 亿元。2014—2018 年，集团偏好利用短期融资券筹资，原因是其发行流程更为便捷、审核标准较为宽松。自 2016 年开始，随着 TCL 集团实施一系列如"组织变革、结构调整、聚焦主业、减员增效"等转型策略，集团逐渐增加了通过公司债券的筹资方式，尤其是在 2019—2020 年，此方式的比重有所增加。作为一个资金和技术需求都很高的企业，公司债券以其较广的筹资范围、较长的期限和较大的资金量，更好地满足了企业战略转型的需要。

（2）银行借款

2014—2020 年，TCL 集团的银行借款总额持续增加，至 2020 年已达到 858.53 亿元。在此期间，银行借款在集团有息负债中的比例始终保持在 60% 以上，特别是在 2014—2018 年，该比例稳定在 70% 左右。虽然在 2019 年和 2020 年银行借款比例经历了波动，但它仍旧是 TCL 集团最主要的筹资渠道。

（3）股权筹资

2014—2020 年，TCL 集团进行了四次非公开增发股权融资，总计筹资 137 亿元。具体来说，2014 年通过增发筹得 20 亿元，用于收购深超公司持有的华星光电股权；2015 年通过增发筹集的 57 亿元主要用于华星光电第 8.5 代 TFT-LCD 生产线建设项目（t2 项目）；2017 年通过增发获得 40 亿元，用于购买深圳市华星光电技术有限公司 10.04% 的股权；2020 年的增发则筹得 20 亿元，主要用于购买武汉华星光电技术有限公司的部分股权。其中，2018 年的限制性股票主要用于实施股权激励，并不直接涉及资金筹集。

2. TCL 集团投资战略分析

（1）投资结构

TCL 集团的投资方向紧密关联其资本结构。该集团资产增长率先下降，后上升，然后再次下降，尤其在 2019—2020 年波动幅度最大。2018—2019 年，集团资产增长率下降 14.48%，而 2020 年相比 2019 年则激增了 56.45%，这主要体现在非流动资产和固定资产的增加上。观察集团资产构成可以看出，流动资产在 2014—2018 年占比保持在 40%~60%，在此期间流动资产比重较高，非流动资产比重相对较低。2019 年，集团执行业务剥离，流动资产比例显著下降至 29.21%。到了 2020 年，集团资产结构呈现改善趋势，这主要得益于半导体业务的向好发展。

（2）投资现金流

2014—2020 年，TCL 集团的投资现金流显示出显著的波动性。详细来看，2014 年，集团的投资现金净流入为 83.10 亿元，而到了 2020 年这一数据增至 324.60 亿元。2015 年和 2016 年，集团的投资活动现金流量主要用于液晶面板的 t2 和 t3 项目建设。2017 年，集团的投资重点转向了液晶面板的 t3 和 G11 项目建设。2018 年，集团投资活动的现金流入较前一年增长了 110%，这主要得益于 TCL 集团收回了理财产生的现金流入，而现金流出主要用于固定资产投资。2019 年相比 2018 年，集团投资现金流量显著下降，主要是因为公司进行了资产重组并剥离了部分业务。2020 年，投资活动产生的现金流量净额达到 -387.74 亿元，这主要是集团收购中环电子引起的。

3. 营运资金管理战略分析

（1）期间费用分析

在企业日常运营过程中，精细化管理期间费用对于营运资金管控至关重要，尤其是在行业竞争激烈、价格战频发的背景下。对 TCL 集团来说，合理控制期间费用及产品成本，以扩展利润空间，显得格外重要。2014—2020 年，TCL 集团期间费用的变化主要反映在研发投入的调整上。在此期间，该集团研发支出持续攀升，年均增长率在 10%~20%。特别是 2019 年，集团完成了重大的资产重组并剥离了终端及配套业务，研发支出出现下降。

（2）营运资金周转分析

TCL集团的总资产周转率逐年上升，但与海信等其他家电厂商的营运效率相比，其在经营周期和总资产周转率上均略逊一筹。海信家电在营运资本周转方面表现更佳，这一优势主要源于其供应商应付账款、应付票据以及客户应收账款、应收票据的显著增加。

（3）应收账款周转分析

TCL集团的应收账款周转率较高且较稳定，这归功于其高效的应收账款管理策略。到2020年，集团中91.99%的应收账款预计可在一年内到期，有效降低了回款风险。集团通过定期对主要客户进行信用风险评估，重点关注客户的历史结算记录和当前经营状态，从而评估其支付能力。此外，TCL集团通常将应收账款的赊销期限控制在一年以内，进一步确保了资金的及时收回。

（4）存货周转分析

存货管理对企业营运资本管理至关重要。2016—2019年，TCL集团的存货周转率持续下降，从9.46降至5.19，主要是存货积压所致，进一步加剧了营运资本的负担。但到了2020年，集团存货周转率显著提升至9.13，显示出其在存货管理上的加强，并且与前一年相比，集团存货数量有显著减少。

【思考题】

1.TCL集团财务战略属于哪种类型的财务战略？各个方面是如何体现的？

扫一扫，对答案

2.TCL集团筹资战略可以从哪些方面进行优化？

3.你对TCL集团投资战略有何建议？

4.TCL集团应该采用何种收益分配战略？

2 企业财务战略制定的环境分析

【学习目标】

> 1. 掌握：企业财务战略的环境分析方法。
> 2. 理解：外部环境分析和内部环境分析。
> 3. 了解：企业环境的构成与特征。

【课程思政】

课程思政目标：

1. 通过案例引入及讨论，帮助学生了解企业内外部环境对战略制定的重要性，使学生明白看问题、办事情，既要全面、统筹兼顾，又要善于抓住重点。

2. 运用马克思主义哲学、中国特色社会主义理论体系等思政元素来指导分析过程。

融入点：

1. 运用马克思主义唯物辩证法来分析企业财务战略环境中的各种矛盾和问题。

2. 运用中国特色社会主义理论体系中的经济发展理论来指导分析经济发展趋势和政策制定等。

【思维导图】

本章思维导图如图 2-1 所示。

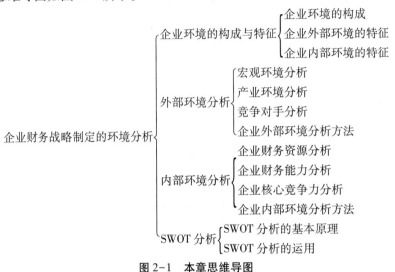

图 2-1　本章思维导图

【导入案例】腾讯财务战略的制定

在当今这个信息爆炸的时代，企业借着互联网平台的东风，不仅加速了自身的转型步伐，而且还在积极地推动互联网公司进行创新。例如，百度、阿里巴巴、京东、网易、腾讯等企业通过运用大数据、云计算等前沿技术，与各行各业展开深入合作，共同探索和构建全新的服务型经济模式。这种模式的出现，不仅改变了传统经济的运作方式，也为用户带来了前所未有的便捷和体验。

腾讯于 1998 年 11 月成立，是一家互联网公司，在众多互联网企业中独树一帜，其最大的特点在于以社交软件为依托，公司发展得非常迅速。公司于 2004 年在香港联合交易所上市（股票代号：00700）。腾讯的社交平台，如 QQ 和微信，已经成为亿万用户日常生活中不可或缺的一部分。这些平台不仅为用户提供了丰富的社交体验，还积累了大量用户资源，这是其他互联网公司难以比拟的。尽管如此，其竞争对手，如阿里巴巴和百度，也在不断通过各种手段争夺用户资源，并持续更新升级产品，以吸引并保持高质量的客户群。面对这种竞争环境，腾讯必须警惕并认识到单靠现有网络技术远不足以保持领先。为维持市场竞争力，腾讯需持续创新并升级其产品和服务，以此增强用户偏好并扩大用户基础，从而在激烈的市场竞争中稳住地位。

腾讯财务战略的规划必须与公司的整体战略目标相一致，并在深入分析企业战略背景的基础上展开。

在政治层面，政府近年来实施了多项互联网行业政策，旨在推动数字经济发展，带动实体经济增长。例如，实施《商务部等 12 部门关于推进商品交易市场发展平台经济的指导意见》和《工业电子商务发展三年行动计划》等政策，对互联网产业产生了深远的影响。国家鼓励小微企业通过互联网平台转型升级，并支持互联网企业利用大数据、云计算等新技术与各行业合作，共同探索服务型经济的新模式。

在经济层面，腾讯的优势在于其在社交软件的支持下快速发展并建立了庞大的用户基础，这一优势是其他互联网公司难以比拟的。然而，其他企业如阿里巴巴和百度也在积极开发多元化的用户获取途径，并不断更新产品，培养了大量忠实用户。因此，腾讯必须保持警惕，不能单靠现有技术，只有通过持续的创新和产品升级，提高产品的独特性，才能增强用户忠诚度，扩大用户基础，确保在竞争激烈的互联网市场中保持领先。

在社会文化层面，互联网的普及为用户带来了前所未有的信息获取自由度和选择权。调查显示，在我国网民中，低收入群体占比不小。互联网的多样化文化及其快速传播性，为这部分人群提供了一个广阔的平台，使他们能够接触到新的文化和知识，这大大促进了国内的文化普及和教育。此外，互联网也带来了创新性科技产品，这些产品不仅极大地丰富了人们的日常生活，还激发了新时代公众的创造性思维，为社会发展注入了新的活力。

在技术层面，腾讯已将战略重心转向进一步拓展互联网消费市场及维护现有客户资源数据。随着互联网技术的日趋成熟及 IT 技术的持续革新，该行业的发展前景日益广阔。腾讯深知此点，并正在积极利用这一机遇，加强其研发能力，以应对未来的机遇与挑战。2019 年，腾讯提出"用户为本，科技向善"的企业愿景，这不仅反映了公司的核心价值观，也指导公司在即时通信、云服务、智能产品、娱乐广告、区块链及在线支付等多个领域进行深入研究。据统计，腾讯的专利申请数量在国内互联网公司中居首位，全球排名第二，这充分显示了其在技术创新方面的领先地位。

腾讯不仅技术成就显著，更以其优良的企业形象，成为国内互联网行业的标杆。该公司凭借庞大的用户基数和丰富的资源，使得其旗下两大即时通信产品 QQ 与微信在市场上声誉显赫，显著增强了用户的使用黏性与偏好。在国内市场，寻找能与 QQ 和微信相匹敌的具有广泛影响力的社交软件极为困难。腾讯的战略目标科学且行之有效，其多次战略升级及在互联网平台上的完善服务计划和成功案例，使其在众多互联网公司中独树一帜。此外，腾讯早期设立的两大实验室及其庞大的研发机构和人员，为公司的持续创新奠定了坚实基础。近年来，腾讯在产品研发方面取得的显著成就，得益于其在海量数据管理、财报和信用评级方面的优异表现，为投资者提供了信心。

然而，腾讯也面临诸多挑战和问题。例如，近年来，其游戏业务虽然在盈利上占比较大，但此行业易受政策影响。2019 年，国家未发放新游戏版号，对公司经营产生了不小影响。此外，其社交平台的广告收入较低，与阿里巴巴等竞争对手相比，差距明显。在云产业方面，腾讯的市场规模较小，尚未形成持续收益的市场规模。其社交平台用户增长已趋于饱和，难以维持以往的增速。此外，其产品之间的重合度较高，比如 QQ 与微信在功能上的重叠，导致内部产品竞争，可能削弱用户对产品的忠诚度。同时，其产品安全性亟需提升，QQ 及游戏账号频繁遭遇盗号事件，个人隐私保护不足，存在安全隐患。

总之,良好的财务战略能够帮助公司稳健发展。内外部环境对公司的财务战略有着重要的影响,公司需要根据实际情况制定相应的财务战略来应对这些影响。

2.1 企业环境的构成与特征

2.1.1 企业环境的构成

企业的环境由外部环境和内部环境共同构成。图2-2是企业的环境分析图,它将企业的环境分为四个部分,其中最内圈代表企业的内部环境;最外圈代表宏观环境,与企业关系较为间接;第二圈代表产业环境,它是企业直接赖以生存的环境,也被称为企业的微观外部环境;第三圈代表竞争环境,与企业关系较为直接。图中的宏观环境、产业环境和竞争环境共同构成企业的外部环境。

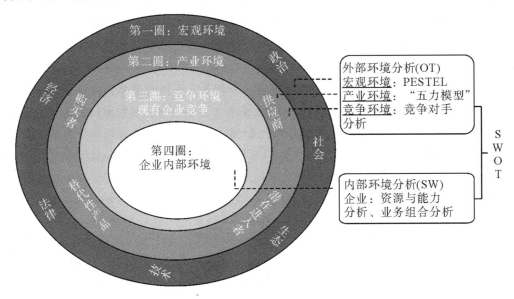

图2-2　企业的环境分析

2.1.2 企业外部环境的特征

企业外部环境,作为对企业活动施加客观限制的力量,在与企业经营活动的互动和影响过程中下形成了以下特征。

2.1.2.1 企业外部环境的复杂性

企业外部环境的复杂性是指企业环境因素数量巨大、性质复杂,且各因素间彼此相互关联,往往牵一发而动全身。这种复杂性和多样性不仅体现在环境因素的数量上,还体现在环境因素种类的多样性上。企业作为一个动态且开放的系统,其外部环境因素也将随着时代的演进而发展,因而企业所面临的外部环境会变得更加复杂多样。特别是我国加入世界贸易组织以后,我国企业不可避免地面临来自外部市场严峻的挑战。

2.1.2.2　企业外部环境的多变性

企业所处的外部环境始终处于持续变动之中，其中一些变化是可以预见的，表现为渐进式发展；而另一些变化则是难以预测的，呈现出突发性。鉴于外部环境的这种多变特性，企业必须进行持续的外部环境分析，以确保分析过程能够与环境的变动保持同步，适应这种动态变化。财务战略的选择也应依据外部环境的变化做出修正或调整。

2.1.2.3　企业外部环境的相对唯一性

在某一特定产业中，两家竞争性企业由于各自不同的特点和视野，对环境的认知和理解存在差异。因此，每家企业都面临着其独有的外部条件，即企业所面临的外部环境具有相对唯一性。这种环境的相对唯一性要求企业在进行外部环境分析时必须具体问题具体分析。企业不仅需要掌握其所处环境的普遍特性，还应识别其特殊性。同时，企业在选择财务战略时，不应简单套用现有的战略模式，而应根据自身特点，制定出具有独特风格的财务战略。

2.1.2.4　企业外部环境的相对稳定性

企业外部环境的相对稳定性是指在企业生产经营的一段时期内，企业在产业中的位置、法律条例、经济政策等外部环境具有一定的连续性，在此期间不会出现巨大变化。在稳定性较高的环境中，企业能够借助过往的经验和知识来应对经营过程中出现的问题；然而，在稳定性较低的环境中，企业难以仅依赖以往的知识和经验来解决经营问题。随着环境稳定性的下降，环境的可预测性亦相应降低，而不可预测性则逐渐增强。

2.1.3　企业内部环境的特征

在制定财务战略时，企业内部环境是关键考量因素，其包括财务状况、产品线及其市场竞争力、生产设备的状况、研发和市场营销能力、人力资源状况以及组织架构。此外，企业既定的财务战略目标和以往实施的财务战略也是决策中不可或缺的重要部分。人们往往能够注意到企业外部环境的诸多特征，但忽视了企业的内部环境特征。企业内部环境的主要特征有如下几点。

2.1.3.1　企业内部环境的差异性

企业所拥有的资源状况构成了企业的内部环境。企业所拥有资源的种类、数量的不同造成了企业与企业之间的内部环境各不相同，即使是位于同一产业中的企业，它们彼此之间也存在差异，即企业有异质性的特征。这种差异性导致了企业内部环境分析的必要性，即要想了解一个企业所拥有的优势和劣势，必须从内部环境分析入手。

2.1.3.2　企业内部环境的复杂性

与外部环境一样，企业内部环境也具有复杂性。其复杂性一方面源自资源具体表现形式的多样性，另一方面源自有些资源难以辨识、难以量化。这种复杂性成为企业相互模仿的壁垒。难以模仿的企业优势资源成为企业获取持久竞争优势的源泉。因此，要想辨识企业的核心竞争能力，进而做出恰当的财务战略，分析企业内部环境是重要的基础。

2.2 外部环境分析

企业战略侧重于为应对外部环境的长期和根本性变化，采取的一系列决策与行动，其目的在于建立、维护和提升其竞争优势。为了在不断变化的外部环境中建立、保持和增强这一优势，企业战略管理者需通过分析和预测外部环境，准确评估企业所面临的机会和威胁，以及这些机会和威胁出现的可能性，从而使战略决策有效地抓住机会并规避风险。所谓企业外部环境，特指在一定时期内，所有在企业外部可能对企业存续和发展产生影响的因素总和。一般将其分为三个层次：第一层次是宏观环境，第二层次是产业环境，第三层次是竞争环境。

2.2.1 宏观环境分析

企业的宏观环境包括政治、经济、社会、技术、生态和法律等多个外部细分领域，这些因素均对企业的经营和发展产生不同程度的战略性影响。宏观环境与企业之间的互动关系通常通过 PESTEL 模型来描述。PESTEL 由政治（political）、经济（economic）、社会（social）、技术（technological）、生态（environmental）和法律（legal）六个环境因素的英文首字母缩写组成。PESTEL 分析作为一种战略分析工具，其目的在于帮助企业评估其外部宏观环境的影响因素，如表 2-1 所示。

表 2-1　典型 PESTEL 分析

政治 political	经济 economic	社会 social	技术 technological	生态 environmental	法律 legal
政府管制	经济转型与 GDP 变化趋势	企业或产业的 特殊利益集团	政府研究开支	企业概况	世界性公约、 条款
政府采购	可支配收入 水平	人口变化	产业技术关注	对相关产业 影响	基本法
特种关税	利润规模经济	生活方式	新型发明与 技术发展	对非产业 环境影响	劳动保护法
专利数量	消费模式 与趋向	公众道德观念	技术转让率	媒体关注程度	公司法 和合同法
财政和货币 政策的变化	财政政策 与欧共体政策	地区性 偏好评价	技术更新速度 与生命周期	可持续发展 空间	产业竞争法
特殊的地方 和产业规定	劳动生产率 水平、劳动力 与资本输出	对售后服务的 态度	能源利用 与成本	全球相关 产业发展	环境保护法

表2-1(续)

政治 political	经济 economic	社会 social	技术 technological	生态 environmental	法律 legal
世界原油、货币及劳动力市场	通货膨胀率、利率与汇率	价值观、审美观	信息技术变革	生态赤字	消费者权益保护法
进出口限制	股票市场趋势	对环境污染的态度	互联网变革	企业公众形象	产业公约
他国政治条件	进出口因素	收入差距	移动技术变革	厂区选址	税法、会计法
政府的预算规模	财政预算赤字	社会责任	技术资源	环保理念	垄断法、食品安全法

（1）政治因素（P）

政治因素涉及一个国家或地区的社会制度、政治架构、政府政策与倾向、政治团体以及政治形势等方面。这些因素通常对企业的运营活动施加限制并产生影响，特别是在企业长期投资决策方面，而这些因素大多属于企业无法控制的范畴。政治环境分析主要涵盖以下四个领域：第一，企业所在地及国家的政局稳定性；第二，政府行为对企业的影响，包括政府对国家土地、自然资源及其储备的控制，这些因素会影响企业的财务战略；第三，政府的基本经济政策，包括产业政策、税收政策、进出口限制的方向性及其连续性和稳定性；第四，政治利益集团对企业活动的具体影响。通过深入分析政府的基本经济政策，企业可以对国家经济增长的前景形成更加合理的预期，进而为自身的长期财务战略和资源配置做出精准规划。通常情况下，某些政治因素会直接作用于企业行为。例如，政府的采购行为对军事工业、航空航天等工业及其相关产业产生直接且显著的影响。企业在设定财务战略目标和选择财务战略时，必须充分考虑所在国家或地区的政治环境。

（2）经济因素（E）

经济因素包括企业生存与发展所需的社会经济条件及国家经济政策。这些要素涵盖经济本质、水平、结构以及变动趋势等多个维度，并涉及国家、社会、市场及自然等众多领域。国家经济政策，作为执行经济管理职能的工具，通过调整宏观经济水平与结构，实施经济发展战略，对企业的经济环境具有重大影响。

企业在分析经济因素时，应特别关注宏观经济的整体状态，包括社会经济结构（尤指产业结构）、经济发展水平（如规模、速度和质量）、经济体制、宏观经济政策以及当前的经济状况。通常，宏观经济的状况受政府财政赤字水平和中央银行的货币政策的直接影响。过紧的货币政策或过于保守的财政政策可能阻碍宏观经济的健康发展；相反，适度的政策有利于推动经济的快速增长。

除了宏观经济整体状况，企业还需分析利息率、汇率、失业率、国民经济增长率和通货膨胀率等经济因素。这些因素将影响企业的投资和融资决策。例如，利率上升会使企业扩张所需的资金成本增加或获取难度加大，同时使得消费者对非必需品的需求减少，进而影响企业的投资决策。通过经济环境分析，识别上述因素对产业的敏感性，是企业财务战略制定的重要依据。

（3）社会因素（S）

社会因素包括民族特性、文化传统、价值观、宗教信仰、教育水平、风俗习惯等，这些均是组织所在社会的重要组成部分。这些社会因素的变化直接影响公众对企业产品或服务的需求，进而影响企业的财务战略。企业可以从社会文化、公众价值观及人口统计学等方面详细分析社会环境。

社会文化是人们价值观、思想、态度和社会行为的集合体，会对人们的购买决策和经营行为产生深远影响。不同国家的文化传统和亚文化群会影响人们的消费方式和购买偏好，进而影响企业经营方式。企业必须了解文化因素的变化及其对企业的影响。

公众价值观会随着时代的演进而演变，这种变迁体现在公众对婚姻、生活方式、工作、道德、性别角色、公正、教育和退休等方面的态度和意见上。这些价值观及工作态度共同影响着企业的工作安排、作业组织、管理行为和薪酬体系。

人口统计学特征涵盖人口数量、密度、年龄结构、地区分布、民族和职业构成、宗教信仰、家庭规模、家庭生命周期及发展趋势、收入水平和教育程度等。这些人口因素对企业投资战略的制定具有深远影响。例如，人口总量直接决定社会生产总规模；地理分布影响企业选址；家庭结构的变化则影响耐用消费品的需求和生产规模。据统计，我国人口结构逐渐老龄化，青壮年劳动力供应相对紧张，这对企业补充劳动力造成影响。同时，人口的老龄化也催生了针对老年人的产品和服务市场，为相关企业提供了新的发展机会。

（4）技术因素（T）

技术因素包括国家科技体系、科技政策、科技发展水平及科技发展趋势等几个关键方面。这些因素在五个关键方面对企业的财务战略产生显著影响：第一，基础技术的进步帮助企业更高效地分析市场与客户的需求；第二，新兴技术的涌现让企业有机会拓展业务范围或进入新市场，同时推动创新产品或服务的开发，这可能使市场上现有的产品和服务显得过时，改变企业在成本竞争中的地位；第三，技术的发展促使企业采纳新的生产方法和工艺流程，或使用新材料，生产出更高品质、性能更优的产品，并降低或消除成本障碍，从而赢得竞争优势；第四，技术的进步可能导致现有产品被淘汰或其生命周期被缩短，从而造成专业技术人才短缺，促使员工、管理层及顾客的价值观和预期发生变化；第五，新技术的应用促使企业更加重视环境保护、社会责任与可持续发展。在制定财务战略时，企业必须充分考虑技术因素所带来的机遇与挑战，特别是在高科技产业中，企业对关键技术机遇与威胁的识别和评估在战略管理中占据着至关重要的地位。

（5）生态因素（E）

生态因素关注企业活动、产品或服务与环境的相互作用，尤其是绿色环保议题。这些因素影响企业成本、公众形象及厂区选址等多个方面。一家建在菊花园旁的养蜂者与一家建在一条严重污染的河流旁的渔场，其生态因素产生的外部效应是完全不同的。在当前食品安全问题频发，环境污染愈发严重，人们越来越注重养生的背景下，生态因素对企业形象的影响也越来越大,一家重视环保的企业会得到公众的尊重、政府的支持,从而间接促进企业的长远发展,而一家以污染环境为代价谋取短期经济利益的企业会引起公众的不满、政府的管制以及环境保护组织的抗议。生态因素对企业的选址也影响重大,尤其是对一些对周围环境有严格要求的产业来说尤其如此,如酒厂、芯片生产厂等。

随着全球化、工业化、城镇化和市场化进程的加快,全球生态环境不容乐观,为了节约资源,保护环境,实现可持续发展,中国提出了改变以生产要素的高投入、资源的高消耗为主的经济增长方式,并制定了节能减排规划。2020 年 9 月,习近平总书记在第七十五届联合国大会一般性辩论上发表重要讲话:"二氧化碳排放力争于 2030 年前达到峰值,努力争取 2060 年前实现碳中和。"为绿色发展和绿色生活方式尽早实现,"双碳"目标成为我国环境保护的新主题。回顾历史,我国始终积极响应国际号召,主动参与环境保护。

(6)法律因素(L)

市场经济将法治视为基石。坚持法治国家的原则,构建优越的法律环境与氛围,不仅是经济发展的必要条件,也是社会文明进步的重要标志,同时也为企业改革与发展提供了坚实的保障。企业的经营活动必须建立在法律基础之上。法律因素是由外部的法律法规、司法现状以及公众法律意识等组成的整体系统,涉及国家与地方的法律法规、国家司法体系、行政执法机构等。其中,与企业经营活动紧密相关的经济法律法规,如《中华人民共和国公司法》《中华人民共和国合同法》《中华人民共和国中外合资经营企业法》等,以及国际法律规定的国际法律环境和目标国的国内法律环境,如国际条约、双边或多边协定及协议等,均对企业进行规范、制约与引导。

一般法律法规会间接影响企业的活动。例如,中国政府通过补贴、减免税务等优惠政策对新能源汽车产业进行保护和扶持,给汽车产业的发展带来了积极影响;各种环境保护条例和法规的出台,在无形之中限制了很多企业的快速发展。

2.2.2 产业环境分析

在企业所处的外部环境中,产业环境(industry environment)尤其关键。产业环境分析主要聚焦于产业内的竞争格局及其与其他产业的互动关系。产业结构和产业竞争力决定了竞争原则及企业可能实施的财务战略,因此,对产业环境的分析是制定财务战略的核心基础。

对企业产业环境的分析主要涵盖两个方面:一是产业内的竞争性质及潜在利润;二是产业内企业之间在经营上的差异,以及这些差异与它们在财务战略方面的地位之间的关系。对于前者常使用的分析工具是波特的"五力模型",对于后者常使用的分析工具是战略群组分析。

2.2.2.1 波特的"五力模型"

"五力模型"是迈克尔·波特(Michael Porter)于 20 世纪 80 年代初提出的,对企业战略制定产生了全球性的深远影响。"五力模型"是一种策略分析工具,对企业战略制定产生了全球性的重大影响。该模型将众多因素整合于一个简洁的框架内，用以评估行业的核心竞争状况。正如图 2-3 所示，波特提出每个行业都受到五种基础竞争力量的影响，即潜在进入者、替代品、购买方、供应商和产业内竞争者之间的抗衡。这五种力量共同决定了行业的竞争激烈程度和利润水平，其中最为强劲的一两种力量起着决定性作用，并在财务战略的形成中扮演关键角色。行业的众多经济技术特性对各种竞争力的强度及潜在盈利能力至关重要。

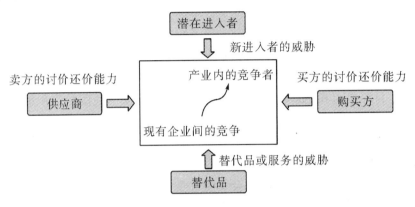

图 2-3　波特"五力模型"

（1）潜在进入者的威胁

产业新加入者是产业的重要竞争力量，它会给原产业带来很大的威胁，这种威胁被称为进入威胁，主要表现为：一是新来者的加入，增加了产业的总产能，给现有企业带来压力，除非市场对这种产品的需求不断增长，否则将导致现有企业的竞争加剧；二是新加入者会稀释原有企业的市场占有率。新加入者进入市场的威胁程度受制于进入壁垒以及现有企业的反应，这些因素共同构成了所谓的市场进入障碍。其中，前者被称为结构性障碍，而后者则被称为行为性障碍。

第一，结构性障碍指的是进入特定产业或目标市场时必须克服的障碍和所需承担的成本。迈克尔·波特指出，共存在七种主要的结构性障碍，包括规模经济、产品差异化、资本需求、转换成本、分销渠道、其他优势以及政府政策。根据贝恩的分类，这七种主要障碍可进一步归纳为三大类进入障碍。

首先，经济规模。即在一定产量下，随着产量的增加，单位成本逐步降低的现象。当产业的规模经济效应明显时，新进入者必须达到最小有效规模才能与现有企业竞争，并构成实质性威胁。因此，许多潜在进入者在获取必要资本时，常面临比现有企业更高的融资成本。

其次，关于现有企业对关键资源的控制，这常体现在对资金、专利或专有技术、原材料供应、分销渠道以及学习曲线等资源的积累与控制。如果现有企业控制了生产经营所需的关键资源，它便能通过这一优势防御新进入者的竞争。

最后，现有企业的市场优势主要源于品牌优势，这是产品差异化的直接结果。产品差异化指的是基于顾客对企业产品的质量或品牌信誉的忠诚度，形成的产品间的不同。

第二，行为性障碍涉及现有企业对潜在新入市者的报复性措施，这些措施主要包括限制性定价和侵入对方领域。限制性定价通常是占据市场地位的大企业对潜在进入者采取的一种重要策略，即通过当前的价格策略，影响潜在厂商对进入市场后可能获得的利润水平的预期，从而影响其进入决策。限制性价格是一种旨在使潜在进入者失望或阻止其进入的价格。例如，以生产空调为主的美的集团计划进入微波炉市场时，微波炉行业的领导者格兰仕集团大幅降价，以阻止美的的进入。侵入对方领域是寡头垄断市场上常见的报复行为，其目的在于消除潜在进入者可能获得的优势，避免其行动对自身构成威胁。

（2）替代品的替代威胁

替代品指的是那些能够提供与本公司产品相同或相似功能的其他产品。在许多产业中，企业同其他产业中的替代品生产商进行激烈的竞争。例如，玻璃容器生产商与塑料、纸板和铝制容器生产商之间的竞争，眼镜和隐形眼镜生产商与提供激光手术的医院之间的竞争，砂糖生产商与人造甜味剂生产商之间的竞争等。替代品压力越大，对现有企业的威胁就越大。决定替代品压力的主要因素有替代品的盈利能力、替代品生产企业的经营策略、消费者的转换成本等。

（3）供应商讨价还价的能力

"五力模型"的水平方向反映的是产品或服务从获取原材料开始到最终产品分配和销售的过程，它是对产业价值链的描述。在购买方与供应商之间的价格谈判中，主要焦点集中在价值增值的两个核心要素：功能与成本。双方在谈判过程中均致力于最大化自身在交易中所获得的价值增值。供应商在谈判中的议价能力受多种因素影响，包括其投入的差异化程度、产业内供应商与企业之间的转换成本、替代品的可用性、供应商的集中度、批量大小对供应商的重要性、与产业内购买总量相关的成本、投入对成本或差异化的影响，以及产业内企业前向整合与后向整合的相对情况等。

（4）购买方讨价还价的能力

购买方讨价还价能力的决定因素包括：购买者集中度与企业集中度、购买者采购量以及相对于企业的转换成本而言的购买者转换成本、购买者的信息掌握程度、购买者后向整合的能力、替代品的存在、转危为安的能力、价格或采购总量、产品差异化、品牌认同、对质量或绩效的影响、购买者利润、决策者动力等。

（5）产业内竞争者的威胁

产业内现有企业的竞争是指在一个产业内的企业为市场占有率而进行的竞争。产业内竞争企业在某一产业内部为了争夺市场份额而展开的竞争，通常被视为该产业内最为激烈的对抗形式。这种竞争主要通过价格战、广告竞争、新产品推出以及通过提升消费者服务等方式体现，如改善产品质量、增加产品特色、提供额外服务和延长保修期限等。影响企业间竞争激烈程度的关键因素包括竞争者的数量与实力对比、市场增长速度、消费者对品牌的忠诚度、固定成本与库存成本、产品差异化程度及转换成本、产业生产能力的扩张速度以及退出市场的障碍等。

基于对上述五种竞争力量的分析，企业可以采取一系列策略来应对这些竞争力量，以巩固和提升自身的市场地位及竞争力。这些策略包括尽可能地将自身的经营活动与竞争力量隔离、积极影响产业竞争规则以符合自身利益以及在占据有利市场位置后发起主动的竞争行动。

2.2.2.2 战略群组分析

战略群组指的是在特定产业内，采取相同或类似战略，或具备相同战略属性的一系列企业集合。战略群组分析是介于产业整体分析方法和单个企业分析方法之间的一种方法，它将产业中的企业分成具有不同特征的不同群体加以研究，分析产业结构及产业中企业的竞争格局。其可以避免"以大代小"或"以小代大"的缺陷，有助于企业更准确地把握产业中的竞争方向和实质，如图2-4所示。

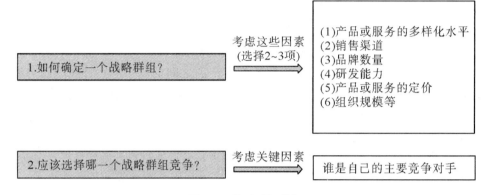

图2-4　战略群组分析

波特提出，为了确定特定的战略群组，通常需要通过分析若干组作为竞争基础的关键因素。众多文献亦建议采用不同的评估因素，以助于识别不同产业内的战略群组。这些关键评估因素主要包括：产品或服务的多样化水平、销售渠道、地理覆盖范围、品牌数量、产品或服务的品质、技术优势、研究与开发能力、成本地位、生产能力的使用效率、产品或服务的定价、所有权结构以及组织规模等。究竟哪些因素与特定行业相关联，这需要依据该行业的历史发展、当前发展状况以及在现实环境中实际发挥作用的力量和企业的竞争行为来加以辨识。

另外，战略群组之间存在显著差异，波特的"五力模型"所揭示的五种竞争力量也各不相同，因此不同战略群组的竞争结构亦不相同，部分战略群组可能比其他群组表现出更大的盈利潜力与吸引力。在这种情况下，企业需决定具体参与哪个战略群组的竞争，并制定相应的发展战略。

战略群组是产业与个别企业之间的一个连接点，战略群组分析可以用来确定自己在竞争中的地位，确定谁是主要竞争对手。与企业处于同一战略群组或相近战略群组的企业才是该企业的主要竞争对手，与企业距离较远的战略群组不是其主要竞争对手。战略群组分析有助于企业了解战略群组间的竞争状况，主动发现近处、远处的竞争者，有助于企业洞悉战略群组之间的转移障碍，以及所在战略群组内各个竞争者的优势、劣势和战略动向，从而更好地把握整个产业竞争结构，预测市场变化或发现战略机会。

2.2.3　竞争对手分析

当今企业面临激烈的竞争环境，新竞争者不断涌入，产业整合持续加速。在这种快速变化的市场状况下，谁能够抢占市场先机，谁能及时了解竞争对手的动向，谁就能在竞争中取得主动。竞争对手是企业经营行为最直接的影响者和被影响者，所以对竞争对手进行分析尤为重要。竞争对手分析是外部环境分析的一个主要内容，特别是当一个行业中竞争对手比较少时，分析竞争对手更为重要。因为行业内的企业很少，任何一个企业的重大举措都会对整个行业以及行业中的其他企业产生重大影响。有效的竞争对手分析有助于企业了解、解读和预测竞争对手的行为和反应。理解竞争对手的行为，显然对企业在行业内实现成功的竞争有所帮助。在制定财务战略时，对竞争对手进行分析主要是确定自己与竞争对手的相对位置、长处与短处、能否超过竞争对手或是被竞争对手赶上，进而确定自己的财务战略，尤其是投资战略。

竞争对手分析主要涵盖四个维度，包括对手的未来目标、基本假设、现行战略以及能力，详见图 2-5。

什么驱使着竞争对手　　　　　　　　　竞争对手在做什么和能做什么

未来目标　　　　　　　　　　　　　　现行战略

存在于各级管理层和多个战略方面　　竞争对手反应　　　该企业现在如何竞争

竞争对手对其目前的地位满意吗

竞争对手将做什么行动或战略转变

竞争对手哪里易受攻击

什么将激起竞争对手最强烈和最有效的报复

基本假设　　　　　　　　　　　　　　能力

关于其自身和产业　　　　　　　　　　强项和弱项

竞争对手分析内容

图 2-5　竞争对手分析模型

2.2.3.1　未来目标

深入分析并理解竞争对手的未来目标，可以帮助预测其对当前市场地位和财务状况的满意度，并据此推断其调整现有战略的可能性以及其对其他企业战略行动的反应敏感性。此外，这还有助于企业规避可能威胁到竞争对手实现其主要目标、从而激发强烈竞争的行动。

分析竞争对手未来目标时，应关注以下问题：

（1）竞争对手所设定的财务目标，包括已公开及未公开的部分，具体为何？

（2）竞争对手对风险的态度如何？竞争对手在财务目标的构成要素，如利润率、市场占有率、增长率及风险预期水平之间，如何进行权衡？

（3）是否存在对竞争对手目标产生重大影响的经济性或非经济性组织价值观或信念？

（4）竞争对手的组织结构如何？具体包括职能结构状况、是否设立产品经理职位、是否设有独立的研究开发部门等。

（5）竞争对手采用何种控制与激励系统？主管人员及销售人员的报酬制度如何？

（6）竞争对手的会计系统与规范如何？其评估库存、分配成本及计算通货膨胀的方法是什么？

（7）竞争对手的领导团队由哪些成员组成，特别是首席执行官是谁？他们的背景与经历如何？何种类型的经理会受到奖励，他们强调的核心价值是什么？

（8）领导团队对未来发展方向的一致性如何？团队内部是否存在主张不同目标的派别？

（9）董事会成员构成如何？是否有足够来自产业外的成员，他们是否能提供有效的外部视角？他们代表了哪些利益？

（10）竞争对手可能受到哪些合同义务的限制，从而影响其选择？

（11）是否存在任何条例、反托拉斯法案或其他政府或社会限制，对企业的行为构成约束？

2.2.3.2　基本假设

竞争者所持的假设涵盖了其对企业自身以及所处行业与其他企业的评价。这些假设通常是企业行为取向的根本动因。因此，了解竞争者的假设对于准确判断其战略意图具有重要意义。

波特提出，通过研究以下问题，可以揭示竞争者的假设及其与现实之间的偏差：

（1）从竞争者的公开声明、管理层及销售团队的表态及其他暗示中，可以了解他们对自身在成本、产品质量、技术领先性及其他关键领域的相对地位有何看法？他们认为自己的哪些方面是优势，哪些是劣势？这些认识是否准确？

（2）竞争者是否对某些特定产品或特定功能性政策有深厚的历史或情感依赖？他们在产品设计、质量标准、生产地点、营销策略、分销渠道等方面坚持哪些原则？

（3）是否有文化、地理或国家背景的差异影响了竞争者对情况的认知和重视？

（4）是否存在根深蒂固的组织价值观或准则，影响了其观察事物的方法？企业创始人的某些信念是否仍在影响该企业？

（5）竞争者如何看待产品未来需求和行业发展趋势？他们是否由于对需求不确定而不扩大生产能力，或者因过度乐观而过度扩张？例如，是否误认为行业正在集中而实际上并非如此？这些都是制定战略的机遇。

（6）竞争者如何评估其竞争对手的目标和能力？他们是否高估或低估了对手的实力？

（7）竞争者是否表现出对行业传统思维或历史经验以及行业流行做法的信仰，而这些可能并未反映新的市场状况？

（8）竞争者的假设可能反映在其现行战略中，并受到其战略选择的微妙影响。他们的观点可能基于对过去及当前环境的理解，这种理解可能并不完全客观。

2.2.3.3 现行战略

掌握竞争对手现行战略的信息对于企业预测其行为至关重要，这包括了解竞争对手的活动内容以及潜在能力。具体而言，应关注以下四个主要方面：

（1）竞争对手的市场份额及其分布情况如何？他们是否拥有特殊的分销渠道和营销策略？

（2）竞争对手在研发方面的实力如何？他们投入了多少资源？

（3）竞争对手的产品定价策略是怎样的？在产品设计、成本要素、劳动生产率等众多因素中，哪些因素对其产品成本产生了显著影响？

（4）竞争对手采取的战略类型是什么？是成本领先战略、差异化战略还是集中差异化战略？

2.2.3.4 能力

对竞争对手潜在能力进行客观实际的评估，是竞争对手分析过程中的最终考察阶段。竞争对手的未来目标、基本假设及现行战略将对其反击的可能性、时机、本质及强度产生影响。而通过分析竞争对手的潜在能力，可以了解竞争对手的优势和劣势，研判其与本企业在竞争中的互动策略，可以及时了解竞争对手的大致情况，警示竞争对手给本企业发展造成的威胁，还可以取其之长补己之短。同时，通过分析竞争对手的劣势及原因，可以为本企业经营提供教训。对竞争对手的潜在能力的分析主要侧重竞争对手以下几个方面的能力，如表2-2所示。

表2-2　竞争对手的潜在能力

潜在能力	具体表现
核心能力	①竞争对手在各个职能领域的能力表现如何？其最强势的领域在哪里？相较之下，最薄弱的领域又是什么？ ②在战略一致性的检测中，竞争对手的表现如何？ ③随着竞争对手的成熟，这些能力可能如何变化？随着时间的推移，这些能力是增强还是减弱
成长能力	①竞争对手若实现增长，其能力会提升还是下降？影响会体现在哪些具体领域？ ②在人力资源、技术技能和生产设施方面，竞争对手的发展潜力如何？ ③从财务视角出发，竞争对手在哪些方面具有持续增长的潜力
快速反应能力	竞争对手对其他企业行动的快速反应能力如何？此能力受以下因素影响： ①自由现金储备的规模； ②可用的信贷余额； ③厂房设备的闲置容量； ④已定型但尚未上市的新产品

表2-2(续)

潜在能力	具体表现
适应变化能力	①竞争对手的固定成本与可变成本的比例如何？尚未利用的产能成本有多大？这些因素将决定其对市场变化的反应速度。 ②竞争对手在适应各职能领域变化及作出响应的能力如何？ ③竞争对手能否有效应对外部变故，如持续的高通货膨胀、技术革新导致的设备淘汰、经济衰退、工资水平上升，以及可能影响行业的最新政府规制？ ④竞争对手是否存在退出市场的障碍？这是否能使它们避免缩减规模或收缩业务？ ⑤竞争对手的生产设施或人员是否与其母公司的其他业务单位共享
持久力	竞争对手抵御可能对其收入或现金流造成长期压力的战略持久能力有多强？其取决于以下几个关键因素： ①现金储备的充足性； ②管理团队的协调一致性； ③对财务目标的长期规划； ④来自股票市场的外部压力水平

2.2.4 企业外部环境分析方法

2.2.4.1 外部因素评价矩阵

外部因素评价矩阵（external factor evaluation matrix，EFE）是一种分析工具，用于评估企业外部环境。该矩阵通过识别影响企业未来发展的外部机会与威胁，赋予各因素相应的权重，以反映其对企业成功的影响程度。随后，根据企业对这些关键因素的应对效果进行评分，评分范围为1至4分，其中4分表示应对效果极佳，3分表示超过平均水平，2分代表平均水平，1分则意味着应对效果不佳。通过将每个因素的权重与其评分相乘，可计算出加权分数，最终将所有加权分数累加，即得出企业的总加权分数。EFE矩阵的总加权分数范围为1至4。若总加权分数较高，则表明企业能够有效利用行业机会并最小化外部威胁的负面影响；若总加权分数较低，则暗示企业未能充分利用外部资源或规避风险。

2.2.4.2 竞争态势矩阵

竞争态势矩阵（competitive profile matrix，CPM）主要用于识别公司的关键竞争对手及其相对于本企业的战略位置，同时分析这些竞争对手的明显优势与不足。CPM矩阵在权重和总加权得分的含义上与EFE矩阵相同，编制方法也类似。但CPM矩阵涵盖的因素既包括外部环境也包括内部资源，可通过评分高低来反映各因素的优劣情况。

建立竞争态势矩阵的步骤：

（1）确定产业竞争的关键战略因素；

（2）根据每个因素对在该产业中成功经营的相对重要程度，确定每个因素的权重，权重和为1；

（3）筛选出关键竞争对手，按每个因素对企业进行评分，分析各自的优势所在及优势大小；

（4）将各评价值与相应的权重相乘，得出各竞争者各因素的加权评分值；

（5）加总得到企业的总加权分，在总体上判断企业的竞争力。

2.3　内部环境分析

企业内部环境分析是指企业对自身的条件，主要是对内部资源和能力的现状及其变动趋势进行分析，并通过分析找出影响企业未来发展的优势和劣势，扬长避短，抓住发展机遇，谋求企业的发展和壮大。其具体内容包括：检查企业当前所拥有的财务资源和能力；使用价值链分析方法详细分析整个公司，确定真正特殊的资源和增值活动，为可持续竞争优势提供基础；使用内部因素评价矩阵，评价各职能领域的主要优势与劣势；使用业务组合分析和 SWOT 分析，为企业创造财务战略优势。这些分析的结果既可以作为建议一个企业选择何种类型的财务战略途径的依据，从而发挥资源和活动的杠杆效应，还可以引导企业选择进入什么类型的产业或业务。在新的形势下成功执行这些财务战略途径，将帮助企业最终获得超额利润。

2.3.1　企业财务资源分析

2.3.1.1　财务资源概述

财务资源，即资本，构成了资金的基础和原始形态，所有其他资金形式均源自此。资本本身具有高度的同质性，其在形成独特核心功能的过程中的角色并非关键，更多的是发挥基础和辅助作用。与资本的同质性相对，金融关系的多样性和特殊性显得更加重要，不同企业间的金融关系网络各具特色，其财务活动的性质也因此而各异。

通过分析财务资源的类型和特性，可以看出资源同质性越强，其流动性也越高。然而，若减弱资源的特殊性，则其在企业形成和开发核心能力方面的作用也会相应减弱；相反，资源的特殊性越强，虽然其流动性较低，但其对核心功能的形成的积极影响越显著。在企业的不同发展阶段，企业对财务资源的特殊性需求不同。在初创阶段，企业面临高风险，确保资金来源具有较高的流动性至关重要，此时不宜过分追求资源的特殊性。然而，在市场竞争日趋激烈的环境下，企业必须采用差异化战略来发展。

2.3.1.2　财务资源分析

企业的财务战略必须与企业资源相适应，企业资源是实施财务战略和形成企业竞争优势的基础。所谓资源，指的是一切有形与无形的客观存在，这些资源能被人们利用以创造社会财富。

财务资源是指企业持有的资本及其在资本筹集和运用过程中形成的独特且难以复制的专用财务资产。这些资产包括企业特有的财务管理体制、财务分析与决策工具以及完善的财务关系网络等。财务资源构成了财务战略的基础，其状况直接决定了企业财务活动的范围与能力。在讨论财务战略时，缺乏对企业财务资源的考量，无异于构筑空中楼阁。企业资源的规模与品质是构建竞争优势、提升企业盈利能力的关键。然而，由于不同企业所拥有的资源各异，这些资源对企业价值的贡献也存在差异。

此外，不同行业的特点要求财务资源在需求类别上有所区别。在进行具体分析时，可采用价值链分析法对企业内部的价值活动进行深入研究，以掌握基本活动与辅助活动对企业价值的具体贡献，进而识别价值活动中的关键限制因素。例如，通过价值链分析发现，资本密集型行业的企业对资本的需求高于其他财务资源。通过计算企业在规划期内为维持战略要求的增长率所需的投资额度，可以判断企业是否能够仅凭内部财务资源支撑预期增长。对于高科技企业而言，对人力资源的需求居于首位。正如麦肯锡咨询公司专家所指出的，那些难以复制且能为企业带来竞争优势的有形或无形资产，包括基础设施、知识产权、销售网络、品牌和信誉以及客户信息等，是构建企业竞争优势的核心资源。因此，企业在财务战略决策时必须重点考虑筹资、投资以及人力资本参与分配等问题。

企业应充分考虑财务资源的可获得性。企业可以重点考察出资增值活动所缺少的瓶颈财务资源，为财务战略方案的制定提供依据。因为不同财务资源获取的难易程度不同，这就决定了企业可以采取不同的战略手段。例如，某企业通过 SWOT 分析法明确了其内部的财务资源优势在于高效率的财务管理体制和先进的研发能力，同时其外部存在着良好的市场前景和有利的融资环境。这时企业的战略目标就在于抓住机会，趁势扩大市场占有率和提高收益，可以采取优势—机会（SO）战略，即采取新建企业或并购的方式扩大投资。但战略制定者需要权衡新建和并购两种方式对财务资源的可获得性，这在某种程度上成为决策的依据。

对致力于获得持久竞争优势的企业而言，必须对自身拥有的资源进行分类分析，看哪些是具有竞争优势的，哪些没有竞争价值。财务资源分析的核心在于审视中期与长期的财务优势与劣势，而非聚焦于短期的财务状况。因此，企业应将关注焦点更多地投向长期净收入趋势或总资产的运用情况。通过价值链分析，可以明确企业价值链上游、中游、下游各阶段财务资源的优势与劣势，企业管理者通过改变企业资源的配置方向做什么业务、配置方法与业务之间如何组合，从而优化配置各项资源，提高资源的利用效率，使自身资源的强势更强，弱势消除，获利能力提高。

2.3.2　企业财务能力分析

2.3.2.1　财务能力概述

企业财务能力的强弱与竞争力的大小紧密相连，其主要体现为对财务资源的控制力，这种能力能够为企业带来持续的竞争优势，并创造额外的价值，进而增强企业的核心竞争力。财务能力是企业综合能力体系中至关重要的组成部分，涵盖了所有与财务相关的技能和知识。提升财务能力对企业而言至关重要。一方面，资金的稳定流动是确保企业可持续发展的关键，如果资金流动受阻，那么企业的持续竞争优势会受损，甚至可能导致企业倒闭。另一方面，企业对财务资源的有效配置，能够促进可持续竞争优势的形成和核心竞争力的提升。因此，对企业财务能力进行恰当的评估显得尤为必要。

2.3.2.2 财务能力分析

财务能力的指标体系主要包括偿债能力、营运能力、盈利能力和发展能力。

（1）偿债能力

企业的偿债能力是衡量其财务状况和经营效能的关键指标。公司能否持续稳定发展，很大程度上取决于其现金偿还及负债偿还的能力。企业偿债能力涵盖短期和长期两个维度。短期偿债能力指的是企业利用流动资产迅速清偿流动负债的能力。评估企业短期偿债能力的主要指标包括流动比率、速动比率以及现金对流动负债的覆盖情况。而长期偿债能力则反映了企业偿还长期债务的能力，主要包括对资产负债率、产权比率及权益乘数等财务指标的分析和评价。

（2）营运能力

企业营运能力，即企业运用资产创造收入的能力，是衡量企业经营运作效率的关键指标。营运能力指标主要用以展示企业资本运作的循环状况，以及反映企业的经营效率和经济资源的利用效率。通过深入分析企业的营运能力，可以看出企业资产的周转速度越快，其资金流动性越强，偿债能力越高，资产的盈利速度越快，企业的营运能力越出色。衡量企业营运能力的指标主要包括存货周转率、应收账款周转率、流动资产周转率以及总资产周转率等。

（3）盈利能力

企业盈利能力是衡量和评价企业获取利润的能力，主要体现于一定时期内企业的收入水平。经营者通过分析企业盈利能力，可以发现运营管理过程中潜在的问题。衡量盈利能力的指标涵盖营业利润率、成本费用利润率、盈余现金保障倍数、总资产报酬率、净资产收益率以及资本收益率。

（4）发展能力

企业成长能力，亦称企业发展能力，是指企业通过自身的生产与研发活动所创造、扩展并累积的发展潜力。该能力的衡量指标涵盖了营业收入增长率、资本保值增值率、资本积累率、总资产增长率、营业利润增长率、技术投入比率、营业收入三年平均增长率以及资本三年平均增长率等。通过对企业发展能力的分析，能够协助企业管理层及投资者预测公司未来的经营状况，辅助管理层制定精确的财务决策流程，提升员工的工作积极性，并致力于实现公司利益的最大化。

2.3.3 企业核心竞争力分析

2.3.3.1 核心竞争力概述

企业核心竞争力的概念涵盖了资源与能力两个维度。资源方面，其包括有形资源（如物质、财务、技术、信息资源）与无形资源（如人力资源、声誉、关系、文化及其他资源）。能力方面，则可依据活动类型将其细分为企业管理、市场营销、全程服务、成本控制、规模扩张等方面的能力。当企业的资源与能力展现出价值性、稀缺性、难以模仿性以及不可替代性等特质时，便构成了企业的核心竞争力，从而为企业带来可持续的竞争优势。因此，核心竞争力是指那些能够为企业带来持续竞争优势的、具有价值、稀缺、难以模仿和不可替代的资源与能力，详见表2-3。

表2-3 可持续竞争优势的四个标准

标准	具体内容
有价值的	帮助公司抵御威胁或利用机会
稀缺的	不被他人拥有
难以模仿的	历史性：独特且有价值的组织文化或品牌名称
	模糊性：竞争力的来源和应用是模糊的
	社会复杂性：管理者、供应商以及顾客间的关系、信任和友谊
不可替代的	不具有战略对等资源

2.3.3.2 基于核心竞争力的企业财务战略管理实施阶段

（1）核心竞争力研究阶段

在此阶段，企业常面临偿债能力的不足及发展资金积累的不足。因此，对各类财务风险进行有效的控制，以降低总负债显得尤为关键。在资金支出方面，企业应进行全面细致的审核，并确保财务系统能将多余资金返还给财务部门，从而保障资金流转的有序性，满足财务系统的需求。这有助于企业在激烈的市场竞争环境中保持稳健。为保证核心竞争力分析的科学性，企业须重视财务系统的积极作用，并确保财务管理的安全性与灵活性。在产品研发和市场分析过程中，企业应客观分析市场需求，明确市场痛点，确保核心竞争力策略的合理性；避免盲目扩大生产，以防市场反应不佳，增加运营成本的回收难度。

（2）核心竞争力发展阶段

进入核心竞争力发展阶段的企业，其产品或服务已能满足大部分客户需求，已形成广泛的市场基础。在此阶段，企业可采用财务扩张策略，即通过增加负债来获取发展资金，支持企业的经营与发展，并科学地将这些资金用于产品研发与生产实践中。在此发展阶段，用户需求得到充分满足，负债成本的回收周期显著缩短。在偿还债权人利润后，企业应留存部分利润，支持企业后续运营及战略转型，从而确保企业经济效益的提升。

（3）核心竞争力形成阶段

在此阶段，市场保持相对平衡，这有助于企业有效控制运营风险，为企业的稳定持续发展创造有利环境。当前阶段的工作重点是实施低负债、高投资和中等分配的财务策略。低负债策略通过明确债权人资本，控制总债务量，确保债务流入与偿还保持平衡。高投资策略基于对各行业和单位发展情况的精准把握进行投资，以确保企业在新时期的高效益。中等分配策略则在行业前景与资源分配的支持下，对内部部门和外部投资进行科学合理的资源配置。

（4）核心竞争力衰退阶段

企业需依赖防御性财务管理体系维持运行，确保企业收益。在该体系下，企业资金的流入与流出呈现高负债状态，同时保持实际资金流入流出的平衡。企业应根据实际情况定期偿还债权人资金，保持企业在市场波动中的稳定运行。企业运营中产生的债务及资金储备，在核心竞争力的后续研发中扮演关键角色，为企业全面持续的转型和深入挖掘核心竞争力创造条件。

2.3.3.3 核心竞争力的评价方法

（1）核心竞争力的评价方法主要包括：企业进行自我评估、在产业内部进行比较、基准分析、成本驱动因素分析、采用作业成本法以及搜集竞争对手的相关信息。

（2）基准分析：在基准分析过程中，企业通过对比自身与竞争对手的业绩，识别对手的优势与劣势，从而吸取其长处，弥补自身不足，并针对对手的弱点寻找突破点，以期超越竞争者。该分析聚焦于那些能够量化业绩的关键活动，主要包括资金占用较大的活动、能够显著提升顾客关系的活动，以及那些最终能够影响企业业绩的活动。具体的基准分析类型详见表2-4。

表2-4 基准类型

基准类型	内涵
内部基准	企业内部各个部门之间互为基准进行学习与比较。例如，某银行内部设有市场营销一部、二部、三部，业绩最好的二部作为标杆成为其他部门的学习对象
竞争性基准	企业直接以竞争者为参照物进行对比分析。企业须搜集关于对手的产品、经营活动及业绩的详细资料，并与本企业的相应情况进行比较
过程或活动基准	企业以经营过程或活动相似的企业为基准进行对比分析。尽管两者的产品和服务并未直接竞争，但此类比较旨在识别企业在某些领域的突出表现，如生产制造、市场营销、产品工艺、存货管理以及人力资源管理等方面（偏向管理职能）
一般基准	企业以具有相同业务的企业为基准进行比较
顾客基准	企业以顾客的预期为基准进行比较

2.3.4 企业内部环境分析方法

2.3.4.1 波士顿矩阵

波士顿矩阵（boston consulting group，BCG），也称作市场增长率-相对市场份额矩阵、波士顿咨询集团法、四象限分析法、产品系列结构管理法，其主要是为了解析企业的产品组合及其如何适应市场需求的变化，确保企业生产的实际意义。此外，如何将有限的资源有效配置到合理的产品结构中，以确保收益，是企业在激烈的市场竞争中突出的关键。

波士顿矩阵明确指出，市场引力和企业实力是决定产品结构的两大要素。市场引力包括销售增长率、目标市场的容量、竞争对手的实力及利润水平等。销售增长率是市场引力的一个综合反映，决定了产品结构的合理性。而企业实力则涵盖市场占有率、技术、设备及资金运用等方面，市场占有率直接显示了企业的竞争力。销售增长率与市场占有率的相互作用，互为影响条件：高市场引力与高市场占有率表明产品具有良好的发展前景，企业也具备相应的适应能力；而高市场引力与低市场占有率则显示企业实力不足，产品发展困难。相反，如果企业实力强但市场引力低，则产品的市场前景可能较差。

如图 2-6 所示，基于上述因素的交互作用，企业产品可被划分为四种性质不同的类型，各具不同的发展前景：①产业增长率和市场相对份额双高的产品群（明星类产品）；②产业增长率和市场相对份额双低的产品群（瘦狗类产品）；③产业增长率高、市场相对份额低的产品群（问题类产品）；④产业增长率低、市场相对份额高的产品群（现金牛类产品）。企业应根据自身所处的不同领域选择合适的财务战略。

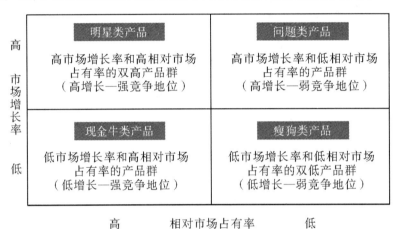

图 2-6　波士顿矩阵

2.3.4.2　通用矩阵

通用矩阵法（general matrix，GE），又称产业吸引力矩阵或九象限评价法，是由美国通用电气公司发展出的一种先进的投资组合分析工具。此方法相较于波士顿矩阵法，进行了显著的设计优化。在此矩阵中，纵轴用产业吸引力替代了波士顿矩阵中的产业增长率，横轴用企业实力替代了相对市场份额。此外，两个维度都新增了中间等级，以便更全面地分析各种因素。通用矩阵法不仅适用于波士顿矩阵的应用场景，还能适应于具有不同需求、处于技术生命周期的各个阶段、多样的竞争环境。

在构建通用矩阵的过程中，企业需要识别并分析多种影响市场吸引力的因素，包括产业增长率、市场价格、市场规模、盈利能力、市场和竞争结构、技术以及社会政治因素等。同时，企业实力的影响因素包括相对市场份额、市场增长率、买方增长率、产品差异化、生产技术、生产能力、管理水平等。这些因素需进行加权处理，以确立衡量企业内部实力及市场吸引力的标准。企业可采用产业吸引力分析方法及内部评价矩阵对市场吸引力和企业实力进行综合评价。根据加权平均总分，可将企业划分为三个等级：大（强）、中、小（低），进而形成九种组合方格以及三个区域，如图 2-7 所示。

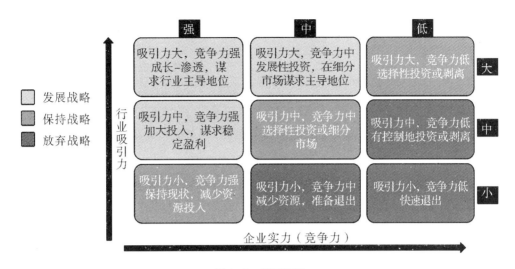

图 2-7　通用矩阵

对于不同产业，通用矩阵可以根据产业特点来选取不同的影响因素。处于通用矩阵上不同区域的经营单位，应选择相同的财务战略。观察通用矩阵中 9 个格子的分布，左上角的三个格子是实施发展战略的最佳区域，应当首先考虑资源配置。对于右下角的三个格子，通常采取的是停止、转移或撤退策略，即放弃战略。而位于对角线上的三个格子，则适合执行维持现状或有选择性地发展的战略，即保持战略，其目的是保持现有的业务规模并在适当时候调整发展方向。

2.4　SWOT 分析

2.4.1　SWOT 分析的基本原理

SWOT 分析是一种基于组织内外部竞争环境及条件的态势分析方法。该方法涉及将与研究对象紧密相关的各种主要内部优势、劣势以及外部机会和威胁通过调查罗列，并以矩阵形式进行排列，随后，采用系统分析的思维将这些因素相互结合进行分析，从而得出一系列具有决策导向性的结论。在这一分析框架中，S 代表企业内部的优势（strength），W 代表企业内部的劣势（weakness），O 代表企业外部环境的机会（opportunity），T 代表企业外部环境的威胁（threat），具体如表 2-5 所示。

表 2-5　SWOT 分析的 4 个要素分析

要素	含义	表现
内部优势（S）	能给企业带来重要竞争优势的积极因素或独特能力	产品市场占有率高 企业拥有充足的资金 企业拥有熟练的技术工人 企业有较强的产品开发能力等

表2-5(续)

要素	含义	表现
内部劣势（W）	限制企业发展且有待改进的消极方面	企业财务状况恶化 企业产品质量下降 企业管理效能低下等
外部机会（O）	随着企业外部环境的改变而产生的有利于企业的时机	政府支持 高新技术的应用 与购买者和供应者建立了良好的关系等
外部威胁（T）	随着企业外部环境的改变而产生的不利于企业的时机	新的竞争对手出现 市场增长率缓慢 购买者和供应者讨价还价能力增强等

2.4.2 SWOT 分析的运用

实际上，SWOT 分析是对企业内外部条件各方面内容进行综合和概括，分析企业的优势和劣势、面临的机会和威胁，进而帮助企业进行战略选择的一种方法。企业优势与劣势的分析主要集中于评估企业内部实力以及与竞争者的比较，而机会与威胁的分析则重点关注外部环境的变化及其对企业可能产生的影响。在分析时，企业应把所有的内部因素集中在一起，然后用外部的力量对这些因素进行评估（见表2-6）。

表 2-6 SWOT 分析

因素		外部因素	
		外部机会	外部威胁
内部因素	内部优势	增长型战略（SO）	多种经营战略（ST）
	内部劣势	扭转型战略（WO）	防御型战略（WT）

2.4.2.1 增长型战略（SO）

该战略是利用公司的内部优势把握外部机会。通常，企业需要先采用 WO、ST 或 WT 战略，以逐步达到能够采用 SO 战略的程度。此时，企业应当采取增长型战略，如开发市场、增加产量等。

2.4.2.2 多种经营战略（ST）

该战略旨在借助企业的内部优势，规避或降低外部威胁所带来的影响。在这种策略下，企业应采取具体的经营措施，借助自身优势，在多元化的业务活动中寻找长期发展的可能，或进一步增强自身的竞争力以面对外部威胁。

2.4.2.3 扭转型战略（WO）

该战略旨在借助外部机会弥补内部劣势。有时，重要的外部机会确实存在，但企业固有的内部劣势会阻碍企业利用这些机会。因此，企业可以采取扭转型战略，充分利用环境所提供的机遇，并努力消除自身存在的劣势。

2.4.2.4 防御型战略（WT）

该战略是一种弥补内部劣势并规避外部威胁的防御型策略。一个面对大量外部威胁和具有众多不足的企业，必然深陷风雨飘摇的困境。此时企业应进行业务调整，设法避开威胁和消除劣势。

SWOT 分析与财务战略选择的综合分析见表 2-7。

表 2-7　SWOT 分析与财务战略选择

类型	定义	适用范围	案例
优势—机会（SO）（增长型战略）	一种发展企业内部优势和利用外部机会的战略，是一种理想的战略模式	当企业具有特定方面的优势，而外部环境又为发挥这种优势提供有利机会时，可以采取该战略	华为
优势—威胁（ST）（多元化战略）	企业利用自身优势，回避或减轻外部威胁所造成的影响的战略	当企业拥有充足的资金、熟练的技术工人和较强的产品研发能力时，可通过采取多元化战略扬长避短，回避或减轻外部威胁	小米
劣势—机会（WO）（扭转型战略）	利用外部机会来克服内部劣势，使企业改变劣势而获取优势的战略	当存在外部机会，但由于企业存在一些内部劣势而妨碍其利用机会时，可采取措施先克服这些劣势	加多宝转型
劣势—威胁（WT）（防御型战略）	一种旨在减少内部劣势、规避外部威胁的收缩战略	当企业存在内忧外患时，往往面临生存危机，企业应主动进行业务重组或者彻底放弃，设法避开威胁和消除劣势	苏宁电器

【本章小结】

本章小结具体见表 2-8。

表 2-8　本章小结

企业外部环境分析	内容	企业外部环境分析是制定公司战略的基础和前提，是指公司对制定战略时面临的外部环境进行分析，从而寻求机会，规避威胁
	分析方法	外部环境可以从宏观环境（PESTEL）、产业环境（"五力模型"）和竞争环境（竞争对手分析）三个层面展开

表2-8(续)

企业内部 环境分析	内容	基于资源论的观点认为，公司内部环境同外部环境相比具有更重要的意义，对企业创造市场优势具有决定性的作用。核心能力的构建依赖于企业的持续积累，而制定战略所需的资源则要求企业不断学习、创新及超越。企业所掌握的资源与能力是其获得竞争优势的决定因素，同时也决定了企业在市场上的竞争地位
	分析方法	财务能力分析、企业核心竞争力分析、企业内部环境分析方法（BCG矩阵和GE矩阵）
企业内外部 环境综合 分析	内容	企业内外部环境综合分析，即SWOT分析，是对企业的内部条件和外部环境的各方面内容进行综合概括，分析企业的优势和劣势及面临的机会和威胁，进而帮助企业进行战略选择的一种方法。S、W分别代表企业内部的优势和劣势，O、T分别代表企业外部环境带来的机会和威胁
	分析方法	SWOT分析

【本章内容在历年CPA考试中涉及的考点】

> **敲黑板：**
> 1. PESTEL模型的适用条件
> 2. 波特的产业五种竞争力分析
> 3. 竞争环境分析
> 4. 波士顿矩阵和通用矩阵的业务类型判断及分析
> 5. SWOT分析

【技能训练】

一、单选题

1. 在20世纪90年代，"莓烦恼"公司在国内市场推出了微波炉产品。至今，"莓烦恼"公司已经构建了一个全国性的营销网络，涵盖了电子商务平台、数千个超市专柜和实体店铺，以及十几个仓储物流中心。近年来，尽管众多企业试图进入微波炉市场，但均未能取得成功。"莓烦恼"公司为潜在竞争者设立的市场进入壁垒是（ ）。

扫一扫，对答案

    A. 现有企业对关键资源的控制

    B. 行为性障碍

    C. 现有企业的市场优势

    D. 规模经济

2. 根据波特的五种竞争力分析理论，下列各项关于供应商讨价还价能力的说法中，错误的是（　　）。

A. 供应商提供的产品专用性程度越高，其讨价还价能力越强

B. 供应商借助互联网平台掌握的购买者转换成本信息越多，其讨价还价能力越强

C. 占市场份额80%以上的少数供应商将产品销售给较为零散的购买者时，其讨价还价能力强

D. 供应商拥有足够的资源能够进行后向一体化时，其讨价还价能力强

3. 随着人民生活水平的日益提高，我国消费者在选择家电产品时不仅关注价格，更注重产品的智能属性。家电生产企业甲公司预计其最大的竞争对手乙公司在积极运用智能控制、红外线感应、定位系统等技术开发新一代智能家电产品，以适应消费者的升级需求，并提升该公司在高端家电领域的市场份额。甲公司对乙公司进行的上述分析属于（　　）。

A. 财务能力分析　　　　　　　　B. 快速反应能力分析

C. 成长能力分析　　　　　　　　D. 适应变化能力分析

4. 广元牛奶公司对所处竞争环境进行分析后，决定将与其产品价格和销售区域覆盖率相近的牛奶企业作为主要竞争对手。根据上述情况，广元牛奶公司采用的竞争环境分析方法是（　　）。

A. 成功关键因素分析　　　　　　B. 五种竞争力分析

C. 竞争对手分析　　　　　　　　D. 战略群组分析

5. "顺梨"公司原本专注于家电产品的制造与销售，但近年来逐步将业务领域拓展至新能源、房地产以及生物制药等多个行业。根据波士顿矩阵法，下列关于"顺梨"公司对其业务定位的描述中，存在错误的是（　　）。

A. 新能源行业作为具有巨大发展潜力和广阔前景的领域，公司在该行业的竞争地位尚显不足。因此，公司应考虑对新能源业务进行战略性投资，以提升公司在市场中的占有率

B. 鉴于房地产业目前正处于低迷期，且公司在此领域的业务长期未能实现盈利，公司应审慎考虑并果断采取措施，从房地产业务中有序撤出

C. 生物制药行业近年来展现出迅猛的发展势头，公司所收购的生物制药企业亦由初期的弱势逐步转变为具有明显竞争优势。公司应短期内优先调配必要资源，以支持该业务的持续发展

D. 家电业务中的多数产品已步入成熟阶段，公司在家电行业的竞争优势较为突出。因此，公司应加大对该业务的投资力度，以保持并巩固公司在行业内的领先地位

二、多选题

1. 甲公司是一家民营企业，主要从事口腔医疗器械制造及相关业务，是国内的行业龙头企业。下列各项中，属于甲公司的成功原因在 PESTEL 分析中的表现有（　　）。

A. 该公司业务近年来保持着较高的市场份额

B. 该公司的技术水平处于行业领先地位

C. 政府对于口腔健康产业给予政策支持并提供补助

D. 我国消费者对于口腔健康的重视日益加强

2. "芒芒人海"公司是国内知名的印刷机制造企业，其主要产品为胶印机。为了拓展至印后设备领域，包括折页装订、模切、包装等设备，该公司进行了SWOT分析。以下符合该公司SWOT分析的选项是（　　　）。

    A. "芒芒人海"公司在市场上享有较高的品牌知名度，并且拥有完善的销售网络。然而，该公司在短期内面临印后设备研发能力不足的问题。为了弥补这一短板，"芒芒人海"公司寻求与一家具备印后研发能力的企业建立战略合作关系。该策略属于WT战略

    B. "芒芒人海"公司在市场上享有较高的品牌知名度，并且拥有完善的销售网络。国家政策支持优势企业进行产品和技术开发，以满足印后设备市场的旺盛需求。"芒芒人海"公司决定利用这一政策优势，迅速进入印后设备领域。该策略属于SO战略

    C. 由于"芒芒人海"公司在短期内印后设备研发能力不足，并且国外印后设备制造商竞争对手实力强大，"芒芒人海"公司决定与一家国外印后设备制造商建立战略合作关系。该策略属于ST战略

    D. 由于"芒芒人海"公司在短期内印后设备研发能力不足，并且国内对印后设备的需求日益增长，"芒芒人海"公司寻求与一家具备印后研发能力的企业建立战略合作关系。该策略属于WO战略

3. 凯阳公司拥有发电设备制造、新能源开发、电站建设和环保4部分业务，这些业务的市场增长率依次为5.5%、11%、5%和13%，相对市场占有率依次为1.3、1.1、0.8和0.2。根据波士顿矩阵原理，上述4部分业务中，可以视情况采取收割战略的有（　　　）。

    A. 发电设备制造业务　　　　　　　B. 电站建设业务

    C. 环保业务　　　　　　　　　　　D. 新能源开发业务

三、简答题

1. PESTEL模型的适用条件。

2. 波士顿矩阵的纵轴（市场增长率）反映外在因素，横轴（相对市场占有率）反映内在因素，那么波士顿矩阵是属于内部环境分析工具还是外部环境分析工具呢？

【案例演练】 柳州螺蛳粉战略制定

螺蛳粉是广西壮族自治区柳州市的特色小吃之一，具有辣、爽、鲜、酸、烫的独特风味。2021年，柳州市螺蛳粉全产业链销售收入达到501.6亿元，同比增长40%。其中袋装螺蛳粉销售收入达151.97亿元，同比增长38.23%；配套及衍生产业销售收

入达 142.83 亿元，同比增长 9.87%；全国实体店营业额达 206.8 亿元，增长 75.25%。业内专家分析，促成柳州市螺蛳粉产业得以迅速发展的原因有以下三点：一是随着经济增长、消费者需求的不断变化，源于天然、品味新鲜独特的产品日益受到关注和青睐；二是近年来国家取消了对外卖产品的补贴政策，品质和价格与外卖产品相当的螺蛳粉填补了这一市场空白；三是柳州市人民政府长期坚持以工业化理念、互联网思维推动螺蛳粉全产业链发展。柳州市人民政府先后出台了多项政策法规，全面保障螺蛳粉一、二、三产业高度融合发展；深度挖掘螺蛳粉独特的饮食文化，推动螺蛳粉入选 2021 年的国家非物质文化遗产名录，开展柳州市螺蛳粉主题推介活动；将环保、质量安全和标准化的理念贯穿整个产业，建立健全各项质量管理法律法规，切实保障人民群众"舌尖上的安全"；充分挖掘柳州市螺蛳粉重要原材料（大米、竹笋、豆角、木耳、螺蛳等）种养殖的优势，打造柳州市螺蛳粉原材料产业集群；出台激励政策，创建柳州市螺蛳粉生产集聚区、原材料加工基地、酱菜加工生产基地等国家级现代产业园区；打造万亩竹海公园、螺蛳养殖基地赏螺栈道等观光景区，举办螺蛳粉小镇文化节、音乐节、嗍螺大赛、百螺宴等活动，拓展产业功能，推动三产发展；培育一批龙头企业，打造螺蛳粉区域公用品牌，开展柳州市螺蛳粉原材料示范基地建设；推进螺蛳粉产业数字化转型，在柳州市螺蛳粉原料标准化生产示范基地，使智慧农业系统的部署得以实现，该系统推广了害虫智能化捕获、无人机飞行防治作业以及节水微喷滴灌系统等智能化技术应用，这些技术均隶属于柳州市螺蛳粉大数据平台，用于辐射带动农业增效和农民增收。柳州市螺蛳粉产业从业人员已超过 30 万，已探索出了一条产业扶贫、生态扶贫之路。

【思考题】

1. 依据 PESTEL 分析，简要分析柳州市螺蛳粉产业得以迅速发展的原因。

2. 依据企业利益与社会效益的相互关系，简要分析柳州市螺蛳粉产业在发展过程中企业所承担的社会责任。

扫一扫，对答案

3 基于企业生命周期的财务战略

【学习目标】

> 1. 掌握：企业生命周期各阶段财务战略选择。
>
> 2. 理解：企业生命周期各阶段财务战略重点。
>
> 3. 了解：企业在不同生命周期的特征。

【课程思政】

课程思政目标：

1. 培养学生能够在未来的职业生涯中充分发挥财务战略管理的积极作用，为企业和社会的可持续发展作出贡献。

2. 通过企业生命周期的视角整合思政教育，帮助学生把握企业在不同阶段面临的财务挑战，培养其正确的价值观和社会责任感。

融入点：

1. 通过案例研究，引导学生认识财务战略对企业生命周期的各个阶段产生的不同影响。制定恰当的财务战略不仅关系到企业经济效益，而且对企业社会责任和可持续发展具有积极影响。

2. 组织学生讨论企业生命周期视角下的财务战略，帮助学生理解国家经济政策对企业财务战略的指导作用，尤其是在其不同生命周期。

【思维导图】

本章思维导图如图 3-1 所示。

基于企业生命周期的
财务战略

企业生命周期概述 { 企业生命周期的含义
企业生命周期的阶段划分及其特点

初创期企业的财务战略 { 初创期企业概述
初创期企业的财务战略选择
初创期企业的财务战略管理重点

成长期企业的财务战略 { 成长期企业概述
成长期企业的财务战略选择
成长期企业的财务战略管理重点

成熟期企业的财务战略 { 成熟期企业概述
成熟期企业的财务战略选择
成熟期企业的财务战略管理重点

衰退期企业的财务战略 { 衰退期企业概述
衰退期企业的财务战略选择
衰退期企业的财务战略管理重点

图 3-1　本章思维导图

【导入案例】阿里巴巴公司发展之路：从草根到全球巨头

阿里巴巴，这个如今已成为全球电商代名词的公司，其发展历程可谓是一部充满传奇色彩的史诗。本文将从阿里巴巴成立初期、快速发展期、战略调整期及成熟稳定期四个阶段，全面剖析其如何从一个小小的创业公司，成长为全球电商领域的佼佼者。

1. 成立初期：逆境中起步

1999 年，马云创立了阿里巴巴，开始了他的电商之旅。当时的中国互联网市场还处于起步阶段，电子商务更是遥不可及的概念。然而，阿里巴巴却凭借其独特的商业模式和卓越的创新能力，迅速崭露头角。1999 年的 B2B 在线交易平台，为中小企业提供了一个前所未有的展示和销售平台。

此时的阿里巴巴面临着众多挑战，其中最大的问题是如何赢得市场的信任。马云和他的团队通过不断的推广和宣传，逐渐打消了潜在客户的疑虑，赢得了市场的认可。

2. 快速发展期：创新与拓展并举

2005 年，阿里巴巴开始进入快速发展阶段。此时，阿里巴巴已经从最初的 B2B 在线交易平台，扩展到 B2C、C2C 等多元化领域。同时，阿里巴巴还通过在海外市场的布局和投资，进一步扩大了其影响力。

这一时期，阿里巴巴在资本运作方面也取得了重大突破。2007 年，阿里巴巴成功在香港上市，这标志着其正式踏入国际市场。此后的几年里，阿里巴巴通过并购与合作，逐渐完善了自身的产业链和生态系统。

3. 战略调整期：转型升级与国际化拓展

随着时间的推移，阿里巴巴逐渐进入战略调整期。2012 年，阿里巴巴对公司业务进行了全面梳理与调整，从单纯的电子商务平台向全方位的互联网服务提供商转变。这一时期的阿里巴巴，开始将目光投向创新商业模式、拓展国际市场等新的领域。

4. 成熟稳定期：全球领先地位与未来展望

阿里巴巴进入成熟稳定期后，发展成为全球电商领域的巨擘。无论是从业务布局、市场规模还是从盈利能力来看，阿里巴巴都已经站在了全球电商领域的巅峰。在这个阶段，阿里巴巴需要考虑的已经不再是生存和发展的问题，而是要考虑如何保持其领先地位，以及如何应对未来可能面临的挑战。

此时的阿里巴巴已经拥有了强大的品牌影响力和较大的市场份额，但这并不意味着它可以高枕无忧。在全球经济形势不断变化、新兴技术层出不穷的今天，阿里巴巴仍然需要不断创新和进步，以应对日益激烈的市场竞争和变化多端的消费需求。

5. 结语：传奇的背后是创新与坚持

阿里巴巴的成功并不是偶然，它的发展历程是一部真正的创业史诗。从成立初期对互联网商业模式的探索，到快速发展期的扩张与多元化，再到战略调整期的转型升级与国际化拓展，最后到成熟稳定期的全球领先地位，阿里巴巴的每一步都离不开创新与坚持。

3.1　企业生命周期概述

3.1.1　企业生命周期的含义

企业可被视为有机的生命实体，其生命内涵可以从空间和时间两个维度进行解析。在空间维度上，企业是由物质的、社会的、文化的要素有机结合而成的实体，由多种元素、资源或能力组成。在时间维度上，企业总是在开放环境中依据固有的规律进行持续的投入产出活动，以实现其目标。只有结合企业的空间和时间维度，我们才能全面理解其作为生命体的整体特征。

英国经济学家马歇尔曾将一个产业比喻为一片森林，其中的企业大小不一，如同树木一般各有其生存与发展的空间，但也可能遭遇衰退的命运。这表明企业具有生命特性，并遵循一个相对稳定的生命周期，即从创立到成长、成熟再到衰退，这一过程从简单到复杂，各阶段紧密相连，形成了企业生命周期的完整变化过程。这一系列过程，被称为企业的生命周期。

然而，企业与真正的生命体不同，它是一个人造的有机系统。生物体的自然生命周期是有限的，而企业作为人工系统，其生长并不完全遵循生物体的生命周期规律。企业的生命周期受到诸如核心竞争力、市场结构等内部和外部多种因素的影响。尽管大多数企业最终会"死亡"，但企业的非生物特性允许其通过多种策略延缓衰亡，增强与环境的适应性，从而实现可持续发展。

3.1.2　企业生命周期的阶段划分及其特征

企业可比作具有特定生命周期的生命有机体。若企业仅生产单一产品，则其生命周期往往与该产品的生命周期曲线类似。在探讨企业生命周期的众多研究中，学者们通常依据企业在不同生存与发展阶段的独特特征和规律进行分析。尽管学者们对企业生命周期的阶段划分存在差异，但大多数学者都认为企业的生存和发展过程通常遵循相似的模式。这些研究普遍将企业生命周期划分为四个主要阶段，即初创期、成长期、成熟期及衰退期（见图3-2）。

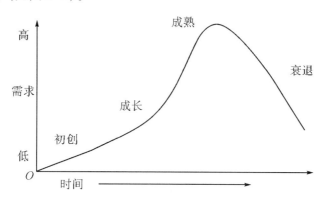

图 3-2　企业生命周期的阶段划分

3.1.2.1　初创期

处于初创期的企业知名度不高且资金匮乏，生产经营中的任何失误都有可能导致企业失败。此外，新产品开发具有高度不确定性，且未来的现金流量预测困难，因此企业面临极高的经营风险。在此阶段，尽管企业组织系统尚未完善，但创始人充满活力和创造性，富有冒险精神；尽管初始资本有限、产品单一、生产规模小、盈利能力弱、企业形象尚未建立，但创始人团结一致，展现出强大的凝聚力。

3.1.2.2　成长期

进入成长期的企业，其产品逐步获得市场的认可，生产规模扩大，业务迅速增长，发展步伐加快。但其经营风险仍然较高，这主要是因为市场营销费用的增加及大规模资金筹集的需求，且现金流和市场环境的不确定性仍然存在，企业需要持续优化管理体系和更新发展战略，增强其市场适应能力，以支持其快速发展。在此阶段，企业规模扩大，实力持续增强，经济增长为创始人带来希望；企业的活力、创造力和凝聚力依然显著，创始人愿意承担风险，且专注于发展前景良好的产品，虽利润较少但增长迅速，企业形象逐渐树立。

3.1.2.3　成熟期

企业进入成熟期后，主营业务与产品销售额趋于稳定，产品销售额增长速度逐渐放慢。同时，企业现金流变得更加稳定，经营风险显著降低，管理体系逐步完善，企业价值持续增长。在此阶段，企业利润更多依靠成本控制而非单纯的产品定价策略；核心产品成功占领市场，甚至达到领导地位，企业形象已被牢固树立，生产规模进一步扩大，盈利水平达到顶峰；企业架构日益完善，组织结构趋于完整，但组织内部可能出现矛盾，凝聚力有所下降，创新和冒险精神减弱，组织活力相对降低。

3.1.2.4　衰退期

企业进入衰退期，激烈的市场竞争和日渐减弱的创新能力，会导致原有产品逐渐被市场淘汰且销售额持续下降。同时，企业推出新产品困难，业务开始收缩，竞争力逐步减弱。此时，企业潜在的投资项目不明确，容易导致破产。在这一阶段，企业逐步走向老化和消亡，尽管资本充足，但负债率较高；生产规模虽大，却有着沉重的负担；产品种类繁多，但前景并不明朗；规章制度可能完善，但组织内部矛盾日益显著；企业形象尽管存在，但已不再辉煌。

企业生命周期各阶段特征如图3-3所示。

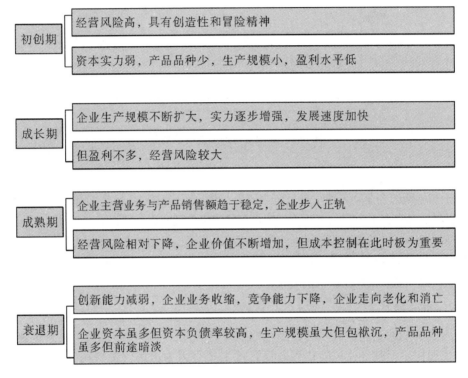

| 初创期 | 经营风险高，具有创造性和冒险精神 |
| | 资本实力弱，产品品种少，生产规模小，盈利水平低 |

| 成长期 | 企业生产规模不断扩大，实力逐步增强，发展速度加快 |
| | 但盈利不多，经营风险较大 |

| 成熟期 | 企业主营业务与产品销售额趋于稳定，企业步入正轨 |
| | 经营风险相对下降，企业价值不断增加，但成本控制在此时极为重要 |

| 衰退期 | 创新能力减弱，企业业务收缩，竞争能力下降，企业走向老化和消亡 |
| | 企业资本虽多但资本负债率较高，生产规模虽大但包袱沉，产品品种虽多但前途暗淡 |

图 3-3　企业生命周期各阶段特征

3.2　初创期企业的财务战略

3.2.1　初创期企业概述

处于初创期的企业面临众多挑战。产品技术和工艺尚未完善，产品质量不稳定；企业销售网络还未完全建立，与供应商的合作关系也不够稳固。此外，在此阶段企业及其产品在市场上的知名度尚未形成，其生产和销售过程会遇到诸多困难。因此，这些企业的抗风险能力相对较弱。

从生命周期的角度来看，处于初创阶段的企业大多为中小型企业。经营这类企业不只是进行日常管理，更涉及战略规划和创新活动的开展。这些中小型企业的活力，源于社会对其产品和服务的需求，以及企业满足这些需求的能力。这包括企业对社会需求的理解、资源的获取以及资源的有效利用，即这些企业必须从增强自身的内部能力做起。此外，这些企业的生存和发展依赖于资本的投入，这包括为了生产消费者预期购买的产品而进行的前期资本投入，企业期望这些投入能通过未来的销售收入得到回报。然而，在投入前期资本并生产出产品之后，是否能够吸引顾客购买仍是一个不确定因素。在当今竞争激烈的市场环境中，这种不确定性非常大，因此资本的回报依赖于消费者的认可。正如德鲁克所言，企业的核心使命是创造顾客。对于初创期的企业而言，持续创造顾客是其生存和发展的关键。因此，一般而言，初创期企业的生存与发展依赖于其内部运营能力和外部环境的共同作用。

3.2.1.1 处于初创期的企业抵御外部环境变化的能力弱

处于初创期的企业，对外部环境变化的抵抗力较弱。这类企业在早期更易受环境波动的影响，且对外界因素的应对能力较差。外部环境提供的机遇是企业成立的关键依托，因此，当环境呈现出有利于生存和盈利的条件时，众多初创企业随之出现。尽管这些企业所投入的生产因素大体相似，但它们的成败却呈现显著差异，这主要取决于各企业的创业环境。新成立的企业在经营时长、经验积累及风险承受能力方面均无法与大型企业相匹敌，因此，挑选一个合适的创业环境对它们来说尤为关键。与大型企业相比，初创企业面临的风险更大，这主要归因于内外部环境的不确定性。然而，创业者的冒险精神和积极的行动态度构成其相对的优势。因此，环境因素直接影响初创企业的竞争力，环境的波动易对其生产活动构成威胁，甚至可能导致企业破产。具体而言，企业所处的风险环境既包括制度性因素，也包括非制度性因素。

从制度性因素来看，首先，政策环境对初创企业发展影响显著。例如，在经济快速增长阶段，投资和消费需求的旺盛为企业提供了良好的发展机会，使得初创企业有可能在不注重产品技术和质量提升、不重视降低成本的情况下扩大生产规模。但是，一旦经济增长放缓，政府实施紧缩政策，行业生产能力就会明显过剩，从而导致行业内企业面临巨大冲击，尤其是那些对外部环境压力抵御能力较弱的初创企业，可能难以继续存续。其次，金融机构的投资不足是另一重要制约因素。通常，金融机构倾向于投资有资产担保的企业，希望贷款能够及时偿还并获取利息。初创企业难以立即盈利，因此很难获得金融机构的资金支持。此外，初创企业较高的失败率导致其财务信誉不稳定，金融机构更倾向于支持大企业。因此，在宏观经济紧缩时，初创企业面临财务危机的风险远高于大企业。

从非制度性因素来看，如产业结构的剧烈变动常常对企业经营造成冲击。产业结构调整是许多国家工业化进程中的必然选择，具有其客观规律性。例如，在经历一段时间的高增长后，传统产业需要进行结构调整，而这种调整往往最先影响到处于困境中的传统行业，如煤炭、纺织、冶金和传统机械行业等。这些产业中的大企业可以依靠长期积累的资金通过转型和多角化经营策略来应对产业调整，而处于初创期的企业则要受到较大的冲击。

3.2.1.2 处于初创期的企业自身经营能力明显不足

第一，处于初创期的企业缺乏关键的管理人员。这一阶段的企业规模有限，工作分工不够细致，大部分由创始人亲自管理，而创始人一般缺少必要的管理经验和风险管理能力，同时企业多依赖于创始人的个人决策，这种情况容易带来风险。同时，由于初创期企业的实力和信誉较弱，难以吸引经验丰富的管理人才，这直接影响了企业管理水平的提升，成为初创企业死亡率高的一个关键因素。

第二，处于初创期的企业通常市场营销能力不足。由于能力所限，这些企业的市场反馈渠道相对有限，难以迅速把握市场需求，经常陷入吸引顾客的陷阱之中。

第三，处于初创期的企业往往缺乏必要的资金支持。资金短缺使得初创企业无法及时采用先进技术或设备，难以开发新产品，因此无法与大企业在资源层面竞争。

综上所述，处于初创期的企业自身经营能力明显不足，面临着巨大的经营风险，在未做好充分准备的情况下，容易失去生存的机会。因此，初创企业必须警惕经营风险。

3.2.1.3　从财务角度看，处于初创期的企业资金明显不足

从财务视角分析，初创企业普遍面临资金短缺的问题。这种资金缺乏是跨国界和行业的普遍现象。正如前文所指出的，小型企业获取资金困难的根本原因是规模较小。初创企业往往因规模小而资产不足，缺乏足够的抵押物。此外，这些企业大多还在起步阶段，运营时间较短，通常集中精力于企业的生存与发展，而忽略了经营资料的系统积累，很少有完整的经营绩效记录。这使得包括银行在内的投资者难以评估其业务状况，增加了其投资的风险。同时，从宏观经济状况来看，经济不景气时，人们投资更加谨慎，初创企业融资更加困难；而在经济繁荣时期，虽然资金需求总体上升，但资金供应往往跟不上需求，初创企业同样难以获得所需资金。因此，处于初创阶段的企业资金短缺问题是全方位的。

第一，初期资本投入不足。初创企业在成立时，筹资渠道有限，主要依赖个人资本，大多采用独资或合伙方式，资金显著不足。

第二，资本积累能力较弱。初创企业通常受产品和市场条件限制，收益低于成熟企业。再加上初创企业初始投资不足且规模较小，其资本增值的速度和规模受到限制。

第三，缺乏有效的流动资金周转计划。初创企业的资金回流仅在客户大量购买时发生，但初创企业因缺乏专业管理和内部控制制度，资金使用随意，资金周转效率低，而这种忽视内部财务管理的操作往往导致企业资金周转困难。

一般而言，企业在成功初创后，随着销售规模的变化，现金流要经过四个不同阶段。第一阶段是起步阶段，在这一阶段合同、客户缓慢增长，企业声誉缓慢提升，销售增长率不高；第二阶段是早期成长阶段，在这一阶段销售额增长速度开始加快，需要垫付大量资金；第三阶段是成长阶段，在这一阶段垫付资金开始流回企业，但要经过相当长的时间之后，累计现金余额才会消除赤字；第四阶段是成熟阶段，只有那些能度过早期资金危机生存下来的企业才能到达这一阶段，这一阶段的特点是企业现金流充沛，销售规模基本稳定，企业进一步走向强大。

3.2.2　初创期企业的财务战略选择

初创期的企业在其成长阶段会面临巨大的风险。它们通常在不利的成长环境下生

存，因此那些能够取得成功的企业显得尤为突出。许多人可能会将初创企业的失败归咎于资金短缺，然而从之前的分析来看，这种失败更多是由于缺乏管理经验和运营能力。确实，资金不足是初创企业的一个共同特点，在初创期，企业会经历一个收益较低的困难阶段，此时资金的及时补充尤为关键，否则可能会因资本枯竭而倒闭。因此，适当的财务策略可以帮助企业在低收益的困难时期维持运转，从而安全度过危机。在这一时期，企业关注点应转向经营风险，而不仅仅是财务风险，企业应当避免同时承受较大的经营和财务风险。因此，初创期企业的财务战略应重视经营风险，避免增加财务风险。

3.2.2.1　投资战略

投资是企业为了获得未来经济效益和竞争优势，将筹集的资金投入指定项目或业务活动中的行为。企业的投资战略，是企业总体战略的一部分。对投资活动进行全面规划，不仅是确保企业生存和发展的基础，也是实现企业整体经营战略的关键手段。企业投资战略的核心在于调整资金的投入和配置，以把握外部环境所提供的机会。因此，投资不仅关系到企业未来几年的经济收益，而且体现了企业的战略方向，强调了对其长期竞争优势的培育和强化。企业投资行为应当充满战略意识，与内外部环境及发展趋势保持一致，确保其与企业整体战略的一致性。

（1）企业整体战略的模式

企业成长所依据的基本条件是其内部力量的积聚。企业内部力量的积聚是企业投资的主要动因，企业投资活动实质上就是企业内部力量释放的一种表现形式。因为企业的内部力量是有限的，并且这种力量的积聚需要一个过程，所以，相对而言，企业拥有的力量往往具有相对稳定性，这就为企业针对自己特定的成长阶段制定长远成长战略提供了可能，企业能够根据自己的能力制定成长战略。一般来说，企业在成长过程中可能采用的战略模式有集中战略、一体化战略、多样化战略、合资战略、国际化战略、紧缩战略、退出和清算战略。其中，集中战略是企业依靠内部资源实现发展的策略；一体化战略、多样化战略、合资战略和国际化战略是企业通过外部扩展来实现发展的途径；紧缩战略、退出和清算战略则是企业用于在不利环境中减少损失的策略。上述战略是指导企业成长的主要战略模式，企业在不同成长阶段应适当选择其中的一种或几种战略。

一般而言，大多数企业通常按照特定的顺序实施投资战略：首先，在创业初期，企业倾向于实施集中化投资战略，这一阶段企业主要关注生存和初步积累，其市场地位尚未确立，缺乏稳定的市场份额，因此需要在一个较小的市场或市场细分中建立基础。即企业通过增加在这些市场中的主要业务销售量，提升市场份额，并培养顾客忠诚度。其次，企业会逐步扩展其经营的地域范围，从细分市场向全国市场过渡，即当企业发展到不再满足于单一的业务结构时，企业会采取一体化战略，其目的是延伸价值链、扩大规模并实现规模经济。最后，当企业规模扩大到一定程度，需要实现持续成长时，企业便可能转向多元化战略。这些战略构成了指导企业成长的主要战略模式，企业应根据其成长阶段的具体需求，选择适当的战略或战略组合。综上所述，企业初创期的投资战略取向为选择集中化投资战略。

（2）初创期企业集中化投资战略的实现途径

集中化投资战略是企业针对特定顾客群体、某一产品线的特定细分市场或特定地区市场进行重点投资的战略。该投资战略使企业能够集中资源，明确发展方向，资金投入相对集中，从而充分提高企业能力和资金效益，获得市场优势，实现企业的稳定增长。因此，这种战略对于处于初创阶段的企业来说，是引导其投资方向的重要策略。企业的投资取向包括：

第一，市场开拓。采用集中化投资战略的初创企业在市场开拓过程中，首先应分析其市场定位，明确投资的目标市场。其选择的市场通常是大企业难以或不愿进入的缝隙市场，这类市场虽有足够规模和购买力，并具备成长潜力，但常被大企业忽略。初创企业能凭借自身技能和资源，有效服务于这些市场。其次，应依托地区资源构建企业优势。初创企业可利用当地的自然资源、劳动力和资金资源，特别是在劳动密集型行业，通过扩展生产规模、利用地方劳动力优势推动企业发展。再次，应根据产业结构变动寻找成长机会。初创企业应针对产业结构的变化和其中的薄弱环节进行投资，使自身成为产业链中不可或缺的一环，形成局部优势，实现稳步成长。最后，应依附大企业进行市场创新。初创企业可以利用大企业的品牌和市场力量，在与大企业合作的专业领域进行投资，确保稳定的供销渠道，减轻市场竞争压力，突破人才、管理、资金和设备的限制。同时，企业需保持自主发展能力，适时调整生存和发展策略，确保长期成长。然而，企业在选择依附型策略时，应注意依附与企业成长的关系，避免将生存方式误认为是成长战略，确保其在依附环境中保持发展的主动权，并在适当时机转换战略，以促进企业持续成长。

第二，产品定位。采用集中化投资战略的初创企业会将市场聚焦于特定的顾客群体，重点投资满足这些顾客特定需求的产品。企业应深入了解目标顾客群的需求层次，确保产品和服务能准确满足这些需求。产品定位应特色明显、符合顾客需求，通过强化产品的独特性或形象，有效与顾客进行沟通，确立产品在市场中的地位。因此，初创阶段的企业产品投资应注重以下四个方面：一是使产品实体具有特色，如在产品形状、成分、构造、性能等方面投资，树立产品的新特征，如我国有些酒业生产商在酒中加入一些药剂成分使酒具有保健功能，这就是使产品具有特色的例子；二是从顾客消费心理上体现产品的特色，如根据企业目标顾客群的特征将产品定位为豪华、朴素、时髦、典雅等；三是在价格水平上体现产品定位；四是形成产品的质量差别，如服装制造商要做出其产品定位是高档时装还是普通服装，或者两者兼而有之的投资决策。企业在进行具体产品投资时，不仅要注意了解同一细分市场内竞争对手的产品具有什么特色，还要注意研究顾客对企业产品的兴趣，然后在对这两个方面进行分析后选定企业产品特色市场形象，从而完成产品的市场特征定位，为产品投资确定战略方向。

初创企业产品定位应采取如下策略：首先，要避开与大型竞争对手的正面冲突，以稳固市场地位。这一策略不仅能够降低经营风险，而且能在目标消费者中迅速树立独特的品牌形象，从而增加成功的可能性。例如，微软公司在 IBM 的影响下决定专注于软件开发，英特尔公司选择了计算机芯片领域，苹果电脑公司则选择个人计算机作为其市场的切入点。当时，这些领域未能引起市场领导者 IBM 的重视，但今日这些公司已发展成为可以与 IBM 竞争的巨头。其次，如果企业推向市场的产品未能获得预期的反响，则应考虑对产品进行重新定位，以摆脱困境并寻找新的增长点。再次，产品选择进入市场的时机也极为关键。如果企业依靠自身的研发能力成功开发出具有独特性的产品，那么应在市场尚未被占领时迅速介入，从而占据市场份额并获得定价优势，助力企业成长。反之，企业为了避免在产品引进阶段投入大量研发成本且还要面临失败的风险，可将产品投资定位于模仿战略，即在市场已有产品的基础上通过创造性模仿和功能嫁接等投资方式生产出独具特色的产品，以满足细分市场的顾客需要。值得注意的是，当企业选择后发制人策略时，应采用更为先进的技术、产品和管理经验，否则将影响企业的后续发展。因此，企业应以当前先进的产品作为参考，通过消化、吸收及创新，生产出具有独特性能的产品。一般而言，起点越高，越有利于企业的长远发展。例如，日本现代工业的崛起是通过模仿瑞士手表、德国相机、荷兰录音机和美国汽车等成功实现的。

第三，创新发展。熊彼特首次提出创新理论，概述了创新的五种可能形式：一是引入消费者未知的新产品或增加产品新特性；二是应用未经实践验证的新生产技术，这种技术不依赖于科学新发现，可以是商业处理新方法的体现；三是进入以前未涉足的新市场，无论这个市场是否已存在；四是开发原材料或半成品的新来源，不论这些来源是否新建；五是推行工业新组织。德鲁克亦高度重视创新，认为缺乏创新的企业终将走向衰退和消亡，并指出企业有两大基本职能，一是创新，二是市场营销。德鲁克认为创新活动主要有三种形式：一是技术创新，如产品创新和生产技术创新等；二是用途创新，如通过开拓新的市场使产品在不进行任何改进的情况下扩大市场；三是社会观念创新。数据显示，20 世纪许多重要发明和创新成果多出自小企业和个人发明家，而非大企业。例如，20 世纪 61 项重要发明和创新成果中，小企业和个人发明家所占的比例为 50% 以上；美国钢铁业的 7 项重要创新成果全部是由小企业和个人发明家完成的；包括空调、直升机、柯达彩色胶卷等都是小企业及个人发明家的创新成果。同时，小企业在高新技术的产业化和市场化方面的表现往往优于大企业。统计数据显示，小企业将最新科研成果转化为产品的周期通常为 1 至 2 年，相比之下，大型企业则需要 4 至 5 年的时间来完成同样的过程，这说明小企业的创新效率高于大企业。因此，处于初创期的企业投资创新活动是其生存及快速成长的重要手段。

虽然初创企业在市场营销的灵活性、创新能力和内部沟通效率上具有显著优势，但在技术人才、外部联系、管理能力及资金等方面显现出不足。这些优缺点决定了初创企业不宜投入资金密集和高风险的创新活动（如基础研究与发明、核心工艺创新等），而应将重点放在较低风险的活动上（如产品仿制、产品或工艺的小幅改进、简单技术革新等），并依托个人的智慧进行创造。因此，企业的创新活动投资应集中在那些创新活动活跃的行业，在这些行业中，处于初创期的企业创新绩效优于大企业。

3.2.2.2　筹资战略

资金筹集是企业生存和发展的前提条件。一个企业在初创之时必须有一定的资金，企业只有在拥有资金的基础上，才能实现各种生产要素的有机结合，进而生产出市场需要的产品，并以此取得收益。资金的不足可能导致企业无法按照战略投资，进而陷入资金短缺的恶性循环。因此，除了产品需满足市场需求外，企业在资金市场上的成功，即有效的资金筹集，同样关键。企业在确定了投资战略后，需要制定相应的筹资战略，该筹资战略应基于并充分体现企业投资战略的要求。同时，企业在制定战略时，也需评估自身的资金能力，确保战略的可行性。

作为企业的初创者，其面临的比较棘手的问题就是如何获得开办和经营企业的足够资金。尽管初创企业的所有者可以直接控制企业的战略方向，如内部资产重组、市场营销和产品开发等，但成功筹集到能支持企业长期发展的资金则更多依赖于外部因素，如宏观经济状况、金融市场行情、投资者和贷款人的意向以及对企业未来的预期。鉴于初创企业在财务战略上需重点关注经营风险，管理层应努力降低财务风险，确保企业的稳定发展。因此，企业筹资战略的原则包括：①采用稳健的财务杠杆比率。处于初创期的企业，由于债务融资风险较高，不宜采用负债融资方式，而应优先考虑股权融资。尤其在企业盈利能力不强，甚至可能为负的阶段，风险投资者扮演重要角色，他们投资不是看重当前的负收益，而是注重企业未来的增长潜力。从财务上来看，由于此阶段企业往往没有或极少有税收收益，债务融资的税收优势不明显（无节税功能）。②建立自由现金储备。企业应建立坚实的财务基础，增强现金流动性以提升企业灵活性，这对于企业的生存与未来发展至关重要。

3.2.2.3　股利分配战略

从股利分配战略上看，初创期企业的收益低且波动性大，面临较高风险和融资途径的限制，资金成本相对较高。对于一些企业而言，留存收益或许是唯一的资金来源，而这直接关联到企业的利润分配策略。因此，这一阶段的企业通常倾向于不分配股利。但在不得不分配股利的情况下，企业应优先采用股票股利的方式。

综上所述，初创期企业应采取"低负债、低收益、不分配、集中化投资"的稳定成长型财务战略。

3.2.3　初创期企业的财务战略管理重点

3.2.3.1　低财务风险战略

初创企业在进行财务战略管理时，关注降低财务风险的策略显得尤为关键。财务风险主要涉及企业在采用债务融资时，在相对无债务状态下，股东收益（净利润）波动性的增加。随着债务融资的增加，企业的财务风险也会相应上升。这主要是由于企业资产的基本回报率可能会因市场及其他不确定因素的变化而产生波动，而债权人的利息支出是固定的。在资产回报率超过债务利率的情况下，企业的净利润会因为财务杠杆效应大幅增加；反之，则大幅减少。财务杠杆直接影响企业的财务风险程度，较大的财务杠杆意味着较高的财务风险。对处于初创阶段的企业而言，由于其经营风险较高，大量债务融资会进一步加剧财务风险，从而提高企业的总体风险。

一方面，从风险投资者的视角出发，债务融资的增加提高了企业的违约风险，可能引发财务危机，从而降低企业的投资价值和对投资者的吸引力。即使是较小额的债务融资，也可能使初创企业面临重大的财务危机，甚至导致运营失败，这是风险投资者所不愿见到的。

另一方面，从债权人的视角出发，初创企业的高运营风险可能导致债权人转嫁风险、提高贷款利率或者直接避免贷款。从企业自身角度分析，高债务利率以及初创期企业通常的亏损状态，通常会削弱债务利息税前抵扣的效用，使得债务融资的资本成本与权益融资的成本相当。因此，对初创企业来说，采取低财务风险的战略并尽可能倾向于权益融资，是更为稳健的发展策略。

知识拓展—风险投资

3.2.3.2　零股利分配战略

初创企业为了维护正常的现金流和加速发展，需要在研发、生产和市场开拓等方面进行大量资金投入，因此一般不向投资者分配利润。一方面，初创企业的资金如果都通过权益融资筹集，那么吸引风险投资不仅耗费创业者大量时间和精力，还涉及较高的筹资成本。相比之下，内部融资通过留存净利润，可以节约大量交易成本和时间，且具有较高的灵活性。因此，许多初创企业倾向于采用零股利分配战略。另一方面，股利分配受到相关法律法规的制约，例如根据《中华人民共和国公司法》，企业必须拥有可供分配的净利润才能进行股利分配，因此处于亏损状态的初创企业无法进行股利分配。股利所得与资本利得的税收差异也是初创企业倾向于不分配股利的一个因素。此外，由于初创企业的经营者通常持有较多股权或股权期权，过高的股利分配可能会降低股权的价值，进而影响经营者的期权收益。

综上所述，考虑到初创企业的巨大资金需求，企业在融资决策时应优先考虑内部融资（通过留存净利润的方式），并采取零股利分配战略。在此基础上，企业再考虑外部融资，优先选择权益融资，以实现低财务风险，从而适应初创企业的高经营风险。

3.3　成长期企业的财务战略

3.3.1　成长期企业概述

当企业进入成长期，其产品定位更为明确，市场渗透率显著提升，但仍面临高经营风险和财务压力。这主要源于以下几点：

（1）企业可能未敏感捕捉到进入有发展潜力行业的机会，或未集中资源加速增长，在已有市场中扩大市场份额，错失成长机会。

（2）在快速成长的过程中，企业可能陷入多元化投资的困境。中小企业初创阶段能够生存下来并发展，在很大程度上是因其"小而美"的特性。但许多企业希望扩大规模，推行生产多样化，这种盲目的多角化投资战略可能会忽视核心能力的培养，最终导致成长受阻。

（3）企业未能适当控制发展规模，盲目扩大规模，陷入了"成长即规模扩大"的误区，使得发展模式难以持续。

（4）快速发展的企业面临巨大的现金流需求。随着企业项目的增加，各部门对项目投资的冲动以及营销费用（如广告费）的增加，企业资本需求加大。从供应角度看，企业处于产品市场开拓期，大量营销活动未能即时转化为回款，导致应收账款占用，形成巨大的现金缺口。

（5）技术开发和大量资本投入增加了固定资产，并伴随大量折旧，影响了企业的账面盈利能力，使其难以通过债务融资达到节税目的。

企业在进入成长期后，对财务战略管理的要求极为严格。企业需要全面客观地评估外部市场环境的变化与内部条件的优劣，并准确理解成长期的特性。财务战略在企业成长期表现出以下特征：

（1）长期性。财务战略应从企业整体战略的高度出发，采取长远视角来规划财务活动，促使企业长期稳定发展。这种战略的长期性意味着它将在较长时间内对企业资金运作产生持续影响，并为企业的重大理财活动提供持续指导。

（2）综合性。企业在制定和执行财务战略时，需要广泛考虑影响企业财务的各种内外部因素，如主观与客观因素，以确保战略目标的实现。财务战略还应通过资金运作全面反映企业预期的生产经营成果，视资金运作为一个整体系统，并从企业全局战略出发，优化系统内部关系。

（3）风险性。在成长期，企业在扩大生产的同时需加强营销管理并拓展市场。市场中的产品销量和定价对企业收益有重大影响。尽管此阶段企业具备一定的资金回流能力，但随着生产规模的不断扩大，资金需求依然庞大。因此，企业必须加强运营管理，确保资金流的正常运转。企业成长期的财务战略应关注各种风险因素，强化企业在不确定环境中的适应与发展能力，帮助企业把握机遇，规避经营风险。

（4）导向性。财务战略需要具备明确的指导性，确保所有财务活动都围绕其展开。这是企业所有财务决策的基石。例如，当经营风险较高时，企业应采取的财务战略决策为保持较低的负债率，以降低财务风险。因此，财务战略的目标定位应依托企业整体战略发展规划，旨在寻求竞争优势和实现最大化的整体价值。

3.3.2　成长期企业的财务战略选择

成功度过初创期的企业，依靠此阶段积累形成了初步规模和一定的资金流动性，在特定细分市场中已建立显著的竞争优势。此外，企业组建了专业团队并具备了一定的融资能力，已为下一阶段的扩张作好准备。若初创期是企业在寻找生存空间，那么企业进入扩张阶段则标志着其正式迈入成长的快车道。

3.3.2.1　投资战略

在企业扩张阶段，其战略任务是在市场中获得领先位置，将地方性或小行业的企业提升为具有市场影响力的强势企业。这一阶段，企业的战略投资应侧重于：

（1）培育企业的核心竞争能力。培养企业的核心竞争力是企业扩张的关键。企业应致力于在激烈的市场竞争中展现其卓越能力，这种能力通常体现为独特且难以被模仿的优势，使企业能够在竞争中突出。为寻找新的利润增长点，企业可将资源投入到更具前景的新兴行业，或进一步在已有优势的领域加大投资，以巩固其竞争地位。当企业在市场中占据主导地位时，通过精准的行业选择和资源配置来追求利润增长的策略显得至关重要。对于积极寻求进一步扩张的企业而言，充分利用现有资源和能力，确立自身的竞争优势并实现持续的利润增长，是其实现扩张目标的关键。因此，企业的核心竞争力主要体现在开发独特产品、进行技术创新以及制定有效营销策略的能力上。市场竞争要求企业专注于自身核心能力或特殊能力，以在竞争中获得优势。对成长中的企业而言，忽视核心能力的培养可能导致严重后果，巨人集团的兴衰便是一个典型案例。巨人集团曾凭借巨人汉卡在我国计算机行业独占鳌头，然而，由于其最高决策者忽略了企业核心能力的培育，单纯地将企业视为不同业务的组合，多头投资，使得企业竞争优势缺乏持续性，很快就由高速成长跃入危机之中。

核心竞争力本质上是关于资源的优化配置。因此，企业在实施战略时必须先评估其资源的价值及可用性，确保其将资金投入到能够增强企业核心竞争力的关键活动中。

（2）重视企业人力资源投资。企业竞争能力的主要载体之一是企业员工，企业间的竞争实质上是人才的竞争，人力资本的巨大价值越来越被人们所重视。近年来，企业的扩张从物质资本的扩张转向以最新科学知识和科学成就为基础、以人的智能为主要特征的扩张，这使得社会经济基础从劳动密集型、资本密集型，转向知识、智能密集型，人类由工业社会迈向信息社会、智能社会。现代经济正朝着以知识为基础，直接依赖于知识和信息的生产、应用和传播的知识经济发展。因此，企业必须重视人力资本的投资，这已经成为企业投资战略的重要方向。在企业发展的扩张阶段，其战略的重点是把握时机，确保企业健康快速成长，在这一阶段，企业从最初对管理层的人力资本投资转为系统性地培养各类人才。

企业人力资本投资是通过投入特定资金，提升与业务相关人力资本技能水平的关键活动。企业在资金运作、投资方向、方式、期限和时机等方面享有独立的决策权，并获得投资带来的最终收益。人力资本投资的关系通过契约维系，其中企业是投资方，员工是受益方，其通过将投资成果转化为生产成果，实现投资回报。这种契约关系在一定程度上保障了人力资本投资的持续性——企业无需担心员工受培训后离职。基于契约的投资关系使得企业可以根据战略目标有选择地对员工进行投资。对于非企业内部人员，企业无法完全按自身利益进行人力资本投资，因此，这是建立在现代企业制度下的一种特定投资行为。

（3）采用一体化投资战略。一般而言，从集中化战略演进的企业通常将一体化投资战略作为其成长战略的首选。一体化投资战略允许企业在其产品、技术和市场优势的基础上，按照物资流动的方向，进行纵深拓展。该战略分为横向一体化和纵向一体化两种方式。横向一体化即扩展到同一生产阶段的其他企业，旨在提升企业规模经济效应并加速其发展。这不仅增强了企业的生产力和市场占有率，也提升了企业的资本效率，减少了竞争压力。纵向一体化则分为前向和后向两种，前向一体化指的是向最终消费者方向扩展，后向一体化则是指企业向原材料供应方扩展。

企业实施一体化投资战略以建立和发展核心能力主要有两种途径：第一，采取内部扩张投资战略，即强调利用现有资源通过提升效率和更新技术来加强竞争力。第二，采取外部资本扩张战略，即通过合作成立合资企业、引入外资、实施长期融资和进行并购促进企业迅速发展。

在一般情况下，企业的正常成长过程也是其核心能力的形成过程。企业在初创时会选择合适的技术和设备来生产特定产品。随着时间的推移，企业如果不进行投资以更新改造，很可能因行业竞争加剧、技术过时和设备老化等因素迅速衰退。通过不断的内部挖潜和技术更新，企业可以在进入成熟期或衰退期前获得新的生命力。因此，企业通过内部扩张投资战略避免了潜在的迅速衰退，实现了可持续发展。然而，这一战略仅限于在特定范围内扩大生产规模，其实现并非总是可能的，尤其是受到市场容量和技术寿命的限制。显然，为了实现持续成长，企业必须突破制约扩张的各种因素，这不能单靠内部扩张投资战略来完成。企业采用外部资本扩张战略进入新市场，能够迅速培养更高级别的核心能力。通常，外部资本扩张的主要方式为企业并购。只有通过并购，企业才能实施横向一体化战略，并迅速实现纵向一体化的战略目标。对外并购为企业提供了快速扩张的通道。斯蒂格勒曾观察到，美国的知名大企业几乎无一例外地在一定程度上依靠并购或收购来实现增长。因此，对于进入成长期的企业来说，采用并购这种外部资本扩张战略，不只是寻找生存之道，更是实现从小到大快速成长、显著提升企业价值的有效策略。

3.3.2.2 筹资战略

企业对成长的强烈需求与资金限制之间存在明显矛盾。在解决这一矛盾的过程中，企业常常行动过于仓促，如将运营资金投入到固定资产等领域，从而引起资金流转的紧张。从国内外众多企业的实践来看，企业的运营资金应占到总资金的40%，因此，企业在扩张过程中，应先确保再生产过程的资金充足性。

在企业成长期，解决资本不足的矛盾可以通过以下两种方式：一是增加股东的股权资本；二是提升税后利润的留存比例。这两种方法均体现了权益资本型筹资战略的重要性。因此，企业应优先采用这两种方法，当这两种方法无法满足企业发展资金的需求时，再考虑采用债务融资。在实际操作中，股东初期已有较多的资金投入且未能获得足够的回报，因此企业更倾向于使用债务融资，包括短期与长期融资，如商业信用、银行间周转信用贷款、长期借款以及公开发行债券。债务的规模必须适中，与企业的发展速度保持一致，同时，必须考虑调度的统一，以控制债务规模。

3.3.2.3 股利分配战略

当企业处于高速扩张与成长期时，面对乐观的发展前景、增加的投资机会及提高的收益率，其现金流可能变得不稳定，财务风险也相对增大。在这一阶段，为了增强企业的筹资能力，不推荐采用大规模的现金股利支付政策。企业应更倾向于实施零股利政策或剩余股利政策，并优先考虑以股票形式发放股利。

为了确保有足够的资金支持对企业扩展和成长有利的投资机会，企业必须制定出最优的投资预算，并在此预算基础上，构建最佳的资本结构（负债与权益资金的比例），明确所需的权益资金规模，尽可能利用留存收益进行融资，以此来降低企业的财务风险和资金成本。只有在满足企业扩展投资需求的权益资金后有剩余，才考虑将其作为股利分配给股东。

但由于资本市场效率的次强性特征及股利政策所传递的信息内容、投资者对当期收入的渴望等因素，企业长期采用剩余股利政策可能会影响投资者及外部其他相关利益集团对企业的评价，故企业可以在定期支付少量现金股利的基础上，采用股票股利的支付方式。这样，企业管理当局比投资者知道更多有关企业的有利信息，可以通过股票股利向外界阐明自己对企业未来发展前景的信心。另外，股票的流通性较强，类似于现金，投资者也乐于接受，因此将股票等有价证券作为股利发放给投资者是企业将留存收益的一部分予以资本化的一种方式。这种方式既不减少企业现金，又可以使企业所有者分享利润，同时企业留住了现金以扩张业务，企业所有者如需现金又可以出售多余的股票，因而这种股利支付方式可以达到一举两得的效果。

综上所述，成长期企业应采取"高负债、高股本、低收益、少分配、一体化投资"的扩张型财务战略。

3.3.3 成长期企业的财务战略管理重点

3.3.3.1 企业成长期应实行扩张财务战略

扩张财务战略旨在快速增加企业的资产规模。在企业核心竞争力快速提高的阶段，收益的增长通常会滞后于资产的扩张，这导致资产收益率在一段时间内维持在较低水平。为了支持企业发展，企业需要留存大部分利润并筹集大量外部资金。在筹资战略方面，银行及其他金融机构通常愿意提供低成本、条件优惠的大额贷款，因此企业在成长期倾向于通过增加负债进行筹资。此种负债筹资方式不仅可以增强财务杠杆效应，还可以避免净资产收益率及每股收益的稀释。总体来看，企业在此阶段实行的扩张财务战略的特点为高负债、高股本扩张、低收益、少现金分红。

3.3.3.2 成长期企业财务战略管理的具体策略

随着企业进入成长期，其商业订单不断增加，工业投资加速，资源得到更充分的利用，开工率上升，利润也持续增长。对此，企业的财务战略管理应采取以下具体策略：第一，增加固定资产投资，推动生产方式从劳动密集型向资本密集型转变。第二，优化库存管理，适时调整产品价格，扩大采购规模，减少库存损耗，确保供应充足。第三，利用内部资金的优势，发展外部融资渠道，有效运用财务杠杆，并在融资决策中关注财务风险，实施合理的资本结构策略，避免过度借贷和投资风险，有序探索新的投资领域。第四，缩短库存周期，提高市场占有率，采取多样化销售策略快速处理滞销库存，实行灵活的收款政策减少坏账，强调销售导向，最小化非生产性开支，将资金投向关键领域，加强资金管理，实现良性的资金循环，促进企业可持续发展。

3.3.3.3 成长期企业财务战略的选择必须与企业经济增长方式相适应

当企业的经济增长方式由粗放型向集约型转变时，企业需要相应地调整其财务战略。一方面，企业应重新考量财务投资策略，特别是加大对基础项目的投资。尽管这些投资在短期内可能难以带来显著的财务回报，但它们对于企业的长期发展具有根本性的重要地位。因此，在财务投资的规模和方向决策中，企业必须确保这些基础项目能够前瞻性地推动其持续发展。另一方面，加强财务制度的创新，可促进企业集约经营和技术创新，明确产权制度以避免掠夺性经营；可通过以效益最大化为导向的财务资源配置，减少高投入低产出现象，实现企业经营的集约化。

3.4 成熟期企业的财务战略

3.4.1 成熟期企业概述

在企业的发展历程中，仅有少数企业能够历经成长期成功过渡到成熟期。这些企业不仅幸存了下来，而且大多发展为行业的骨干和大型企业。成熟期标志着企业灵活性与控制性的平衡，此时企业处于发展高峰，绩效高，资金充裕，管理制度和组织结构完善，决策执行力强，市场需求得到有效满足，企业进入全盛时期。通常，成熟期企业具有以下特征：

3.4.1.1 企业现金流入量大于流出量，筹措资本的能力增强

成熟期企业的财务状况显著改善，现金流入量大于流出量，即产生正的超量的现金流。此时的企业融资方式变得多样化，筹措资本的能力增强，其不仅能通过银行贷款，还可以利用股票、债券、票据等多种融资方式筹集大量资本，支持其大规模业务的运营需求。

3.4.1.2 管理趋于模式化和成熟化，财务目标定位于企业价值最大化

企业的组织结构和管理制度经过完善，能有效运作。产品销量增长放缓并趋于稳定，产品销售利润也从成长期的最高点开始下降，市场空间达到饱和。此外，企业管理趋于模式化和成熟化，财务目标明确指向企业价值的最大化。

3.4.1.3 调动各利益主体的积极性，注重协调各契约方利益

成熟期企业想要在竞争激烈的市场中维持领先，应利用其市场地位提升市场份额，实现市场控制和价格主导，避免短期利益追求。同时，企业应高度关注顾客需求和满意度，始终坚持顾客至上的理念，平衡其对市场和企业形象的重视。

3.4.1.4 关注企业可持续增长的前景，重视未来与潜在的盈利机会

成熟期的企业展现出卓越的市场预测能力，能够识别并应对市场风险，其投资焦点逐渐转向国际化和多元化市场。企业的运营与增长战略得到严格实施，能够有效应对增长中的挑战。同时，企业拥有大量员工和庞大的固定资产，能够实施自动化生产；建立了庞大的组织架构来管理其广泛的业务，并成功吸引优秀人才。

3.4.1.5 信息处理和应变能力加强，市场环境有诸多改善

成熟期企业有足够的资金支撑研发投入，其信息处理和应变能力加强，能够利用日益丰富的信息资源开展研究，同时市场环境有不同程度的改善，这一时期决策者聚焦于企业的长远发展，企业财富显著增长。

3.4.1.6 经营风险相对较低，风险资本开始退出

企业成熟期是风险资本获取利润的时期，此时风险资本能够实现丰厚的利润回报。在这一阶段，风险资本开始退出，因为成熟期企业对风险投资不再具有吸引力，但是对于银行和普通股东等其他投资者更具吸引力，所以风险资本能以较好的价格退出，并将企业的发展"接力棒"交给其他投资者。

尽管处于成熟期的企业在社会经济发展中占据了重要地位，但面对外部环境的复杂多变和市场竞争的激烈，大企业的未来仍充满不确定性。随着企业规模的扩大和组织层级的增加，企业逐渐显现出一定的官僚特征。有些企业家安于现状，创新动力减弱；部门间职责模糊，员工士气低落，企业的应急反应能力也随之下降。企业如果发展停滞，那么不仅会失去新的发展机会，而且其已有市场份额也可能被其他迅速成长的企业所侵占，最终导致企业衰退甚至消亡。因此，创业难，守业更难。此时，企业的财务管理需展现出远见卓识的战略视角和思维，通过积极的攻守兼备策略持续创新，有效规避成熟期风险，实施企业的再创业，推动企业进入新的发展阶段。

3.4.2 成熟期企业的财务战略选择

3.4.2.1 投资战略

成熟期是企业最佳且最具挑战的阶段。在这一阶段，企业依靠核心业务或有竞争力的优势，拥有稳定的营业现金流，面对的市场竞争较少，运营风险和财务危机不易发生；然而，企业也需从这一阶段开始规划其未来发展方向，高层需针对未来的不确定性因素作出战略判断，以促进企业进入更高发展层次，开辟更广阔的发展领域。因此，成熟期企业一方面要继续发挥、深化其核心业务的竞争力，沿着单一核心产品出发，实行多元化发展；另一方面要探索新的业务和市场空间，前瞻性地调整未来战略布局，致力于构筑新的核心竞争力。在新业务或投资方向的探索上，可借鉴西方企业的经验。西方企业在选择投资方向和业务领域时，常采用试错方法。即在企业成熟期，分配一笔较大的资本，在市场分析和专家建议的基础上，对潜在的细分行业或投资领域进行探索性投资，每个项目由专人管理，独立运作，且最初的投资规模较小，仅作尝试。经过一两年的投资和市场反馈，企业最终确定未来的发展重点，果断放弃非核心领域的业务，并迅速进行资产的出售或处置，以便集中财务资源，扩大在选定领域的投资，确保能够在新的行业或业务区域迅速确立竞争优势。在此过程中，企业必须避免延误和决策的迟缓。面对时间压力，管理者需展示出果断、勇于创新及冒险精神。

为避免行业成熟阶段制约发展速度，成熟期企业通常采取稳健型财务战略。企业在投资决策中倾向于多元化布局，以降低单一行业的资本集中风险。面对市场容量限制，企业将通过探索其他行业及利用积累的未利用资源，寻找新的增长机会。同时，企业将继续实施并购等资本操作，以增强规模效应，高效整合资源，扩大盈利空间，提升运营效率，优化资源配置。

3.4.2.2 筹资战略

在成熟期，企业对外部资金的依赖逐渐下降，并逐步偿还之前的贷款。在此阶段，

企业已积累了较多盈余，因此资金的运用主要依赖内部积累来减轻企业在战略调整期间的利息压力。此外，企业在成熟期具有较强的融资能力，并表现出多元化的发展趋势，其抗风险能力也相应提高。为了优化资产负债表及改进现金流，企业可采用资产证券化作为筹资手段。这种策略不但提高了资产的流动性，且具有较低的风险和适中的收益，能有效提升资信评级，改善财务状况与经营表现，促进企业良性运营。具体来说，资产证券化能够通过特定的交易安排，将非流动性资产快速转换为流动性资产（现金），显著提升企业的财务指标和融资能力。此外，它还降低了融资成本，因为在资产如应收账款证券化时，其信用评级主要依赖于资产本身的质量，这有助于提升企业的资信等级。从微观角度看，资产证券化带来的好处较为显著：相比于股权融资，它不涉及股权的稀释和控制权的转移；与直接发行债券相比，它不形成追索权，有助于分散风险。优化的财务指标和成本较低的筹资方式提高了企业的运营灵活性，使企业能够实施积极的销售策略（如赊销），从而提高其经营效率，实现良性循环。

3.4.2.3　股利分配战略

企业在成熟期往往实行高比例的现金股利政策。这一策略能满足投资者对收益的期望，从而引发新一轮投资热潮。在这一阶段，企业现金流量充足，投资者期望较高的收益，实施高比例的现金股利策略利大于弊。其主要原因包括：①优化后的资本结构和负债融资减少了企业对内源性资金的依赖，现金流量增加；②充裕的自由现金流量缺少有效的再投资渠道，不宜再采用剩余股利政策；③这一时期是满足股东收益期望的关键时期，若不达其预期将影响其后续投资意愿及企业的未来融资。因此，采取高现金支付的股利政策是可行的，且符合企业与市场的期望。在具体的支付方式上，选择现金支付无疑是更优的方案。

对于成熟期的企业而言，其强大的筹资能力足以随时满足运营资金的需求，且已积累的资金规模能够支持其执行稳定的股利支付，因此，企业应采用稳定或逐步增长的股利政策。所谓稳定或逐步增长的股利政策，意味着企业每年将每股股利维持在一定水平，并在一定周期内保持这一水平不变，只有在企业预见未来盈余显著提升，足以支持更高股利水平时，才会调高年度每股股利支付额，并在新的高水平上保持稳定。此政策核心在于保证年度股利支付额的稳定性，避免其低于之前的支付水平。另外，考虑到通货膨胀对盈利增长的潜在影响，企业在执行稳定股利政策的同时，还应实行渐增股利政策，如设定股利年增长率为3%，并据此确定每年的股利支付额。此类股利分配策略通常较为合适。例如，IBM公司自1930年起，股利支付率一直保持在1%至2%之间，销售增长率和盈利增长率均超过20%。然而，自1975年IBM进入成熟期后，由于高收益投资机会的减少和大量现金盈余的存在，IBM在1977年及1978年用14亿美元回购了部分股票，实质上这也是一种现金支付股利的方式。到1988年，IBM的现金股利支付率已达54%。

总之，成熟期企业一般采取"高负债、高分配、高收益、多元化投资"的稳健型财务战略。

3.4.3　成熟期企业的财务战略管理重点

成熟期是企业生命周期中的黄金阶段，在这一阶段，企业的灵活性、成长性和竞争性达到平衡。进入成熟期，企业处于现有环境与结构的特定状态，其发展可能朝以下三个方向演进：

第一，企业可能在短暂繁荣之后步入衰退期，这是企业最不愿面对的情况。在这一时期，企业市场增长潜力变得有限，产品价格趋向稳定，市场竞争逐渐转向依赖内部成本控制的效率竞争。在这样的价格稳定环境下，降低成本不仅是实现盈利的关键手段，而且是成熟期企业在财务管理上的重点。

第二，企业领导层保持敏锐的洞察力，不断微调内部结构，力图延长企业的成熟期，巩固市场成熟产品的地位，这些产品是企业利润的重要来源。延长产品成熟期的策略包括：开发产品的新用途推动其进入另一个成长阶段；通过开拓新市场，有效提高产品销量和利润率；同时，改进产品的特性，提升产品的质量与外观，以适应消费需求的持续变化。

第三，企业上下保持清晰的思维，积极且谨慎地推进内部改革。此类变革不仅有助于延缓企业进入衰退期，而且能为企业提供新的发展平台，使其进入新的增长周期。在此阶段，企业资产收益率较高，现金净流入量较大，财务风险抵抗能力增强，企业有能力进行债务融资，可利用财务杠杆实现税收节约和提高股东权益回报率的双重目的。为了尽可能延长繁荣期并推动企业步入新的增长期，企业变革成为制定发展战略的关键因素。因此，在此时期，由于股东对盈利的期望值较高，支付高额股利成为必然选择。

3.5　衰退期企业的财务战略

3.5.1　衰退期企业概述

随着原有产业或市场领域逐渐衰退，企业需调整其经营策略。处于衰退期的企业面临产品需求减少、销售量急剧下降、利润减少甚至亏损、竞争者大量退出市场等问题，同时企业设备与工艺老化，企业文化僵化，创新意识亦显不足。多种因素如竞争加剧、消费者偏好变化及宏观政策影响，导致企业产品市场地位和知名度逐步下降甚至消失。面对这些挑战，企业的首要任务是调整经营方向，通过开发新产品和进入新产业来延缓衰退。这包括退出某些行业或市场，进入新的行业或市场，即进行产业重构；同时，随着内部经营的衰退，实施组织再造与管理刷新成为必要。衰退阶段不仅是企业生命周期中的衰落阶段，也是企业内部缺乏创新、活力和动力的阶段，企业失去创业期的冒险精神，预示着潜在危机。衰退期企业的特征包括：

（1）企业增长乏力，竞争能力与盈利能力均下降，资金紧张，缺乏成长性、灵活性及竞争力。

（2）企业内部人员冗余严重，核心人才流失，官僚主义盛行，制度虽多但执行力不足，责任相互推诿现象频发。

（3）企业员工自保意识增强，行事拘泥于传统和形式，倾向于维持现状而非创新，与客户的联系日益疏远，体现企业活力的行为减少。

（4）企业市场份额下降，产品竞争力与盈利能力全面衰退，危机逐步显现，企业战略管理的核心转向寻求企业的重整与再生。

（5）企业向心力减弱，离心力增强，风险上升。企业一旦进入衰退期，其经营风险需要从两个方面评估：首先，现有产品的经营风险相对较小，能够基本维持市场份额，其利润和贡献能力尚未丧失；其次，面对即将进入的新领域，企业可能遭遇较高风险。不过，与初创期相比，此时的企业已具备较强的资本实力和市场地位，融资能力也显著提高，因此拥有财务和管理上的显著优势。

从财务角度考虑，只要资产产生的现金流超过其变卖价值，就应尽可能延长资产的使用寿命。对于处于调整期的企业，其产生的现金流可能会超过财务报告上确认的利润（如由于折旧而留存的现金较多）；抑或相反（如因递延纳税而导致的现金流出）。因此，企业在评估部门或资产的保留价值时，应重视现金流的规模，将其作为价值判断的主要财务标准。

3.5.2 衰退期企业的财务战略选择

3.5.2.1 投资战略

衰退期企业应采用一体化集权式投资战略。企业在此阶段应在财务上进行分权上的再集权。从资源配置角度看，集中财权主要用于以下两方面：一是对那些不再符合企业发展目标的部门或子公司，适时撤回其外部投资，甚至可能完全出售其股份，以此集中财务资源；二是在那些企业打算进入的新投资领域，企业应利用集中的财务权力和资金进行关键投资，优化资源配置，确保企业的持续发展和复兴。

3.5.2.2 筹资战略

进入衰退期的企业，可以维持高负债率且不必调整其激进型资本结构，这主要基于以下两个理由：

（1）在资本市场较为成熟的情况下，衰退期是企业新动能孕育的阶段，尽管这一阶段充满风险。若新业务有巨大的增长潜力，则高负债率可能带来高回报，理性的投资者可能愿意接受这种风险。相反，如果新业务市场前景黯淡，投资者则会根据自己的判断作出投资决策。债权人和理性投资者将通过评估企业未来的发展前景好坏来决定其资产清算价值是否有可能超过其负债总额。

（2）尽管衰退期充满各种风险和不确定性，但企业依然保持一定的财务实力，现有产业可作为高负债策略的支撑。这种策略对于企业自身而言，是一个可行的选择。

3.5.2.3 股利分配战略

鉴于企业经营结构正在衰退及未来股权结构可能发生变化，处于衰退期的企业应确保向现有股东提供适当的回报。这种回报不仅是对股东在初始及成长阶段承担高风险、低报酬的补偿，同时也是对其投资机会成本的补偿。然而，这种高回报的策略应在不损害企业未来发展的前提下实施，因此，类似于剩余股利政策的高支付率股利分配战略是可取的。

面对衰退期的营销状况，企业应"见好就收"。对于那些已进入衰退期的产品，企业一般采用立即放弃、逐步放弃或自然淘汰等策略。例如，唐山自行车总厂面对其生产的燕山牌自行车在城市滞销的情况，采取了从城市市场撤出、转向农村市场的策略，为其产品找到了新的发展机会。

3.5.3 衰退期企业的财务战略管理重点

在经济衰退期间，企业普遍关注的核心是生存。在众多为生存竞争的企业中，仅有少数富有创新的组织能够把握短暂的机遇，做出明智的选择，并安全走出经济低谷，乐观迎接经济复苏。在此期间，企业要有效维持战略优势，其关键在于利用转型期的机会实施合适的策略。在衰退期，企业通常会采取如下财务战略：

3.5.3.1 全面认清公司的使命和目标

在行业衰退的背景下，企业应识别行业变化，根据企业的内部实力选择合适的竞争策略，以最大化利益，减少不利影响。此时，企业最宝贵的资产是其核心价值观和对公司使命与目标的认识。领导层需重建员工的信任，促使全体员工在危机中团结一致。企业应将商业压力转化为动力，有效利用团队知识，确立目标，并对目标实现过程进行评估，在必要时作出恰当决策。

3.5.3.2 控制成本，引领企业进入新的创新和成长周期

在这一时期，企业应分析并控制生产成本，提高生产效率。即通过广泛重组实现成本削减和资本激活，兼并竞争对手，以减少竞争压力，提高市场占有率，降低成本，取得高于行业平均水平的获利能力。

3.5.3.3 逐步退出战略

逐步退出战略是指企业有计划地从经营中回收投资，尽可能地挖掘过去投资的潜力，逐步退出现有行业。在逐步退出的过程中，企业应保持比较稳定的需求或者延缓衰退的细分市场，以获得相对较高的收益。

3.5.3.4 迅速放弃战略

迅速放弃战略是指企业在衰退过程中迅速清算投资，尽快回收现金弥补损失。在此期间，企业以现金流为管理焦点尤为重要，因为其市场份额虽稳定，但市场总量却在下降，销售呈负增长；在财务上，大量应收账款在当前期间回收，而新的投资机会却尚未确定，大量自由现金可能因管理层的个人利益最大化而被滥用。故在此阶段，迅速回收现金并确保其被有效利用是关键。这有助于延长企业生命周期，保障其可持续发展。这不失为一种较好的策略。例如，把某项业务卖掉以换回现金，将其投资利润较高的行业。

3.5.3.5　有效运用知识管理，集中分析大量数据，获取助力决策的精确信息

让从事具体业务的人员能够很容易地接触到企业信息，可以为企业实时提供其各种性能指标，了解到自己所处的位置和面临的问题。通过这种方式，整个组织将变得更加有机，像一个能自主思考的巨体，能迅速准确地对市场变化作出反应，从而确保企业在经济衰退期保持增长，避免资源浪费和因方向不明而错失机会，及时准确地预测和掌握未来趋势。

总之，企业在衰退期应早早确定并执行战略选择，迟疑将导致被迫放弃，进而造成更大损失。

【本章小结】

本章小结具体见表3-1。

表3-1　本章小结

企业生命周期	初创期	主要特征： 初创期的企业通常处于市场增长率高、需求迅速增长和技术频繁变化的环境中。这些企业在行业中主要聚焦于吸引新用户和占领市场份额。然而，此时技术的不确定性较大，产品、市场和服务策略的选择具有广泛的灵活性。对行业特征、竞争状况及用户需求的了解有限，使得企业面临的进入壁垒相对较低
	成长期	主要特征： 企业在成长期表现出市场增长率高和需求快速增长的特点，同时技术逐渐成熟。此时，企业的竞争环境和用户特性变得较为清晰，新企业的进入障碍增加，同时产品种类和竞争者数量也在增长
	成熟期	主要特征： 当企业进入成熟期，市场增长率低迷，需求增长缓慢，技术已达成熟阶段。此时，企业的竞争环境及用户特性非常明确且稳定，形成了买方市场。在这一阶段，企业的盈利能力有所下降，开发新产品及其新用途变得更加困难，新企业面临的进入障碍极高
	衰退期	主要特征： 企业进入衰退期，市场增长率逐渐减缓，需求开始减少，同时产品种类及竞争者数量也有所下降

表3-1（续）

不同生命周期企业的财务战略	初创期企业的财务战略（"低负债、低收益、不分配、集中化投资"的稳定成长型财务战略）	投资战略： 在企业初创期通常采取集中化投资战略： ●市场开拓 ●产品定位 ●创新发展
		筹资战略： 企业筹资战略必须以企业战略和投资战略为依据： ●筹资战略（内部）：优先考虑内部筹资方式，即净利润留存转增资本 ●筹资战略（外部）：主要考虑权益融资方式，以实现低财务风险战略 企业筹资战略的原则： ●采用稳健的财务杠杆比率（尽量不进行负债筹资，而采取股权资本筹资） ●建立自由现金储备（尽可能地增强企业的流动性）
		股利分配战略： ●采取不分配利润政策（零股利分配政策） ●若非派发股利不可，则主要以股票股利形式
	成长期企业的财务战略（"高负债、高股本、低收益、少分配、一体化投资"的扩张型财务战略）	投资战略： 在企业成长期通常采取一体化投资战略： ●横向一体化 ●纵向一体化
		筹资战略： 仍然以权益型资本筹集为主，不行时也可考虑负债融资方式
		股利分配战略： ●零股利政策 ●剩余股利政策
不同生命周期企业的财务战略	成熟期企业的财务战略（"高负债、高分配、高收益、多元化投资"的稳健型财务战略）	投资战略： ●多元化投资战略 ●探索性投资新的行业或领域
		筹资战略： ●资产证券化方式筹资
		股利分配战略： ●高比率、现金性股利政策 ●稳定增长的股利政策
	衰退期企业的财务战略	投资战略： ●一体化集权式投资战略
		筹资战略： ●高负债率筹资战略
		股利分配战略： ●高支付率股利分配战略

【本章内容在CPA考试中涉及的考点】

> 敲黑板：
> 1. 基于生命周期的财务战略
> 2. 战略选择

【技能训练】

一、单选题

1. 初创期的企业应实施的财务战略为（　　）。
   A. 高负债、高收益
   B. 低负债、低收益
   C. 高负债、多分配
   D. 高负债、不分配

扫一扫，对答案

2. 某上市公司聘请咨询公司对公司所在产业进行研究。咨询公司给出的结论提到：产品销售群已经扩大，消费者对质量要求不高，各厂家的产品各方面都有较大差异。根据以上信息判断该上市公司处于生命周期的（　　）。
   A. 初创期　　　　　　　　　　B. 成长期
   C. 成熟期　　　　　　　　　　D. 衰退期

二、多选题

1. 下列关于初创期企业筹资原则的说法正确的是（　　）。
   A. 实行稳健的财务杠杆比率　　B. 建立自由的现金储备
   C. 多采用负债筹资　　　　　　D. 多采用股权资本筹资
2. 以下属于成长期企业财务战略特点的是（　　）。
   A. 长期性　　　　　　　　　　B. 综合性
   C. 风险性　　　　　　　　　　D. 导向性
3. 根据德鲁克的观点，创新活动包括（　　）。
   A. 技术创新　　　　　　　　　B. 用途创新
   C. 社会观念创新　　　　　　　D. 企业文化创新

三、判断题

1. 成熟期的企业盈利水平达到高峰但增速放慢。　　　　　　　　　　（　　）
2. 初创期企业多采用不分配利润的收益分配战略。　　　　　　　　　（　　）
3. 成长期企业面临强烈的成长欲望和其资金受到限制这一矛盾。　　　（　　）

4. 企业成长期应实行收缩型财务战略。 （　　）

5. 企业在衰退期一般采用低支付率的股利分配战略。 （　　）

6. 处于成熟期的企业一般经营风险相对较高，组织层次较多，具有官僚色彩。

（　　）

四、简答题

1. 什么是企业的生命周期？

2. 初创期企业的股利分配战略是什么？

3. 处于成长期的企业，其财务战略具有哪些显著特点？

【案例演练】海尔集团的财务战略

中国海尔创立于 1984 年，其经过 30 年的创业创新，已从一家资不抵债、濒临倒闭的集体小厂发展成为全球家电的第一品牌。海尔在全球有 5 大研发中心、21 个工业园、66 个贸易公司、143 330 个销售网点，其用户遍布全球 100 多个国家和地区，是极具影响力的跨国集团。海尔的发展历经五次战略转型，即从最初注重品牌效应、以质量取胜到实行多元化的发展战略。在国际化战略阶段，海尔成为当时唯一在国际市场打造出自己品牌的国内企业；在全球化战略阶段，海尔在整合全球资源的基础上保持了其本土化的特色。

在科学技术飞速发展的背景下，海尔自 2012 年起开始了对互联网模式的探索并提出智慧家居战略。2014 年，海尔推出"U+智慧生活"平台，将厂商、服务商、供应商的资源整合起来优化配置。2016 年，海尔收购了通用家电并进行资产整合，为其接下来的发展奠定了坚实的基础。

然而，当前的家电行业，产品逐渐标准化，价格也开始下降。即便是海尔这样的龙头企业，也面临着局部生产能力过剩的情况。尽管海尔的市场巨大，但国内的城市市场已基本达到饱和，创造和把握乡镇级市场的利润空间非常重要。

【思考题】

请结合案例资料，回答如下问题：

1. 根据产品不同生命周期的特征，回答本案例中海尔所在的家电行业处于产品生命周期的哪个阶段？并说明判断依据。

2. 简述什么是企业的生命周期？

3. 企业的生命周期可以分为哪些阶段？

4. 海尔现阶段所处的生命周期应如何进行财务战略选择？（从投资战略、筹资战略、收益分配战略这三个方面分别简述）。

扫一扫，对答案

4 基于企业战略匹配的财务战略

【学习目标】

> 1. 掌握：扩张型、稳定型以及收缩型财务战略的定义与特点。
> 2. 理解：基于企业战略匹配的财务战略类型及选择。
> 3. 了解：扩张型、稳定型以及收缩型财务战略的适用场景。

【课程思政】

课程思政目标：

1. 从多角度理解企业财务战略的决策过程，培养学生综合运用专业知识的能力。

2. 分析与讨论在进行收缩型财务战略时，应该如何平衡经济效益与社会责任，从而培养学生的道德判断和责任意识。

融入点：

1. 通过分析企业实施扩张型、稳定型、收缩型财务战略的成功与失败案例，培养学生的批判性思维，使他们能够从多角度分析问题，并对可能产生的社会和经济后果进行评估。

2. 通过案例研究、商业决策模拟、小组讨论等方式，让学生深入了解这些不同类型的财务战略在实际操作中的复杂性和挑战，以及它们与社会主义核心价值观的关联。

【思维导图】

本章思维导图如图 4-1 所示。

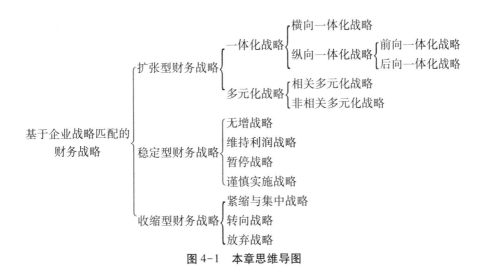

图 4-1　本章思维导图

【导入案例】佳瑞公司的收缩型财务战略之路

2011 年，以食品生产为主营业务的佳瑞公司注册成立。佳瑞公司发展很快，2015 年已成为国内第二大民营制造企业。

2016 年，佳瑞公司领导层发现，食品市场竞争日益激烈，如果公司继续仅从事食品生产，将无法进一步扩大规模。于是，佳瑞公司把一部分注意力转向了当时国内正在起步且市场潜力很大的保健品市场，希望利用公司的品牌优势，最大限度地利用市场机会，发展保健品项目。

2018 年，佳瑞公司将开发的 12 种保健品一起推向市场，投放 1 亿元资金展开广告攻势，佳瑞公司的保健品受到市场的广泛关注。但是评估结果表明，广告攻势虽然提高了公司知名度和关注度，但广告效果几乎为零，因为公司根本不知道消费者需要什么，光靠无的放矢的广告攻势不可能起到刺激消费者购买欲望的效果。此外，公司内部管理混乱，各项规章制度形同虚设，沟通激励机制不健全，欺上瞒下成风。2018 年，公司保健品销售额为 5.6 亿元，但烂账却有 3 亿多元，资金在各个环节被无情吞噬。

2020 年，佳瑞公司在 2018 年年初动工兴建的佳瑞大厦资金告急，由于预算与实际出入太大，公司领导层决定将用于保健品业务的全部资金调往佳瑞大厦工程项目。至此，保健品业务因资金"抽血"过量，再加上管理不善，迅速盛极而衰。2020 年年末，佳瑞大厦未按期完工，各方债主纷纷上门，佳瑞公司现金流彻底断裂，负债 2.5 亿元，陷入破产危机。

公司痛定思痛，决心从保健品市场寻找出路。佳瑞公司领导层总结过去市场调研不足的教训，与 300 位保健品潜在消费者进行了深入的交流，并调研了解保健品市场营销中可能遇到的各种问题。之后，佳瑞公司选择距离两个大城市较近且投入广告成本较低的一个县级市作为公司东山再起的根据地；同时，通过前期调研，他们发现老年消费者对公司产品有需求，但希望由儿女们提供，于是公司将广告的创意定位在"给爹妈送礼"。这一广告历时十年经久不衰，累计带来了 100 多亿元的销售额。

针对过去公司内部管理混乱导致的问题，佳瑞公司领导层从两个方面进行整改。

首先，严格执行各项管理制度，打造过硬的管理团队。历经破产危机的佳瑞公司锻造队伍执行力的第一步，就是从管理好现金流开始。为了实现让企业保持充沛的现金流，佳瑞公司在做保健品业务时，总部把货卖给各地的经销商，且坚持全部先款后货，而促销、市场维护等工作主要由佳瑞公司各地分公司负责，但分公司经理不能接触货款。同时，公司还通过制度安排，形成若一个分公司经理没有按总部制度办事，则其他分公司经理都要受到牵连的利害关系，这样再也没有人敢拿公司的制度当儿戏。公司设立了内部稽查队伍，定期对市场进行稽查。一旦侦测到分公司存在欺诈或隐瞒问题，立即对其实施处罚。省级分公司的稽查队负责对市级市场进行监督，而市级稽查队则对县级市场进行稽查。正是这种层级稽查机制，使得佳瑞公司的营销团队在各销售终端显得尤为强势，从而减少了其对经销商的过度依赖，这与其他保健品企业形成了鲜明的对比。近10年来，佳瑞公司保健品销售额达100多亿元，但坏账金额微不足道。

其次，建立完善的沟通和激励机制。公司陷入破产危机后，公司领导层调集全国精英共同分析失败原因，研究下一步变革方向，进而通过召开员工大会的方式将变革的思想传达给公司全体员工。公司召开表彰大会，对在保健品销售战役第一阶段作出重大贡献的一批"销售功臣"予以重奖，同时倡导"有奖必有罚，奖罚必配套"的企业文化。公司内部良好的沟通和激励机制造就了团队的超强凝聚力，不论是在公司强盛时还是在面临破产危机时，总有一支管理团队不离不弃。

就这样，不到3年时间，佳瑞公司又重新站起来了。2023年，保健品业务为公司创造了13亿元的销售奇迹，并建立了在全国拥有200多个销售点的庞大销售网络，其规模超过佳瑞公司之前的鼎盛时期。

扫一扫，对答案

【思考题】

佳瑞公司二次实施收缩型财务战略的原因是什么？其二次实施收缩型财务战略所采用的方式有哪些？

财务战略作为公司战略的一个重要组成部分，旨在支持总体公司战略，并与之形成有效配合。财务战略按照资本筹集与运用的特点，可分为扩张型、稳定型和收缩型三种类型。

4.1　扩张型财务战略

4.1.1　扩张型财务战略的定义与内容

扩张型财务战略，亦称进攻型财务战略，此战略致力于推动企业资产规模的增长。其确立基于对以下关键决策的评估：第一，扩张方式。其既包括通过内部积累的自我发展，也包括通过并购进行的外部扩张，即内涵式与外延式扩张。第二，扩张速度。根据企业的具体情况，选择低速、适中或高速，以维持企业在扩张过程中的财务稳定。第三，资本来源。可选用债务融资或股权融资。第四，扩张方向。决定是进行一体化扩张还是多元化扩张，其中一体化扩张又细分为纵向扩张与横向扩张。

4.1.1.1 一体化战略

一体化战略是企业针对具有优势和增长潜力的产品或业务，通过在其经营链条中纵向或横向扩展业务的深度与广度，以扩大经营规模并促进企业增长。一体化战略根据拓展的方向，分为横向一体化和纵向一体化两种形式。

（1）横向一体化战略。此战略通过收购、合并或与竞争企业的联合，缓解市场竞争压力，实现规模效益，从而提升企业的竞争力。此战略可通过以下方式实现：第一，收购，即较强大的企业收购竞争对手；第二，合并，即规模相近的企业合并成一个新的实体；第三，联合，即多家企业在特定业务领域进行共同投资和运营。

横向一体化战略适用于以下情况：行业竞争激烈时；存在显著的规模经济时；在符合反垄断法的前提下，在局部市场能形成垄断时；行业具有较大的增长潜力时；企业具备实施横向一体化所需的资金和人力资源时。

（2）纵向一体化战略。此战略涉及企业向生产活动的上游或下游扩展，以实现交易的内部化并连接不同的生产阶段，从而提升运营效率。纵向一体化可分为后向一体化和前向一体化。后向一体化涉及企业介入原材料供应商的生产活动，即涉及供应或采购环节；而前向一体化则是企业控制其原本客户的生产经营活动，即涉及客户或销售环节。举例来说，化工企业可能通过向石油提炼或采油扩展来实现后向一体化，或者向塑料制品或合成纤维领域扩展以实现前向一体化。通常情况下，企业在发展到一定规模后，可能通过横向一体化策略击败竞争对手并有可能形成垄断地位。当行业中存在多个垄断企业时，便形成了多头垄断局面。在市场达到多头垄断的情况下，企业通常会采取纵向一体化扩张，以控制供应链和市场领域。一旦企业在某一生产环节占据重要地位，其战略目标便转向通过一体化战略整合供应和销售链，以推动进一步的增长。

4.1.1.2 多元化战略

多元化战略，也称多角化战略，指企业在其现有业务的基础上引入新的业务领域，从而在多个相关或不相关的产业中同时经营多种业务的战略。这种战略根据业务间的关联性，可划分为相关多元化与非相关多元化两类。

（1）相关多元化战略。此战略是企业以现有业务为基础进入相关产业的战略。此战略中的新行业与本行业具有较高相关度，如梅赛德斯-奔驰集团（德国汽车公司）曾收购 AEG（德国家电品牌）和德国多尼尔公司，并通过这些公司的研发成果，提升集团竞争优势，这是典型的多元化实例。采用相关多元化战略，有助于企业利用现有产业的知识、能力及营销优势，提升企业综合竞争力。相关多元化战略适用于企业已具有较强市场地位，但其所在产业增长潜力减弱的情况。需要注意的是，相关业务的波动可能影响企业的抗风险能力，因此，在实施这一战略时，企业要辅之以合理的筹资和股利分配方案，保证资源的有效利用，提升企业的抗风险能力。

（2）非相关多元化战略。此战略是企业转投与原有产业毫无关联的新领域的一种战略。该战略中的新行业与本行业完全无关，企业可能是首次尝试进入全新的市场，或是基于对某目标企业投资潜力的认可进入市场。当现有产业不再具有吸引力，且企业缺乏转向相关产品或服务的关键能力时，采用非相关多元化战略寻找新的利润增长点则显得尤为合适。此外，非相关多元化战略涉及多个不同的业务领域，需要企业投入大量资金和资源，通常只有资源丰富的大型公司方能执行。

此外，多元化战略能有效分散企业的经营风险，增强企业的竞争力。例如，大型企业可以通过多元化避免资金过度集中于单一产业，从而降低投资风险。投资组合的多样化有助于减少组合中的非系统性风险，因为不同投资的系统性风险大小不一，而投资组合可以实现风险的相互抵消。投资组合理论提出，若投资项目间的风险不完全正相关，则多元化投资组合能有效降低总体风险。然而，实施多元化战略也可能导致资源分散、管理复杂化及运营成本增加，这主要是由于涉及的产业与原有产业的差异造成的管理特殊性。在推行多元化战略时，企业应谨慎考虑这些潜在问题。

4.1.2　扩张型财务战略的特点

为了推行扩张型财务战略，企业通常保留大部分或全部利润，并且大规模地进行外部融资，加大负债使用。这种战略使得企业的资产规模快速扩大，但资产报酬率可能在较长时间内保持较低。因此，扩张型财务战略的典型特征包括不断扩大的投资规模、持续增加的现金流出、下降的资产报酬率及增长的企业负债。具体来说：

（1）采用扩张型财务战略的企业通常能够实现高于社会平均水平的盈利率。这些企业因发展快速，易于实现规模经济，从而降低成本，提高利润率。

（2）采纳此战略的企业倾向于通过非价格竞争手段来对抗竞争者，注重市场和新产品开发，同时在管理模式等方面寻求通过创新的产品、服务和高效的管理来进行竞争。

（3）实施扩张型财务战略的企业常通过创造新的产品或服务需求来改变并适应外部环境，从而支持该战略的推行。这种引导或创造合适环境的追求是由其发展战略的特性决定的。企业要真正实现既定的发展目标，仅仅适应环境是不够的，影响或改变环境以利于自身发展更为重要。

扩张型财务战略的优势在于通过探索新产品或市场，为企业创造新的利润增长点和现金净流入。此战略的成功实例包括日本的松下电器和中国的海尔集团。然而，此战略的缺陷是企业一旦投资决策失误，可能会严重恶化其财务状况，甚至导致破产。一个典型的例子是东亚金融危机后陷入困境的韩国大宇集团。

4.1.3　扩张型财务战略的适用场景

（1）扩张型财务战略必须与宏观经济景气度和产业经济状况相适应。一方面，当宏观及行业环境良好时，企业更容易获得所需资源，这有助于降低实施该战略的成本。另一方面，若宏观经济展望乐观，消费品和投资品的需求者都可能持有合理的预期，预计未来收入增加，从而扩大其需求，确保企业扩张型财务战略的需求得到充分满足。

（2）扩张型财务战略还必须符合政府管制机构的政策和法规。例如，许多国家鼓励高新技术产业发展，对这些领域的企业而言，扩张型财务战略较为适合。

（3）扩张型财务战略要与企业可获得的资源相适应。由于扩张型财务战略需要大量资源，企业获取内外部资源的能力尤为关键，这包括人力资源、物力资源和财力资源。

（4）扩张型财务战略要与企业文化相适应。如果企业文化强调稳定，那么扩张型财务战略的实施可能面临文化阻力。然而，企业文化并非固定不变的，企业应以企业战略为导向，积极塑造有效的企业文化。

4.2　稳定型财务战略

4.2.1　稳定型财务战略的定义与内容

稳定型财务战略，亦称稳健型、加强型或平衡型财务战略。此战略旨在支持企业对现有产品或服务进行市场开发或市场渗透，以实现财务表现的稳定增长及资产规模的平稳扩展。采用此战略的企业致力于根据自身经营情况选择适当的发展速度，避免盲目扩张，谨慎考虑并购或进军与核心能力无关的新领域。因此，这类企业通常致力于优化和提升现有资源的配置与效率，以利润积累为主要资金来源以支持资产规模的扩张，并对通过债务增资持审慎态度。稳定型财务战略共有四种形式。

4.2.1.1　无增战略

无增战略，亦称无变化战略，是企业在综合分析各种条件后，选择维持现有战略基础及收益水平的决策。这一战略意味着企业将继续其经营活动，并遵循原有的方针，在现有的业务领域内运作，同时力求保持在同行业中已有的市场位置、产销规模和效益水平不变。采用此战略，企业可能出于两种考虑：一是企业历史经营成功且内外环境稳定；二是企业不存在重大经营问题，战略调整可能导致资源分配困难。采用无增战略的企业，除了每年根据通货膨胀率调整经营目标外，通常保持其他方面不变。

4.2.1.2　维持利润战略

这种战略牺牲了企业未来的发展潜力，以保持当前的利润水平。维持利润战略主要关注短期成果，忽略了长期的利益，其目的是应对临时性的困难，维持企业既往的经济状态和效益，促进稳定发展。然而，如果操作不慎，该战略可能削弱企业的核心活力，对其长远发展产生负面影响。

4.2.1.3　暂停战略

企业在经历一段快速增长后，可能会遇到效率下降的问题。此时，采用暂停战略成为一种选择，即在特定时间内减缓发展速度。此策略旨在使企业充分积累力量，为将来的发展做好准备。

4.2.1.4　谨慎实施战略

面对外部环境的不确定性或不明显的变化趋势，企业应有意识地减慢某些战略决策的执行速度，实行谨慎实施战略。

4.2.2 稳定型财务战略的特点

稳定型财务战略所承担的经营风险相对较低，适合于那些在持续增长的行业或在相对稳定环境中取得成功的企业。此战略的核心在于维持企业现有的运营稳定，具体表现在以下几个方面：

（1）企业对以往的经营成就表示满意，并决定持续追求类似于过去的经营目标。例如，企业曾以市场领导地位为目标，那么稳定型财务战略将促使其继续追求该目标。

（2）企业在财务策略上追求稳健，这包括控制债务比率和水平、重视税后利润的保留，以及平衡内部资本积累与股息分配。

（3）企业对并购保持谨慎，确立新领域进入的财务准则和要求，比如设定资本回报的最低门槛。

（4）企业对与其主营业务或核心竞争力无直接关联的新领域，持审慎态度，并采取专业化及规模化的发展策略。

（5）企业根据其规模扩张和市场波动，适时调整组织架构，避免大规模变革，以保障管理的连续性。

稳定型财务战略的优势在于能够最大化地利用现有资源，并集中发挥竞争优势。它不仅具备防守功能，也能攻守兼备，通常被视为一种过渡性战略。例如，日本佳能公司通过持续强化其在精密机械、光学、微电子及激光技术领域的核心竞争力，确保其产品在激烈市场竞争中保持领先地位。然而，稳定型财务战略的缺点在于，若企业的现有产品或服务处于衰退阶段，那么继续执行此战略可能导致财务危机，影响企业的未来盈利能力和现金流。

4.2.3 稳定型财务战略的适用场景

（1）采纳稳定型财务战略的企业，通常存在于市场需求和行业结构较为稳定或波动较小的外部环境中，因此它们面临的竞争挑战及发展机遇相对有限。

（2）即便在市场需求明显增长或外部环境提供较多发展机会的情况下，某些企业仍可能采取稳定型财务战略。这往往是因为资源的限制，使得这些企业不能完全把握新兴的发展机遇，从而倾向于采取一种较为稳定的战略。

（3）企业的市场占有率等过高可能会引起竞争对手的攻击和政府的干预。因此，企业会在一定时期内选择稳定型财务战略。

（4）一些企业管理者不愿意承担风险，或为了避免增长过快带来的管理难度，也适宜选择稳定型财务战略。

4.3 收缩型财务战略

4.3.1 收缩型财务战略的定义与内容

收缩型财务战略，又称防御型财务战略，主要是为配合公司的收缩、剥离、清算等活动实施的，是一种从目前的战略经营领域和基础水平收缩和撤退，通过一定时期内缩小生产规模或取消某些产品生产以求得生存及新的发展的财务战略。与扩张型财务战略和稳定型财务战略相比，收缩型财务战略是一种消极的发展战略，或者说是一种以退为进的战略。企业采用收缩型财务战略可能出于多种原因，但大致可分为主动和被动两种：

（1）主动原因。一些企业选择收缩型财务战略是为了满足企业战略重组的需要。为了谋求更好的发展机会和更高的投资收益，将有限的资源配置到利用率、回报率更高的产品生产上，企业往往主动采用收缩型财务战略，调整业务组合，通过减少、压缩或停止某些产品的生产来筹措资金，用于更具发展潜力和盈利能力的产品生产。

（2）被动原因。企业选择收缩型财务战略的被动原因有两种：其一是外部环境原因，如宏观经济形势、产业周期、技术、政策、社会价值观或时尚等方面发生重大变化，以及市场达到饱和、竞争行为加剧或改变等，导致企业赖以生存的外部环境恶化甚至出现危机。在这种情况下，企业为了防止外部环境中的不利因素对自身经营活动造成重大甚至致命冲击，最大限度地减少损失，度过危机以求生存和发展，就只能采取收缩型财务战略。其二是内部环境原因，即由于内部经营机制不顺、决策失误、管理不善等，企业或企业某项业务经营陷入困境，失去竞争优势，因而不得不采用收缩型财务战略。

按照实现收缩目标的途径，收缩型财务战略主要有紧缩与集中战略、转向战略、放弃战略。

4.3.1.1　紧缩与集中战略

紧缩与集中战略主要致力于短期效益，着重采取补救措施以防止利润的进一步下降。其具体措施包括：

（1）机制变革，这涉及多方面的调整，如优化管理层结构，制定新政策，以及构建新的管理控制系统；同时，改进激励与约束机制，以提升企业整体运营效率。

（2）在财政和财务战略方面，实施严格的财务控制，紧密监管现金流；与关键债权人进行谈判，重新商定偿还条款，甚至将待偿利息和本金转为其他类型的财务工具，如将贷款转换为普通股或可转换优先股等。

（3）削减成本战略，如削减人工成本、材料成本、管理费用；削减资产，包括内部放弃或改租、售后回租等；缩小分部和职能部门的规模。

4.3.1.2　转向战略

转向战略关注企业调整其经营方向或策略。其具体做法有：
（1）对现有产品和服务进行重新定位或调整。
（2）改进营销策略，涵盖价格、促销、分销渠道等方面的新举措。

4.3.1.3　放弃战略

放弃战略是将企业的一个或若干个部门出售、转让或停止经营。这个部门可以是一个经营单位（如子公司、事业部）、一项业务、一条流水线等。与前面两种战略相比，这是比较彻底的撤退方式。采用放弃战略的主要方式有：
（1）特许经营。即企业将其拥有的名称、商标、企业标志、专有技术、管理经验等经营资源特许给被特许企业使用，收取一次性付清的特许经营费用。被特许企业按照合同严格遵守相关规定，在统一的经营模式下开展经营活动。

（2）分包。即企业作为分包方，通过招标方式让其他企业（承包方）生产、经营本企业的某种产品或业务，并要求承包方按约定的时间、价格和数量向分包方提供产品或服务。这样，分包方在合同期限内将不宜自己从事的产品生产或业务转移给承包方，但仍保留原有的权利。

（3）卖断。即母公司将其所属的业务单位卖给另一家企业，从而与该业务单位断绝一切关系，实现产权的彻底转移。

（4）管理层杠杆收购。即企业管理层将收购目标（本企业的资产）作为债务抵押进行融资，买断本企业股权，从而达到控制、重组企业并获得产权收益的目的。

（5）拆产为股/分拆。即母公司将其在子公司中所拥有的股份，按比例分配给母公司的股东，以多元持股的形式形成子公司的所有权，使子公司成为战略性的法人实体。这样就在法律上和组织上将子公司的经营从母公司的经营中分拆出去。这一新设立的分拆公司如果公开发行新股并上市就称为分拆上市。

4.3.2 收缩型财务战略的特点

采用收缩型财务战略的企业主要着力于最大程度地减少现金流出并增强现金流入。即通过业务削减、资产剥离、股份回购以及机构精简等措施，激活存量资产，节约资本支出，并将财务资源集中于核心业务，以增强核心业务的市场竞争力。因此，该财务战略的显著特点包括迅速缩减企业规模、提高现金流入、增加资产回报率及减轻债务负担。其具体表现为：

（1）实施市场份额的缩减、调整或撤退，缩小特定产品的市场规模，放弃某些产品线，甚至完全退出某些业务领域。

（2）逐步减小生产销售规模和市场占有率，从而相应降低某些经济效益指标。

（3）其主要目标是改善现金流量，追求较大的经济效益。在资源运用上，实行严格的费用控制，削减不必要的支出，并仅投入最必要的经营资源。

（4）此战略具有过渡的性质。通常，企业短期内实施此战略旨在摆脱困境，度过危机，保持实力，或去除经济低效部分，集中资源后转向其他战略。

采用收缩型财务战略的优点在于企业财务状况更为稳健，积累了大量现金资源，为未来采取其他财务战略提供了基础。例如，美国克莱斯勒公司在20世纪80年代末期的管理革新和我国TCL集团出售盈利的非核心业务等成功案例。然而，收缩型财务战略的缺点在于可能导致企业失去部分产品市场，若未能及时创造并调整战略，可能影响未来的盈利增长和现金流。目前我国部分企业不景气就是这一原因造成的。

4.3.3 收缩型财务战略的适用场景

（1）企业往往在外部环境发生变化、经济整体趋于衰退时采取收缩型财务战略。这可能是由于宏观经济的调整、特定行业的供应、生产与需求受紧缩政策影响而引起突发和暂时性衰退，或是行业自身进入衰退期，市场需求减少，经营规模缩减。资源匮乏亦可能使企业在其经营领域处于劣势，导致财务状况恶化，难以保持原有经营水平。

（2）企业在经营失误之后，也可能考虑收缩型财务战略。例如，因战略决策失误、产品开发不成功或内部管理问题，企业的竞争地位受损、经济资源变得紧张及财务状况恶化，此时选择撤退可能是保留企业实力的最佳方式，因此企业不得不采用收缩型财务战略。

（3）选择收缩型财务战略还可能是因为企业捕捉到更有利的发展机遇。当企业在其经营中遇到更好的机会时，为了追求优越的发展，需要更加集中和高效地利用现有资源与条件。因此，企业可能会选择对那些利润不佳、发展前景暗淡的业务领域进行收缩或放弃，这也可以视为是以长远发展为目标的积极收缩战略或调整型收缩战略。

值得注意的是，在实务中，企业的各种财务战略的适用条件并不是绝对不变的，战略决策者应考虑某种财务战略的适用条件，并结合权变性原则加以选择。

【本章小结】

本章小结具体见表 4-1。

表 4-1　本章小结

扩张型 财务战略	含义	扩张型财务战略，也被称作进攻型财务战略，主要是为了支持企业的一体化和多元化战略而实施的。此战略的核心目标是推动企业资产规模的增长。 该战略的典型特征包括企业投资规模的持续扩大，现金流出量的增加，资产报酬率的降低以及企业负债的上升
	优缺点	通过开发新产品或探索市场的潜在空间，企业未来可能迎来新的利润增长点及现金净流入
		一旦投资失误，企业财务状况可能恶化，甚至导致企业破产
	适用场景	（1）与宏观经济景气度和产业经济状况相适应的企业； （2）符合政府管制机构的政策法规和条例等约束的企业； （3）从内部和外部获取资源能力强的企业； （4）具有文化适合性的企业
稳定型 财务战略	含义	稳定型财务战略，亦称稳健发展型、加强型或平衡型财务战略，旨在支持企业对现有产品或服务进行市场开发或市场渗透的战略。此战略的主要目的是确保企业财务业绩的稳定增长及资产规模的平稳扩张
	优缺点	最大化利用现有资源，集中发挥对外竞争优势，同时具备战略防御和战略进攻的双重属性，这通常被视为一种过渡性战略
		当公司的现有产品或服务属于夕阳产业且发展前景不佳时，继续采用此类财务战略可能会引发财务危机，并对企业的未来盈利能力及现金流产生不利影响
	适用场景	（1）所面临的竞争挑战和发展机会都相对较少的企业； （2）由于资源状况不足，使其抓不住新的发展机会的企业； （3）因市场占有率等过高可能会引起竞争对手的攻击和政府干预的企业； （4）一些不愿意承担风险，或为了避免增长过快带来管理难度的企业

表4-1(续)

收缩型 财务战略	含义	收缩型财务战略,亦称防御型财务战略,主要用以支持企业的缩减、剥离及清算活动。该战略旨在预防财务危机,确保企业生存并寻求新的发展机会。 此财务战略的显著特征包括企业规模的迅速缩减,现金流入量的增加,资产报酬率的提升以及债务负担的减轻
	优缺点	企业的财务状况稳固,积累了大量现金资源,为未来采纳其他财务战略打下了坚实基础
		企业将失去部分产品领域和市场空间。若无法及时创造机会并调整战略,将会影响企业未来的盈利增长和现金流
	适用场景	(1)由于外部环境变化,经济陷入衰退之中的企业; (2)也可能是企业经营失误情况下的企业; (3)还可能是发现了更有利的发展机会的企业

【本章内容在历年 CPA 考试中涉及的考点】

敲黑板:
1. 财务战略的选择
2. 财务战略的类型及其适用条件

【技能训练】

一、单选题

1. 从资本筹措与使用特征的角度划分,企业的财务战略不包括( )。

扫一扫,对答案

    A. 扩张型财务战略

    B. 稳定型财务战略

    C. 保守型财务战略

    D. 收缩型财务战略

2. 当一个企业出售其子公司时,其最有可能采取的是与企业战略匹配的( )。

    A. 扩张型财务战略   B. 收缩型财务战略

    C. 筹资战略   D. 投资战略

3. 为配合企业实施对现有产品或服务的市场开发或市场渗透战略而展开的,以实现企业财务业绩稳定增长和资产规模平稳扩张为目的的战略,属于( )。

    A. 扩张型财务战略   B. 稳定型财务战略

    C. 保守型财务战略   D. 收缩型财务战略

4. （　　）的优点是通过新的产品或市场发展空间，可能会给企业未来带来新的利润增长点和现金净流量。

  A. 扩张型财务战略   B. 稳定型财务战略

  C. 保守型财务战略   D. 收缩型财务战略

5. 能够充分利用现有资源，对外集中竞争优势，兼有战略防御和战略进攻的双重特点的一种过渡性战略，属于（　　）。

  A. 扩张型财务战略   B. 稳定型财务战略

  C. 保守型财务战略   D. 收缩型财务战略

6. 泰瑞公司原是一家提供管理咨询服务的企业。2023年以来，该企业采用收缩型财务战略以应对利润下滑局面，其通过建立有效的财务控制系统，严格控制现金流量。泰瑞公司采用的收缩型财务战略的方式是（　　）。

  A. 机制变革   B. 拆产为股

  C. 削减成本战略   D. 财政和财务战略

7. 某外资快餐巨头L公司与国内著名餐饮企业甲公司达成如下交易：L公司把其在国内的200多家直营餐厅中的150家转让给甲公司经营，并向甲公司收取一次性付清的费用，甲公司可以使用L公司的品牌，但要严格遵守L公司的经营规定。L公司所采用的放弃型财务战略的类型是（　　）。

  A. 特许经营   B. 拆产为股/分拆

  C. 分包   D. 卖断

二、多选题

1. 下列属于积极扩张型财务战略特点的是（　　）。

  A. 企业投资规模不断扩大   B. 现金流出量不断增多

  C. 资产报酬率下降   D. 企业负债增加

2. 稳定型财务战略主要体现为（　　）。

  A. 无增战略   B. 维持利润战略

  C. 暂停战略   D. 谨慎实施战略

3. 稳定型财务战略的主要表现特征有（　　）。

  A. 企业对过去的经营业绩表示满意，决定追求既定的或与过去相似的经营目标

  B. 从财务上追求稳健，如控制负债额度与负债比率、强调税后利润的留存

  C. 慎重进入与企业核心能力或核心业务经营并不相关的领域

  D. 对组织结构进行微调，而不进行大的变革

4. 某市自来水公司由市政府全资控股，其确定的企业使命和目标是为该市场所有企事业单位和个人提供生产、生活用水服务。该自来水公司可以选择的战略类型有（　　）。

  A. 密集型成长战略   B. 无变战略

  C. 维持利润战略   D. 扭转战略

5. 扩张型财务战略根据其扩张的方向，主要表现为（　　　）。

    A. 纵向一体化扩张   B. 横向一体化扩张

    C. 相关多元化扩张   D. 非相关多元化扩张

三、简要论述题

1. 甲公司是汽车制造企业，近年来新能源汽车产业及市场迅猛发展。为了适应市场需求，甲公司拟进入新能源汽车制造领域，为解决资金需求，财务部经理提出下列措施：一是降低股利支付比率，增加公司的留存收益；二是目前公司资产负债率低于行业平均水平，更多的资金可以通过发行债券或增加长期借款筹集。

要求：根据财务部经理建议，从资本筹措和使用特征角度，判断其中体现的财务战略类型，并说明理由。

2. 甲公司是一家在上海证券交易所上市的大型国有集团企业，主要从事 M 产品的生产与销售，系国内同行业中的龙头企业。2024 年年初，甲公司召开经营与财务工作专题会议。财务部经理作为参会人员指出：公司业务在 2022 年经历了快速发展，营业收入同比增长 38%。但是债务规模也随之大幅攀升，2022 年年末资产负债率高达 85%，显示出重大财务风险。2023 年，公司努力优化资本结构，主要做了以下工作：

(1) 适度压缩债务规模，提高留存收益比例；

(2) 综合采用吸收直接投资、引入战略投资者和非公开定向增发等方式进行权益融资（增发定价基准日前 20 个交易日公司股票均价为每股 17 元；增发前公司总股本数量为 25 亿股）；

(3) 严格控制赊销条件，强化应收账款催收力度，大幅度改善应收账款周转率；

(4) 严格控制并购事项，慎重进入核心能力之外的业务领域。2023 年年末，公司资产负债率同比下降了 10 个百分点，为充分利用现有资源、实现财务业绩和资产规模稳定增长奠定了基础。2024 年，公司应当根据自身经营状况确定与之相匹配的发展速度。

要求：根据上述资料，从资本筹措与使用特征的角度，判断财务部经理发言所体现的企业财务战略具体类型，并说明理由。

3. 四方公司原先实行的多元化经营模式，覆盖了商贸、工业、人工智能、文化传播等多个领域。但是，2019 年的财务分析表明，该模式并未达到预期的经济效益。因此，自同年起，公司便从多元化转向专业化经营。在 2020 年至 2022 年期间，公司的净资产收益率持续维持在 10% 以上，且 2022 年配股后，每股收益达到 0.477 元。特别是在公司的主营业务——人工智能领域，收入占比高达 63.2%。同时，公司销售收入显著增加，而应收账款的增长率仅为 3.5%，主营业务的现金流入比收入高出 15%，达到 43 亿元。2024 年四方公司还持有与人工智能无关的佳丽公司，并且该公司为四方公司贡献了 8.5% 的净利润，且佳丽公司仍在快速扩张，每增开一家新店需投资 3 000 万元至 5 000 万元。从另一角度考虑，佳丽公司股票具备未来上市的潜力。经过深思熟虑，四方公司决定出售这一与主营业务无关的商品零售企业，以促进公司从多元化向专业化转型。

要求：判断四方公司采用的是何种财务战略，并做简要阐述。

【案例演练】沃玛特电器公司的财务战略演变

　　沃玛特电器公司于 1997 年在上海证券交易所挂牌，并成立了电器股份有限公司。2023 年年底，公司的总股本为 57 776.78 万股，其中 12 600 万股为有限售条件的流通股，股东总数达 98 890 户。数据显示，到 2024 年，沃玛特公司的电视销售量和营收均位居行业之首，并已多年保持此优势。公司生产的电视机已销往全球 80 多个国家和地区，其质量和声誉享誉全球。截至 2024 年 9 月，沃玛特公司的总资产和净资产分别达到了 136 亿元和 61.7 亿元。

　　为了追求快速发展，沃玛特公司曾设定销售额每年翻一番的增长目标，并实施高负债率财务策略，其资产负债率一度高达 84%。面对国际知名电器企业的相继倒闭，公司高层开始反思其高负债策略并开始提升其应收款项及存货的周转速度。公司高层认为，应当从注重数量增长转变为重视质量，否则企业将沦为"空壳"。因此，公司将销售增长目标从 100% 调整至 50%，严格控制资产负债率至 50% 左右，并停止对代理商的赊销，禁用应收账款，严控子公司的大额贷款。这些措施使公司的财务逐步恢复了健康，有效规避了潜在的财务危机。集团总裁亲自监督财务中心，强调财务健康的重要性，并要求子公司管理层掌握必要的财务知识。通过调整，公司增长率虽降至 50%，但期末存货和应收账款的减少速度超过 30%，资产负债率降至 42.69%，资产周转率翻倍，企业质量明显提高，财务风险显著下降。在进行重大投资前，沃玛特公司坚持市场调研，优先考虑财务风险，选择合适的投资方式，并曾因南方彩电公司的不明朗财务状况及众多法律纠纷放弃投资。

　　此外，沃玛特公司主张在强化主业的基础上，谨慎寻求相关领域的多元化投资，以降低风险。公司的投资策略主要围绕彩电行业，并以提升产量和实现规模效应为目标。随着电视市场份额的稳定，公司投资家电行业的前沿技术，并通过技术合作进军新领域，旨在降低新产品的生产成本，加速投资回报，减少风险。同时，沃玛特公司也在生物医药等非相关领域进行了谨慎投资，主要致力于低成本的资产扩张，多年来以少量资金控制了大量资产。

扫一扫，对答案

【思考题】

　　根据上述资料，指出沃玛特公司自成立以来采取了哪些类型的财务战略，并分别进行了简要分析。

5 基于企业财务活动匹配的财务战略

【学习目标】

1. 掌握：企业融资战略、投资战略、企业股利分配战略。
2. 理解：基于企业财务活动匹配的财务战略选择。
3. 了解：企业融资战略、投资战略、企业股利分配战略等的目标与程序。

【课程思政】

课程思政目标：

1. 引导学生树立长远眼光，关注国家产业政策导向，树立正确的融资观、投资观等。

2. 向学生强调企业应在追求利润的同时，承担社会责任，平衡股东、员工和社会的利益，践行企业可持续发展理念。

融入点：

1. 在融资策略上，鼓励学生思考如何平衡债权融资与股权融资，同时既要确保企业资金链安全，又要考虑融资行为对利益相关者的影响，如债权人权益保护、股东长期利益等，体现诚信为本的商业伦理。

2. 在投资策略上，强调风险与收益的平衡，引导学生树立长远眼光，关注国家产业政策导向，投资符合社会发展趋势的绿色、科技领域，实现经济效益与社会效益的双赢，体现服务国家发展战略的大局观。

3. 在股利分配上，倡导公平合理的分配原则，既要考虑股东回报，也要兼顾企业可持续发展和员工福祉，通过建立健全的激励机制，激发团队活力，营造和谐共生的企业文化，展现以人为本的管理理念。

【思维导图】

本章思维导图如图 5-1 所示。

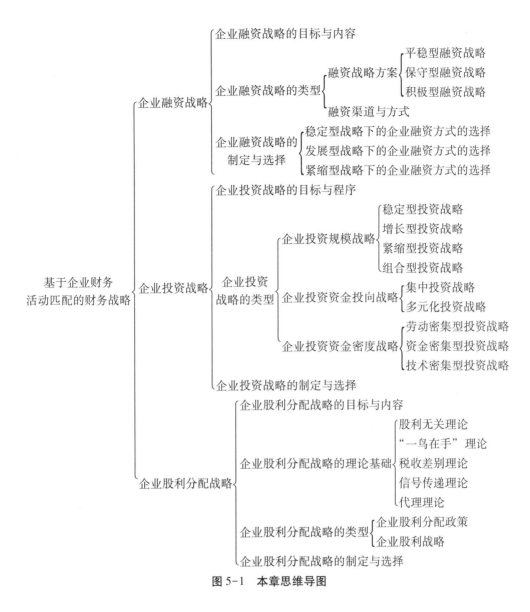

图 5-1　本章思维导图

【导入案例】丰盛公司和茂名公司的股利政策及融资政策

作为国际舞台上的一个重要参与者，丰盛公司是一家业务遍及全球的大型上市企业。该公司致力于实现股东财富每年增长 10% 的目标。目前，丰盛公司的净资产总值达到 200 亿元人民币，杠杆比率维持在 48%，这在同行业中是较为常见的。公司目前正在筹资以支持其收购计划。

茂名公司是一家专注于计算机领域的私营公司，已运营五年，由创始人和主要管理者掌舵。公司历来采用股份作为对员工的奖励方式，这使得多数员工成为股东。由于股东们普遍不愿出售股份，公司的股票定价问题并不存在。茂名公司持续以每股 0.6 元的比率支付股利，每年支付 1 至 2 次，利润每年足以覆盖股利支出。目前，公司完全依靠权益融资，但未来拓展计划可能需要额外的 1 亿元融资。最近的财务报告显示，其净资产总值为 4 亿元。

目前，关于这两家公司的股利和融资策略如下所述：

首先，股利政策方面。茂名公司的股东所得现金回报主要源于股利，并在过去五年内保持稳定且可预见。对于创始股东来说，股利是其年度收入的重要组成部分，对于其他股东而言，可能将其视作额外奖金。尽管过去几年公司股价稳步上升，股东们未显示出售股份求利的意向，但其也面临实际出售障碍。因此，茂名公司应保持目前股利支付水平不变，并根据未来融资需求适当调整股利，权衡股利与融资需求的关系。

对于丰盛公司，其股票流通性强，股东们可以通过出售股票获得现金，解决资金短缺问题。股利政策被视为董事会向投资者传递信息、影响市场预期的关键方式，因此保持稳定的股利支付反映了公司的长期增长预期。

其次，融资政策方面。两家公司可采用的主要融资方式包括限制股利支出、发行新股及借款。茂名公司为了业务扩张，考虑融资 1 亿元，这相当于其现有资产的四分之一。然而仅通过限制股利支出难以筹集必要资金，且会降低股东的现金回报。大幅减少股利需要获得股东与董事的一致同意，并向员工说明其短期牺牲带来的未来补偿。向现股东按比例增发新股可能面临同意难度，但愿意购入新股的股东可能支持这一方案，这足以筹集所需资金，尽管这可能改变公司的股权结构。鉴于茂名公司完全依赖权益融资，借入 1 亿元是一种可行的方案，该公司的杠杆比率预计将升至 20% 左右，低于可能引发董事会财务风险担忧的水平。借款的相对低成本使其成为公司业务扩展的优选融资方式。

丰盛公司为筹集收购所需的大额资金采用限制股利方式，其本身可能不足以满足资金需求，反而可能向市场传递负面信号。在此情况下，向收购目标的股东发行新股避免了现金支出，同时减少了增加借款的风险。然而，这需要决定是否让目标公司股东在丰盛公司董事会中占有一席之地。丰盛公司还可以考虑权益融资和现金借款相结合的方式来筹集收购资金。

5.1 企业融资战略

5.1.1 企业融资战略的目标与内容

5.1.1.1 企业融资战略的目标

资金的筹集是企业得以存续与发展的基础。企业在成立之初，便需具备一定量的资金。只有在资金充足的情况下，企业方能实现生产要素的有效结合，进而开展生产经营活动，向市场提供商品与服务，以期获得最大的经济效益。

企业融资战略是基于企业内外部条件的分析，对资金的获取目标、构成、途径及方法等作出了长期与系统性的布局。此战略旨在保障企业战略实施所需的资金，从而提升企业的持续竞争力和融资效率。融资战略并不是具体的资金筹措方案，而是根据对未来环境的预测和企业战略的要求，对关键融资活动进行的长远和系统规划。

融资战略的制定必须针对一系列融资问题提出行动方案，包括融资的原因、来源地、时间、方式、金额及成本。此战略与选取具体融资方法的决策不同，它涉及的是对各种融资手段的共通性原则问题的解答，既关乎企业融资效益的核心因素，也是制定具体融资手段的基础。

融资战略的目标设定了企业融资的基本方向和目标，清晰定义了期望的融资成果，是所有融资行为的指导和要努力的方向。因此，企业确立融资战略的首要任务便是明确这些战略目标。根据现代企业财务管理理论，企业将股东财富最大化视为财务管理的最终目标，这同样是评估融资结果的基准。但是，考虑到融资战略的制定和执行需充分考虑外部及内部环境因素对财务行为的影响以及企业和投资战略的要求，融资战略的目标应当是多元化的。融资战略不仅需要保证筹集足够的资金以支持企业的日常运营和发展，还要确保资金来源的稳定性，提高融资的灵活性，降低资金成本和融资风险，持续提升融资竞争力。一般而言，融资战略要满足资金需求目标；满足资本结构调整需求目标；提高融资竞争力目标。

5.1.1.2　企业融资战略的内容

企业融资战略的具体内容包括：

（1）融资战略目标与原则

融资战略目标指企业在特定战略周期内资金筹集所应达成的总体要求。融资战略原则是企业在制定与执行资金筹集战略时应遵循的基本理念与规范，它体现了资金筹集的客观规律对融资战略的内在要求。因此，融资战略原则构成了资金筹集战略决策的基础。融资战略目标与原则共同构成了制定具体融资战略方案的基础。

（2）资金来源结构战略决策

资金来源结构指的是在企业融资总额中，各类资金来源所占的比重。在融资战略的制定过程中，资金来源结构的选择是一项基础性的决策。经实证研究证实，企业资金来源结构与企业战略之间存在着紧密的互动关系，二者必须相互适应并保持一致。

（3）融资渠道与方式的战略决策

资金筹措渠道特指企业获取资金的来源途径，而资金筹措方式则涉及企业获取资金的具体手段。资金的来源与获取方式之间既存在联系亦有差异，前者关注的是资金获取的客观条件，后者则着重于通过何种具体方法将融资的可能性转化为实际操作。通常，同一资金来源可以采取多种不同的方式来获取；反之，同一种融资方式亦可适用于多种不同的资金来源。然而，在多数情况下，资金来源与融资方式之间存在一定的匹配关系。例如，财政拨款方式仅适用于国家资金，而发行股票、债券等融资方式需要依赖于证券市场的存在。因此，资金来源与融资方式的选择紧密相关，不可完全割裂。资金来源与融资方式的多样性，是现代企业资金筹措的重要特征之一。

（4）融资规模战略决策

本书探讨的是企业在特定时期内对融资总额进行决策的问题。融资规模的确定直接关系到企业可分配及运用资金的额度。若融资额度较高，则企业可用于生产经营的资金相应增多，进而可扩大生产规模，增加投资额度，从而加速企业的发展进程；相反，若融资不足，则可能导致资金短缺，无法满足投资需求，进而导致生产规模缩减，效益降低。然而，融资规模并非越大越好。融资规模过大可能导致资金无法得到充分且合理的运用，从而产生资金闲置和浪费现象，同时可能使企业承受过重的债务负担，最终对企业的存续和发展造成损害。因此，企业融资规模的战略性决策必须基于企业对资金需求的实际情况，避免盲目扩张。合理的融资规模决策关键在于依据企业战略和资金投放战略的要求，准确评估企业在战略期间对资金的总体需求以及在各主要阶段对资金的具体需求。

（5）融资时机决策

企业融资战略决策的时机选择至关重要。融资活动的目的是资金得到有效利用。企业选择融资时机，首先应考虑企业所处环境变化带来的投资机遇。恰当的融资时机能够确保资金的高效运用，避免因过早筹集资金而导致资金闲置，或因延迟融资而错失宝贵的投资机会。其次，企业面临的外部融资环境亦会随着时空条件的变迁而波动，这通常会引起融资成本的波动及融资难度的变化。因此，若企业能够把握环境变化所提供的机遇，适时进行融资，则其更有可能以较低的成本获取资金，从而对企业发展产生积极效应。综上所述，企业融资的时机选择，亦需考虑外部融资环境的动态变化。

5.1.2 企业融资战略的类型

企业的核心业务已达到稳定发展阶段，产品销售额保持一定水平，增长速度略显放缓。随着企业运营步入正常轨道，现金流较为稳定，经营风险得到有效降低，管理体系持续优化，企业价值逐步提升。在成熟期，企业的盈利水平及其实现不再依赖于产品价格，而更多取决于成本控制，这在成熟期显得格外关键。企业进入成熟期的典型标志包括主要产品成功占领市场并取得领先地位，企业形象稳固，生产规模扩大，盈利达到高峰，尽管增速放缓；企业内部组织结构逐步完善，建立多个部门，尽管初创者之间可能出现矛盾，影响组织凝聚力；但同时，守成思维开始盛行，创新力和冒险精神减弱，使得组织活力有所不足。

5.1.2.1 融资战略方案

从短期融资与长期融资的比例分析来看，企业可选的战略方案主要包括以下三种：一是平稳型（亦称中庸型）融资战略；二是保守型融资战略；三是积极型融资战略。

（1）平稳型融资战略

平稳型融资战略主要关注企业负债的到期结构与资产的使用寿命之间的匹配。具体来说，对于短期及季节性流动资产波动，企业应采用短期融资方式进行资金筹集；而对于长期性资产，如长期流动资产和固定资产，企业应选择长期融资手段来获取资金。该战略旨在实现企业资金使用的期限与其资金来源到期时间的一致性，如图5-2所示。

从图5-2可以看出，若企业的融资战略得到恰当制定和执行，则能够保证现金流与预期安排的一致性。在资金波动性较低的时期，企业不应存在任何流动性负债。只有当资金需求达到高峰时，企业才会从外部筹集短期负债，并在现金充足时予以偿还。随着企业的成长，长期资金的需求也会逐步增加，相应的资金筹集规模也会扩大。

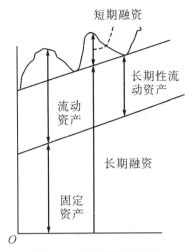

图 5-2　平稳型融资战略

（2）保守型融资战略

在保守型融资战略中，公司主要采用长期资金来满足包括长期流动资产和固定资产在内的永久性资产的融资需求。此外，该战略还涉及使用长期资金来覆盖因季节性或周期性波动引起的部分或全部短期资产的资金需求，如图 5-3 所示。

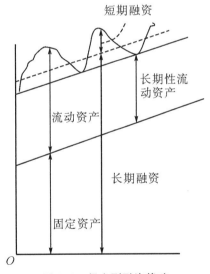

图 5-3　保守型融资战略

从图 5-3 可以观察到，企业在资金需求方面，除了长期性流动资产和固定资产通过长期负债进行融资外，部分波动性流动资产亦采用长期负债进行资金支持。这种战略使得短期负债比例相对较低，从而能够降低企业无法按时偿还债务的风险，并且减少了因利率波动带来的风险。然而，这种融资战略也存在一定的弊端，即长期负债的融资成本通常高于短期融资成本。在业务季节性低谷期间，企业仍需承担长期负债的利息支出，这可能会减少股东的预期收益。

（3）积极型融资战略

这种融资战略正好与保守型融资战略相反，它是以长期负债和权益来融通长期性资产的一部分，而余下的长期性资产和波动性资产则用短期资金来融通，如图5-4所示。

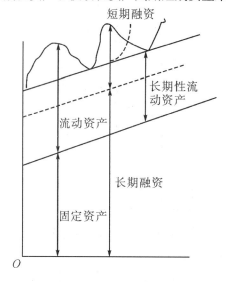

图 5-4　积极型融资战略

从图5-4可以观察到，该融资战略使得长期资金需求的相当一部分是通过短期债务来满足的。这种做法迫使企业频繁偿还到期债务，从而增加了企业无法及时筹集到所需资金的风险。此外，与融资计划相关的短期债务利率波动可能性的增加，亦会加剧企业的盈利波动风险。尽管短期债务的低成本能够带来较高的税后利润，但这些高风险可能会将其抵消。

不同融资战略展现出不同的收益率与风险水平。通常，短期债务的利率低于长期债务的利率，因此广泛采用短期融资可以减少企业的资金成本，从而提升企业的收益率。在所讨论的三种战略中，积极型融资战略具有最高的收益率，保守型融资战略的收益率最低，平稳型融资战略的收益率居中。然而，依赖短期资金的战略带来的风险也相对较高，其一方面是因为可能出现偿还债务的难度增大，另一方面是在资金再融资时可能遇到利率上涨，从而增加利息支付。在这三种战略中，积极型融资战略风险最大，平稳型融资战略风险较低，而保守型融资战略则相对较为安全。因此，企业在选择长期或短期融资战略时，需在收益与风险之间做出权衡。

5.1.2.2　融资渠道与方式

企业的长期融资（筹资）按资本来源的范围不同，可分为内部筹资和外部筹资两种类型，如表5-1所示。

表 5-1　按资本来源划分

类型	举例
内部筹资	利用留存收益 【提示】处于初创期的企业，其内部筹资的可能性有限；处于成长期的企业，其内部筹资往往难以满足需要
外部筹资	吸收直接投资、发行股票、发行债券、向银行借款、融资租赁、利用商业信用

企业的筹资活动按其是否借助银行等金融机构，可分为直接筹资和间接筹资两种类型，如表5-2所示。

表5-2　按是否借助银行等金融机构划分

类型	举例
直接筹资	发行股票、发行债券、吸收直接投资
间接筹资	银行借款、融资租赁等

　　按照资本属性的不同，长期筹资还可分为股权性筹资（见图5-5）、债务性筹资（见图5-6）和混合性筹资（见图5-7）。

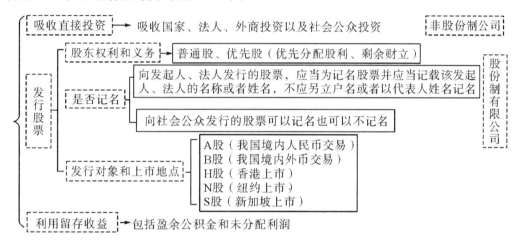

图5-5　股权性筹资

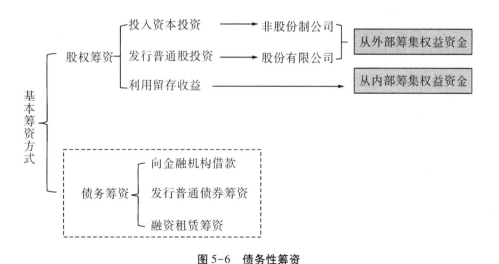

图5-6　债务性筹资

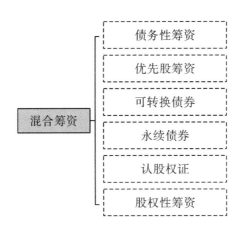

图 5-7　混合性筹资

5.1.3　企业融资战略的制定与选择

5.1.3.1　企业融资战略的制定内容

融资战略的制定是企业根据总体发展战略的要求，对企业今后较长时期资金的需求及解决方案所做的总体安排。企业确定了战略方向和战略目标后，首先要解决的就是融资问题，因此要制定与企业总体战略相适应的融资战略。制定融资战略的任务就是测算资金需求量，然后分析企业可筹措资金的金额，包括目前可筹措资金的数额和预测企业在不同发展阶段可筹措资金的数额及成本，确定融资路径的选择，制定融资战略。综上所述，笔者认为融资战略的制定包括四个方面的内容：一是融资需求的分析，包括总体融资额和每个阶段的融资需求。二是可融资金额的分析，包括目前可筹集资金的金额和预测企业在不同发展阶段所需筹集的资金量。三是确定企业资本结构的合理范围，包括一定时期内最高的负债率和最低的持股比例。四是比较和设计不同的融资路径，分析不同方式的资金成本及融资风险。

5.1.3.2　企业战略与融资方式的选择

融资方式的选择是融资战略的一项重要内容。在西方企业融资结构中，企业融资方式的选择顺序首先是内部股权融资，其次是债权融资，最后才是外部股权融资。所以，企业理性融资的先后顺序应该为：内部融资、债权融资和股权融资。

企业选择内部融资还是外部融资，以及在外部融资中是依赖股权融资还是债权融资，这不仅取决于企业的财务状态，还需与其发展战略保持一致。因此，企业先要根据商业环境确定自己的发展战略，然后再确定与发展战略相适应的融资渠道与方式。

首先，稳定型战略（steady-oriented strategy）指的是企业坚持既定的战略目标，维持一贯的增长速率，并且不改变其核心产品或业务的范围。该战略在产品和市场层面体现为防御性策略，以稳健经营为核心，避免承担重大风险。通常当一个组织的管理者满足于坚守他们原有的事业，不愿意进入新的领域时，他们实行的就是稳定型战略。

采取稳定型战略的企业往往处于行业的成熟期，经营风险相应较低，企业对外投资较少，不会出现大量的资金需求。同时在财务上，企业的收入平稳增长，利润和现金流量也比较稳定，对于资金的需求不大。如果企业能够在较长一段时期保持比较平稳的收入、利润增长和比较充足的现金流，那么这时企业的经营风险和财务风险都比较低。当企业的现金流较为稳定时，适当提升财务杠杆是可行的。例如，扩大长期债务规模或通过债务资金回购股份，既可在不影响资信等级的前提下降低资本成本，又能在维护债权人权益的同时提升股东价值。企业还可以充分利用稳定的现金流，采取适当的股利政策。比如，通过增发股利或采用稳定的股利政策，吸引更多的投资者，树立良好的企业形象。

其次，发展型战略（development-oriented strategy）是企业基于当前战略定位，旨在迈向更高层次目标的战略规划。该战略以发展为核心导向，引领企业持续研发新产品，拓展新市场，采纳创新的管理与生产方法，扩大生产和销售规模，从而增强企业的竞争力。在实践中，发展型战略可分为密集增长战略、一体化战略、多元化战略等多种类型。

执行发展型战略的企业通常处于创业初期或成长阶段。在这一时期，多数企业倾向于认为经营风险相较于财务风险具有更高的重要性。因此，企业的融资战略应当着重于对经营风险的管理，力求最大限度地减少财务风险。此时，由于企业快速扩张，内部融资常常不能满足企业的资金要求，即需要进行外部融资，其通常以股权融资为主。如果过度举债，可能导致财务支付危机，轻则影响企业债务的资信评级，重则威胁到企业的存续。因此，对于执行发展型战略的企业而言，融资决策首先应考虑的不仅是降低成本，而应更多关注保持财务灵活性、维护良好的资信等级，以及如何使融资战略与企业经营的风险相适应，进而降低财务风险。虽然一般情况下实施发展型战略的企业采取股权融资，但处于不同行业的企业，适应其实际发展情况的融资模式也会有所不同。因此，选择适合企业战略的外部融资模式非常关键，如果融资方式选择不当，那么很可能给企业带来灭顶之灾。

最后，紧缩型战略（retrenchment strategy）是指企业对其现行的战略经营领域及基础水平进行缩减和撤离，并且这种战略调整与企业初始战略相比存在显著差异。与稳定型战略和增长型战略相比，紧缩型战略是一种消极的发展战略。通常，企业采用紧缩型战略属于短期行为，其目的在于帮助企业渡过难关后转向其他战略方向。有时候，企业只有通过采纳缩减和撤退的策略，才能有效抵御竞争对手的挑战，规避环境风险，并迅速实现资源的最佳配置。紧缩型战略可视为一种战略性的退让。

采取紧缩型战略的企业通常处于行业的衰退期。一般而言，在当前阶段，企业普遍采纳防御性融资策略。在该策略指导下，企业能够维持较高的债务水平，同时无需对其积极的资本结构进行调整。一方面，面临衰退期的企业拥有一定的资金基础，能够依托其现有的产业作为支撑，故其实施高负债融资策略在财务上是切实可行的；另一方面，衰退期既是企业的夕阳阶段，亦是企业新活力的孕育阶段。若企业进入的新行业展现出显著的增长潜力和市场前景，投资者将愿意承担风险，因为高负债率通常与高回报率相伴随；反之，若新行业的发展前景并不乐观，投资者将基于对企业未来发展的评估，判断其资产清算价值是否可能超过债务面值。因此，这种市场环境为企业的高负债融资策略提供了客观条件。

5.2 企业投资战略

企业投资战略的定义为依据企业的整体经营战略，进行全面规划，以维护并扩展企业生产与经营规模的相关投资活动。此战略涉及将企业有限的投资资金按照战略目标进行评估、对比后选择各种投资方案或项目，其目的是实现最优的投资成效。

5.2.1 企业投资战略的目标与程序

5.2.1.1 企业投资战略的目标

企业投资是指将筹集到的资金投放于特定事业或生产经营活动，以期在未来获取经济利益及竞争优势的经济行为。此举不仅为表达企业战略意图的重要方式，亦为确保企业战略得以实施的关键环节。若无资本投入的良好配合，企业战略的实现将面临困难。企业投资战略根据企业内外环境及其发展趋势，在企业战略的框架下进行了全面且长远的规划，构成了企业战略体系中的核心部分。这一战略不仅指导企业的资金与资源配置，具有明确的导向性和战略性，而且它由总体企业战略决定，实质上是企业战略的细化，会反向影响企业战略的制定与执行效果。

企业投资战略关键解决了在特定时期的投资目标、规模、方式和时机等问题，这是企业的核心决策过程，直观地体现了企业追求价值最大化的目标，是实现企业价值增长的主要途径。企业的目标在投资行为中表现为用最少的资金和最低的风险实现最高的回报和最大的竞争力。然而，制定和执行企业投资战略需全面考虑内外部多种环境因素和战略需求。为确保企业战略目标的成功实现，企业投资战略应具备多样化特点。其具体包括：①提升投资收益；②降低投资风险；③通过扩大规模、增加产量、提高销售和技术水平等手段加速企业成长；④维持技术先进性；⑤调整生产策略，实现行业转型；⑥确保销售渠道、关键技术、主要原料和能源供应的稳定性；⑦承担社会责任，增进社会公益。这些目标相互衔接，形成了一个综合的多元化投资战略目标体系。

企业在确定投资目标时，通常需注意以下事项：首先，需对投资收益与风险之间的关系进行深入分析；其次，应明确企业战略的具体要求；再次，需对行业的发展前景进行详尽的评估；最后，必须对市场竞争的特性进行细致的剖析，包括但不限于影响市场竞争的各种因素、竞争的广度、主要竞争者以及竞争层次的选择。

5.2.1.2 企业投资战略的程序

迄今为止，大多数论述资本投资的文献的关注焦点都是投资方案的评价，特别是投资评价方法的不断改进。其假设是：投资方案会自动出现，因此只要运用理论上正确的评价方法就会直接得出最优投资选择。但从企业显示的角度看，资本投资决策并非如此简单。

投资战略程序可划分为如图 5-8 所示的五个主要领域。

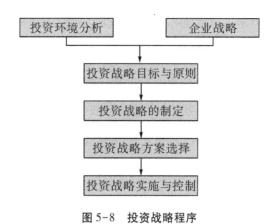

图 5-8　投资战略程序

按照图 5-8 所示的程序进行投资战略决策，第一，要理解企业战略及企业投资环境的要求。企业战略是关于企业全局的长期性和决定性的谋划。第二，企业需依据战略需求及投资的客观规律来设定投资战略的目标与原则。投资战略目标是指企业在特定战略周期内期望达成的投资成果，即明确资金配置的总体方向。而投资战略原则则是指导企业制定及执行投资战略的核心思想和基本规范，体现了企业战略和投资决策的根本和核心。第三，寻求并确定各种可能的投资战略机会并生成投资战略。这一步骤对于投资结果具有很关键的意义。第四，把投资战略具体化为一些备选投资战略方案并运用一定的理论与方法对所提出的备选方案进行分析、评价，从中选择最佳方案予以实施。第五，将选择好的投资战略方案投入实施。为了保证投资战略目标的顺利实现，需要对投资进行严格且有效的控制。

5.2.2　企业投资战略的类型

5.2.2.1　企业投资规模战略

对企业投资战略进行分类，是为了使企业在决策时能够更好地选择投资战略。结合我国企业的实际情况，依据投资规模，投资战略可划分为稳定型投资战略、增长型投资战略、紧缩型投资战略以及组合型投资战略。稳定型投资战略旨在保持当前投资水平。增长型投资战略涉及企业通过扩展投资规模，以实现生产经营的持续扩大，进而增加产品的数量与种类，提升其市场份额。紧缩型投资战略则聚焦于缩减现有投资规模。组合型投资战略则是将前述三种战略综合运用。

（1）稳定型投资战略

稳定型投资战略是一种旨在维持当前投资规模的战略。该战略通常在企业战略规划期内，保持企业投资水平与现状相仿。在内外部环境相对稳定的情况下，企业倾向于采纳此战略。稳定型投资战略要求企业高效利用现有资金和条件，维持现有市场份额，保持投资水平不变，同时致力于降低成本，以最大化利润获取，为未来发展储备资金。

该战略有助于规避新产品开发和新市场拓展所需的大额资金投入、潜在的失败风险以及与竞争对手的直接对抗；维持经营规模与资源配置的均衡，避免资源重组带来的时间损耗。然而，稳定型投资战略同样潜藏风险。即当外部环境变动时，外部因素可能会打破企业战略目标、外部环境与企业实力之间的均衡，将企业推向困境；如果企业在市场中失去了差异化的优势，那么可能无法抵御竞争对手的攻击；此外，长期实行稳定型投资战略可能导致企业风险意识减弱，降低其在面对风险时的适应性和抵抗力。

通常而言，稳定型投资战略适用于那些处于增长阶段的产业和在稳定环境中成长的企业。对许多企业而言，稳定发展是最为合理且适时的战略选择。例如，可口可乐公司曾长期采用稳定型投资战略，并取得了显著的成功。

（2）增长型投资战略

增长型投资战略是一种旨在持续扩大投资规模的战略。此战略以企业的发展战略为指导核心，专注于利用企业资源研发新产品、开辟新市场，并采用创新的生产与管理技术，扩大企业的产销规模，提高企业的市场竞争力。通常，增长型投资战略能够使企业获得远超社会平均投资回报的收益。在一般情况下，这种战略适用于那些正处于成长阶段的企业。

（3）紧缩型投资战略

紧缩型投资战略，亦称收缩战略，是一种旨在缩减企业当前投资规模的战略。该战略涉及从现有业务领域中撤出资金，缩小业务范围，即企业主动收缩市场，退出某些业务领域，并减少产品种类。紧缩型投资战略通常在经济衰退、企业内部出现重大问题、财务状况恶化或政府开始对特定产品实施限制等情况下采用。该战略的核心在于企业从当前业务领域中撤回投资，降低生产量，裁减研发和销售团队，并通过出售专利和业务来回收资金。

紧缩型投资战略可细分为三种实施方式。首先是抽资转向战略，其核心在于减少企业在特定领域的投资，其目的是降低开支，改善现金流状况，并将由此产生的现金流重新投入到新的领域。其次是放弃战略，该战略涉及出售企业的主要部门以回收资金。当抽资转向战略未能达到预期效果时，企业可能会考虑采用放弃战略。最后是清算战略，该战略通过拍卖或停止所有经营活动来终止企业的运营。对于企业管理者而言，清算通常是最不具吸引力的选择，仅在其他战略均以失败告终时才会考虑采用。

（4）组合型投资战略

组合型投资战略是指企业在其实际运营过程中，在特定时期内，会同时实施稳定型、增长型、紧缩型等不同类型的战略。组合型投资战略包含两种基础模式：其一为同步组合，即在扩展新的战略业务单元、产品线或事业部的同时，淘汰一些现有的战略业务单元、产品线或事业部；同时在某些领域或产品上实施增长型投资，而在其他领域或产品上实行紧缩型战略；在某些产品上执行撤资战略，而对其他产品进行增长型投资。其二为顺序组合，指的是企业根据内外部环境的变化，在一定时期内先采取增长型投资战略，随后在另一时期转而实施稳定型投资战略；或者先采用转型战略，待条件成熟后再转向增长型投资战略。

5.2.2.2 企业投资资金投向战略

企业投资战略可依据资金的投向划分为集中化投资战略和多元化投资战略两大类。

多元化投资战略可进一步细分为同心多元化、纵向一体化、横向一体化以及混合多元化。

（1）集中化投资战略

集中化投资战略是指将企业的全部资源集中投入以实现快速增长，并通过此举提升现有产品或服务的销售业绩、盈利能力和市场份额。该战略的核心在于资金和目标的集中配置，即可以集中力量实现现有产品或服务的快速发展，但这种战略也存在着完全被现有产业兴衰所左右的风险，当本产业由于需求变化等原因出现衰退时，采取这种战略的企业必然受到相当大的冲击。因此，企业不宜长期采用这一战略，应在实施一段时间后，考虑向其他类型的战略转移。采用此类投资战略的企业必须确保能够提供实施战略所需的巨额资金，保障资本的流通，并加速资本运作的效率，同时保持资本的适度弹性，以便应对外部环境变化所带来的重大风险。

（2）多元化投资战略

多元化投资战略，也称分散化投资战略，是指企业将资本分散投资于不同的业务领域、产品或服务。根据投资对象的不同，多元化投资战略可细分为同心多元化、纵向一体化、横向一体化以及混合多元化四种战略。第一，同心多元化投资战略涉及将企业资金集中于开发与现有产品或服务相似的新产品或服务。在此战略下，企业可利用现有资金和技术条件，生产与原有产品功能不同的新产品。例如，电脑制造商除了生产电脑，还可生产手机等其他电子产品。同心多元化投资战略的优势在于新产品与原产品虽用途不同，但技术上具有较强的关联性，从而可共享企业的设备、技术和资金。然而，此战略虽减少了对单一产品或服务投资的风险，却增加了跨领域投资的复杂性和资本短缺的风险。此外，在外部环境变动时，相关业务的同步波动可能会削弱企业的风险抵御能力。因此，在执行此战略时，企业需配合执行合理的筹资和盈余分配战略，确保资源的有效利用，并增强企业的风险应对能力。第二，纵向一体化投资战略涉及在生产和销售的上下游方向扩展企业投资规模，具体可分为前向一体化和后向一体化。前向一体化是指企业将资金投向消费其现有产品或服务的行业；后向一体化则是指企业将资金投向为其现有产品或服务提供原料的行业。纵向一体化投资战略的优势在于，尽管原产品与新产品在基本用途上不同，但它们之间存在紧密的产品加工或生产流通关联性，这有助于节约交易成本和风险费用，使企业能够最优化资源配置。然而，此战略的收益价格比通常低于其他战略。企业在选择纵向一体化投资战略时，应根据自身获取资源的能力，决定是通过内部扩张还是与其他企业联合或兼并来实施。第三，横向一体化投资战略是指企业集中资金生产新产品，以满足原有市场顾客的新需求。例如，一家食品机械公司，先生产收割机销售给农民，随后又生产农用化学品，同样销售给农民。横向一体化投资战略的特点在于，新产品与原产品在基本用途上不同，但它们之间存在紧密的销售关联性。第四，混合多元化投资战略，是指企业向与原产品、技术、市场无关的经营范围投资扩展。混合多元化投资战略的特点是，资金被分散投向不同的业务领域，故可以分散企业的资金投入风险、增强企业适应外部环境的应变能力。混合多元化投资战略涉及的投资业务领域不仅多而且都不相关，所以需要企业投入大量的资金和资源，一般来说，只有实力雄厚的大公司才能采用。

企业选择集中化抑或多元化投资战略，并非与企业规模直接相关，而是应基于企业管理能力、规模实力以及发展目标等多重因素进行考量。诸多在多元化领域取得成功的大型企业，在其创业初期往往采取集中化投资战略，通过开发与主营业务相关的多样化产品，逐步拓展其主导产品的范围。此外，亦有企业从集中化经营出发，逐步过渡至多元化经营，在这一过程中，它们从生产与主营业务相关的商品扩展至非相关领域。企业多元化经营是有风险的，因为涉及的领域越多，竞争对手也就越多，管理也就越复杂。总体来说，一般企业应考虑在集中化投资战略的基础上，以核心产品或服务为基础衍生或拓展其他产品或服务。

5.2.2.3　企业投资资金密度战略

依据资本投入的密集程度，企业投资战略可划分为资金密集型投资战略、技术密集型投资战略和劳动密集型投资战略三种类型。

（1）资金密集型投资战略是指企业在长期投资决策中，需投入巨额资金，其运营成效主要依赖于资金的有效运用。

（2）技术密集型投资战略则是指企业在长期投资决策中，需大量投入技术资源，其运营成效主要依赖于技术的高效运用，且投资重点通常集中在技术开发的初期阶段。

技术密集型投资战略可进一步细分为改变产品整体功能和增加产品附加功能的战略。改变产品整体功能意味着通过技术研究，使产品性质发生根本性转变，即产品由一种形态转变为另一种形态；而增加产品附加功能则是指在产品主体功能基础上，通过技术研究增加新的功能，而产品主体功能保持不变。

（3）劳动密集型投资战略是指企业在长期投资决策中主要依赖大量劳动力的投入，其运营效果主要由劳动力驱动。

综上所述，在制定投资战略时，企业应基于自身特点选择适宜的投资方向。如果企业资金充足，宜采取资金密集型投资战略；若技术实力强大且研发条件优越，则技术密集型投资战略更为适合；如果劳动成本低，而资金和技术资源受限，劳动密集型投资战略则成为合适的选择。通常，随着社会生产力提高和企业成熟，投资战略可能会从劳动密集型经过资金密集型，逐步演变为技术密集型。

5.2.3　企业投资战略的制定与选择

5.2.3.1　战略制定的分析方法

投资战略的制定是指对企业内外部环境进行深入且富有创造性的分析，以识别并发掘潜在的投资机遇。基于此，企业将确立对资金分配与配置的总体要求，涵盖投资的业务范围以及各类业务资金分配的战略性组合等。战略的一个重要目的是增强企业竞争力。常用的战略分析方法主要有 SWOT 分析法、波士顿矩阵法、矩阵分析法、生命周期矩阵分析法和波特五力分析法。

5.2.3.2　企业投资战略的选择

企业投资战略的选择涉及三个方面的基本选择，即资金投向选择、投资时机选择和投资规模选择。企业资金的配置方向、时机选择及额度投入，均以企业的发展战略目标为基准，并受到企业财务状况和生产经营状况的限制，同时与企业设备、资源、技术、材料等方面的决策紧密相连。

（1）资金配置方向的选择

企业资金的配置方向具有多种可能性，如机器设备、劳动力、材料和技术，这些均为生产过程中不可或缺的要素，均需投入资金。然而，各方面的资金投入比例需根据实际情况进行细致的分析与计算。企业的生产规模、生产类型以及所在行业对资金的配置方向具有显著影响。资金配置方向大致可以划分为以下四个主要方面：

第一，机器设备。企业在选择投资专用设备还是通用设备时，需要决定是采用自动化、半自动化还是传统设备，以及是购买新设备还是二手设备。这些决策需通过综合评估进行，同时要考虑其与人力资源投资的协同效应。

第二，人力资源。企业确定所需劳动力数量，选择是雇佣一般劳动力还是专业技术劳动力，以及确定必要的培训投资规模，都是制定人力资本投资策略时其必须考虑的关键因素。

第三，材料。在材料选择上，企业需考虑如何控制库存，如何利用季节性价格变动和市场波动优化材料储备。准确的市场预测和决策对于降低投资成本至关重要。

第四，技术。在技术选择上，企业需决定是采用高端技术还是标准技术，技术投资是购买专利还是自主进行研发。这一策略应结合人力资源水平和管理能力进行全面考量。

资金投向的选择在以上四个方面可以有多种组合方式，选择最优的资源要素组合是资金投向选择的重要内容。以设备和人力资本来说，企业要达到一定的产量，二者可以有很多种组合方式，如图 5-9 所示的等产量曲线 Q。曲线 Q 上的任一点代表设备与人力资本的一种组合方式，成本最低的组合方式是最优的组合方式。根据设备和人力资本的市场价格，做出等成本曲线（如图 5-9 中的 AB 线），等成本 曲线与等产量曲线的切点就是设备与人力资本的最优组合方式。设备和人力资本之间的组合方式可以这样选择，其他要素之间的组合也可以通过同样的方法进行选择。

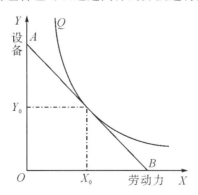

图 5-9　等成本曲线与等产量曲线

（2）投资时机的选择

企业选择什么时机实施投资战略取决于以下三个方面的因素：

首先，在制定企业的投资战略时，企业必须依据其总体发展战略规划，对长期、中期及短期投资进行综合考量。鉴于投资从实施到产生收益需经历一定过程，且该过程的持续时间会因投资项目规模的不同而有所差异，企业为了确保经营收益的稳定性，以维持其良性循环和信誉，必须对长期、中期及短期投资进行统筹规划。

其次，生产计划的进度安排决定了企业在不同阶段所需投入的各类资源量，进而影响投资的时序。

最后，要素市场价格的波动为经营者提供了降低投资成本的机遇，经营者可利用市场价格下跌的时机来优化成本结构。企业在进行投资战略决策前要进行可行性分析，拟定不同的投资战略方案进行比较，在计算和比较各种方案的成本、收益、投资收益率的基础上进行决策。

（3）投资规模的选择

恰当的投资规模选择与确定对于降低企业投资风险、保障投资效益至关重要，是企业投资战略决策中的关键环节。企业需综合考量物资技术条件、社会需求以及经济效益等多重因素，这些因素是影响投资规模的关键所在。因此，深入分析这些方面是合理确定企业投资规模的关键途径。物质技术条件决定企业能够达到的规模，社会需要决定投资项目需要达到的规模，经济效益决定投资项目实际达到的规模。

5.3 企业股利分配战略

5.3.1 企业股利分配战略的目标与内容

企业股利分配战略旨在解决一系列核心问题，包括确立股利策略目标、决定是否派发股利、确定股利金额以及确定股利发放的时间点。从战略层面审视，股利分配战略目标应致力于推动企业的长期发展，确保股东权益得到保护，并维持股价稳定，以保障企业股价在较长时间内保持基本稳定。企业需依据股利分配战略目标的指引，制定适宜的股利政策来决定是否派发股利、派发的股利金额以及股利的发放时机等关键性政策问题。企业实现的净利润，多少用于股利分派，多少形成留存利润，便是公司的利润分配决策。

5.3.2 企业股利分配战略的理论基础

股利决策作为收益分配问题的重点和难点，一直是财务理论研究、探讨的重要领域之一。在现代财务理论中，股东财富最大化或企业价值最大化是一切财务决策的基本目标。那么，股利决策是否影响企业的价值呢？如果影响，它又是如何影响的呢？根据对这一基本问题的不同回答，形成了以下几种不同的股利理论。

5.3.2.1 股利无关理论

股利无关理论主张企业的股利分配政策并不会对其价值造成影响。该理论由美国经济学家米勒与莫迪利亚尼于 1961 年首次提出，因此亦被称为 MM 股利无关理论。米勒与莫迪利亚尼通过数学推导，证实了在完美资本市场的前提下，如果企业的投资决策及资本结构保持不变，那么企业的价值将由其投资项目的盈利性和风险水平决定，与其股利政策无关。

5.3.2.2 "一鸟在手"理论

"一鸟在手"理论由迈伦·戈登和约翰·林特提出，属于股利分配战略的相关理论。该理论认为，由于企业未来经营的不确定性，投资者倾向于认为当前获得的股利相比未来可能的资本利得风险更低。因此，相对于资本利得，投资者更偏好现金股利。出于对风险的规避，股东更倾向于获得确定的现金股利。基于这一点，企业的股利分配战略会对股票价格及企业价值产生显著影响，显示出股利政策与企业价值之间的相关性。当企业支付较高股利时，其股票价格通常会上升，从而提升企业价值。

5.3.2.3 税收差别理论

由于税率的不对称性，企业的股利政策对企业价值和股票价格有显著影响。这一点是税收差别理论的核心，其代表学者包括利森伯格和拉马斯瓦米。税收差别理论阐释了税率存在普遍差异和纳税时间的异同，使得资本利得通常比股利收益更有利于优化收益，因此建议企业实行较低的股利政策。

5.3.2.4 信号传递理论

信号传递理论指出，在投资者与管理层存在信息不对称的情形下，企业能够借助股利政策向市场传递关于其未来盈利潜力的信号。投资者通过分析这些信号，评估企业未来盈利能力的变动趋势，并据此作出是否购买其股票的决策，进而影响股票价格产生波动。

因此，股利政策的调整与股票价格的变动之间存在一定的关联性。通常而言，那些预期盈利能力较强的企业，倾向于通过较高的股利支付率来区分自身与那些预期盈利能力较弱的企业，以此吸引更多的投资者关注。

5.3.2.5 代理理论

代理理论指出，企业分配现金股利能够有效地降低代理成本，进而提升企业价值。首先，支付股利限制了管理层对自由现金流的控制权限，能够在一定程度上控制管理层的过度投资或在职消费，保护外部投资者的利益；其次，较高的现金股利减少了企业对内部融资的依赖，推动企业向资本市场寻求外部融资。这不仅使企业受到资本市场更严格和频繁的监管，还通过这种监管机制降低了代理成本。然而，尽管高股利政策可以减少企业的代理成本，但它也可能导致外部融资成本的增加。因此，理想的股利政策应平衡这两种成本，实现最小化总成本。

5.3.3 企业股利分配战略的类型

5.3.3.1 企业股利分配政策

股利政策是企业决定其净收益分配的原则和依据，包括在法律所规定的界限内，企业是否进行股利分配、分配额度以及分配时点的决策与应对措施。股利政策的最终目标是使企业价值最大化。

从实务来看,不发股利和全发股利的企业都很少。在实务上,企业常用的股利政策主要有五种:剩余股利政策、固定股利政策、稳定增长股利政策、固定股利支付率政策和低正常股利加额外股利政策。

(1)剩余股利政策是指在企业确定的理想资本结构内,税后利润首先用于满足项目投资需求,仅当有余额时才分配现金股利的政策。这种政策优先考虑投资。实施此政策的前提是企业须拥有优质的投资机会,且这些机会的预期回报率应超过股东的期望回报率,以获得股东的认可。该政策遵循步骤如图5-10所示。

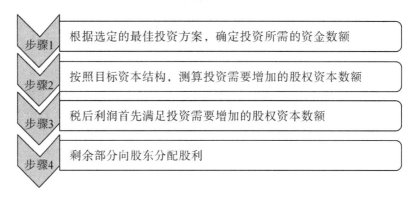

步骤1 根据选定的最佳投资方案,确定投资所需的资金数额

步骤2 按照目标资本结构,测算投资需要增加的股权资本数额

步骤3 税后利润首先满足投资需要增加的股权资本数额

步骤4 剩余部分向股东分配股利

图 5-10　剩余股利政策遵循步骤

(2)固定股利政策是指企业在较长时间内维持每股派发固定金额的股息政策。在该政策下,即便企业盈利出现一般性波动,派息水平仍保持稳定;只有当企业对未来的利润增长有充分信心,并确信这种增长不会逆转时,才会考虑提升每股派息额。

(3)稳步增长股利政策是指在特定时期内,企业每股派息额保持稳定增长的政策。采用此政策的企业通常会根据盈利增长情况,逐步提升每股派息。企业设定一个稳定的派息增长率,实际上是在向投资者传递企业业绩稳步增长的信号,这有助于减少投资者对企业经营风险的顾虑,进而可能促进股价上升。

(4)固定股利支付率政策是一种与企业盈利状况紧密相关的变动派息政策,企业每年根据固定的派息率从净利润中发放现金股息。该政策使得派息水平与企业盈利状况直接挂钩:当盈利状况良好时,每股派息额相应增加;当盈利状况不佳时,每股派息额相应减少。该政策避免了企业承担过重的财务负担,但可能导致派息水平波动较大,向投资者传递出企业经营不稳定的信号,从而可能引起股价的大幅波动,不利于企业形象的稳定。

(5)低正常股利加额外股利政策是一种介于恒定派息政策与变动派息政策之间的折中方案。该政策规定每期支付稳定的、较低的正常派息额,而在企业盈利较多时,根据实际情况发放额外派息。这种政策具有较高的灵活性:在企业盈利较少或需要大量投资资本时,仅需支付较低的正常派息,既减轻了企业的财务压力,又能确保股东定期获得固定的股息收入;在企业盈利较多且投资需求不大时,可以向股东发放额外的派息。

5.3.3.2 企业股利战略

从企业在现实世界的行为考虑，股利决策是企业的重要决策之一，而不是可有可无的无关决策。最佳股利决策问题无论在理论上还是在实务上都有待于进一步探讨。如果我们不是单纯从财务的观点考察，而是从企业战略的角度考察股利决策，它的重要性将更加突出。所以笔者认为，企业最佳股利决策问题不仅要考虑财务上的要求，还必须考虑企业战略的要求。鉴于企业战略是企业在较长时间跨度内制定的全局性、决定性规划和最高指导原则，企业股利政策与企业战略的协调一致显得尤为关键。

（1）股利战略。股利战略区别于一般的股利决策或政策，具备以下特征：首先，该战略不单从财务角度制定股利分配，而是结合企业的整体战略需求，采取全局视角制定分配方案。其次，股利战略重视长期效应，不过分关注股价短期波动，而是关注股利分配对企业长远发展的影响。

（2）股利战略的内容。关于股利战略的核心内容，涉及三个主要方面：一是股利支付率的确定，即在净收益中股利所占的比例，这关系到股利与留存收益的比率，是股利战略中最关键也是最富挑战性的问题；二是股利的稳定性，即决定是采取固定政策还是灵活调整；三是信息传递，即通过股利分配向投资者传达的信息类型。

此外，企业还应进一步规划股利支付的具体方式（如现金支付、财产形式、公司债股利或股票股利等），并确定股利发放的流程，包括发放频率、股利宣布日、登记日、除息日和发放日等细节。

（3）股利战略的分红。派息分红既是股东权益的具体体现，也是股份公司在权益分配和资金运作方面的重要决策。其战略目标为确保股东权益，平衡股东间的利益关系；推动公司长期发展；稳定股票价格。

上述三个方面既相互联系又存在一定的对立，综合反映了股利分配是收益、风险与权益的矛盾统一，揭示了短期消费与长远发展的资金分配关系，体现了企业、股东与市场，企业内部需求与外部市场形象之间的平衡关系。总体而言，股利战略旨在确保股东投资收益的高额、持续与稳定，促进企业股票市值的提升，为企业的未来发展奠定坚实的资金基础。

5.3.4 企业股利分配战略的制定与选择

根据前文讨论中所提出的股利战略的基本思想，本书认为股利战略应根据图 5-11 所示的模式来制定。

在现实世界中，企业的股利分配要受企业内外多种因素的影响，正是这些因素决定了企业股利分配全部的可行方案。所以，制定股利战略必须首先分析和弄清楚这些因素对股利分配的制约和影响。

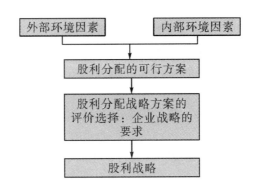

图 5-11　股利战略制定模式

5.3.4.1　影响股利分配的外部因素

（1）法律因素

各国对企业股利支付制定了很多法规，股利分配面临着多种法律限制。尽管每个国家的法规不尽相同，但归纳起来主要有如下几点：资本限制、偿债能力的限制和内部积累的限制。

（2）债务（合同）条款因素

长期债务合同常设有限制条款来约束企业支付现金股利的能力。这些限制可能包括：若营运资金未达到规定水平，则禁止分配股利；企业须在创造新增利润后方可支付股利；另外，只有在满足累计优先股股利之后，企业才能进行普通股的股利分配。这些条款在一定程度上确保了债权人和优先股股东的权益。

（3）所有权的因素

股利策略的制定和实施均需董事会审批，董事会作为股东代表，在股利政策的制定过程中必须考虑并尊重股东意愿。股东的种类繁多，他们的观点也各不相同，这些观点主要分为以下几类：为维持控制权而限制股利支付、为逃避税收而限制股利支付、为获取收益而要求支付股利、为规避风险而要求支付股利，以及基于不同的心理偏好和金融传统的股利策略。

（4）经济因素

宏观经济状况和趋势对企业的股利政策有显著影响。例如，在通货膨胀期间，投资者可能会要求更高的股利支付，以抵消通货膨胀带来的负面影响。因此，通货膨胀环境下的股利支付率通常设定得较高。

5.3.4.2　影响股利分配的内部因素

（1）现金流量因素

企业的现金流量状态直接影响其股利支付决策。当企业拥有较高流动性，如持有大量现金及其他流动资产时，其支付股利的能力相对增强。相反，当企业流动性较弱，或因资产扩张、债务偿还等因素导致大量现金流出时，继续支付现金股利可能缺乏审慎。因此，在制定股利政策时，企业应确保股利支付不会影响其正常运营。

（2）筹资能力因素

企业的筹资能力强，则其支付股利的能力也较强。若企业外部筹资能力较弱或筹资成本过高，企业应考虑限制股利支付，保留更多盈余以应对资金需求。通常，规模大、盈利能力强、运营周期长且发展前景广阔的企业容易从外部筹集资金。而对于新成立或规模较小的企业，由于其面临较高的经营风险和筹资成本，通常会倾向于限制股利支付，以保留盈余作为筹资的重要策略。

（3）投资机会因素

企业的投资机会数量对股利政策有显著影响。若企业面临多个盈利性投资机会，且需要大量资金时，可能采用高保留盈余、低股利支付的策略。反之，若企业投资机会较少，资金积累较多，则可能实行高股利支付策略。在发展阶段的企业由于投资机会较多，通常向股东支付较少股利。在实施低股利政策时，财务管理者应平衡股东的短期和长期利益，强调从长远看增加保留盈余并投资于高盈利项目，能够为股东创造更大的价值。因此，发展中的企业可能采取低股利或不支付股利的策略，而那些成熟或衰退的企业可能会实施高股利策略。

（4）企业加权资本成本

股利分配对企业加权资本成本有重大影响。这种影响是通过以下四个方面来实现的：一是股利分配的区别必然影响留存收益，留存收益的实际资本成本为零。二是股利信号作用，即股利的大小变化必然影响公司股价的高低。例如，股利下降等于给投资企业经营前景不妙的信号，这会使企业股票价格下跌，加权资金成本提高。三是投资者对股利风险和资本增加值的风险的看法。四是资本结构的弹性。企业债务与股东权益之间应当有一个最优的比例（最优资本结构），在这个最优的比例上，企业价值最大，或它的平均资本成本最低，平均资本成本曲线的形状，很大程度上说明企业资本结构的弹性。如果平均资本成本曲线弯度较大，则说明债务比率的变化对资本成本影响很大，资本结构的弹性较小，股利分配在资本结构弹性小的公司，比弹性大的公司要重要得多。

（5）股利分配的惯性

企业必须审慎考虑其在历年实施的股利分配政策的连贯性与稳定性。企业一旦决定对这些政策进行重大调整，就必须充分预估可能由此引发的一系列后果，包括对企业声誉、股票价格、负债能力以及信号传递等方面的影响。在财务运作中，为什么特别强调采用稳定的或稳定增长的股利战略？这主要是因为：股利分配是投资者获得有关企业经营运作、财务效益信息的一条重要渠道。稳定的股利是一种信号，它告诉人们该企业的经营活动是稳健的。相反，如果股利波动很大，人们会感到这家企业的经营风险的增加，这会导致投资者要求更高的必要投资回报率，进而引发企业股票价格的下跌。有些股东靠股利生活和消费，他们希望能定期有一笔固定的收入，如果股利经常波动，他们就不愿意买这样的股票，这就会使股票需求下降、价格下降。股利分配的这种特性也称股票黏性。所以，一般情况下，公司股利分配不宜经常改变。

5.3.4.3　拟定可行的股利分配备选方案

企业在综合考虑影响股利分配的影响因素后，能够构建多个切实可行的股利分配计划。随后，企业需根据自身战略目标，对这些计划进行详尽的分析和评价，选出与企业战略紧密相连的股利分配策略，并将其确立为未来策略周期的股利分配原则，以便实施。股利分配策略的突出特征在于，它依据企业全局战略的需要来决定股利的分配模式。因此，不同的企业战略常常需要不同的股利分配策略提供支持。企业战略对股利分配的影响主要显现在以下几个方面：

（1）股利分配方案应首先保障满足企业战略执行所必需的资金，并与企业战略预期的现金流状况相符。

（2）股利分配方案应有效传达管理层所期望的信息，并致力于创建和维护一个符合企业战略需求的优良环境。

（3）股利分配方案须适当平衡股东的短期利益（股利的支付）与长期利益（内部资金的增加）。

举例说明：对于发展阶段的企业，其股利分配战略通常采用较低现金股利和额外股利政策，并倾向于采用股票股利作为支付方式。这源于发展型企业战略的特征，即企业对资金的需求量较大，经营面临较大的不确定性，以及其投资者通常具有较高的风险承受能力。相比之下，稳定型战略所需的股利分配战略是选择稳定或逐步增长的现金股利政策，并在必要时辅以股票股利。这反映了稳定型企业战略的特征：企业对资金的需求相对较低，所处的外部环境更为稳定，且其投资者通常不具备较高的风险承受能力。

【本章小结】

本章小结具体见表 5-3。

表 5-3　本章小结

企业融资战略	含义	企业融资战略是企业重大融资方向的战略性规划。基于对企业内外环境及其发展趋势的分析，企业融资战略致力于对企业资金筹集的目标、结构、渠道和方式进行长期且系统化的规划，旨在保障企业战略的顺畅执行，并提升企业的长期竞争能力，同时不断增强融资效益。企业的战略性融资活动，如首次公开发行股票、增资发行股票、发行大额债券以及与银行构建长期合作关系等，均属于企业融资战略的重要组成部分
	考虑要素	（1）为什么融资 （2）从何处融资 （3）何时融资 （4）用什么方式融资 （5）筹集多少资金 （6）融资的成本为多少

表5-3(续)

企业投资战略	含义	企业投资战略是指对企业长期、重大投资方向的战略性筹划。根据企业的整体经营战略需求，为了维护并扩展生产经营规模，企业涉及到的投资活动需进行全局性谋划。企业在重大投资行业、投资对象以及具体投资项目的策划，均构成了投资战略的关键环节
	考虑要素	(1) 投资收益和投资风险的关系； (2) 企业战略的要求； (3) 产业前景； (4) 市场竞争的特点
企业股利分配战略	含义	企业股利分配战略是指企业利益相关者股利分配的长远性、全局性谋划。其关键问题包括确定股利战略目标、决策是否发放股利、设定股利发放量以及选择股利发放的具体时机
	考虑要素	(1) 法律因素； (2) 债务契约因素； (3) 公司自身因素； (4) 股东因素； (5) 行业因素

【本章内容在CPA考试中涉及的考点】

> **敲黑板：**
> 1. 长期筹资
> 2. 股利分配

【技能训练】

一、单选题

1. 某航空公司为开通一条国际航线，需增加两架空客飞机，为尽快形成航运能力，下列筹资方式中，该公司通常会优先考虑（　　）。

 A. 普通股筹资

 B. 债券筹资

 C. 优先股筹资

扫一扫，对答案

 D. 融资租赁筹资

2. 从公司理财的角度看，与长期借款筹资相比较，普通股筹资的优点是（　　）。

 A. 筹资速度快

 B. 筹资风险小

 C. 筹资成本小

D. 筹资弹性大

3. 股利无关论认为股利分配对企业市场价值不产生影响,下列关于股利无关论的假设,表述错误的是（　　）。

A. 投资决策不受股利分配的影响

B. 不存在股票筹资费用

C. 不存在资本增值

D. 不存在个人或公司所得税

4. 根据"一鸟在手"股利理论,企业的股利政策应采用（　　）。

A. 低股利支付率

B. 不分配股利

C. 用股票股利代替现金股利

D. 高股利支付率

二、多选题

1. 下列各项中属于债务筹资方式的有（　　）。

A. 商业信用

B. 融资租赁

C. 优先股

D. 普通股

2. 企业基于不同的考虑会采用不同的股利分配政策。采用剩余股利政策的企业更多地关注（　　）。

A. 盈余的稳定性

B. 公司的流动性

C. 投资机会

D. 资本成本

3. 在其他条件相同的情况下,下列关于企业股利政策的说法中,正确的有（　　）。

A. 成长中的企业倾向于采取高股利支付率政策

B. 盈余稳定的企业倾向于采取高股利支付率政策

C. 举债能力强的企业倾向于采取高股利支付率政策

D. 股东边际税率较高的企业倾向于采取高股利支付率政策

4. 下列关于股利分配政策的表述中,错误的有（　　）。

A. 处于衰退期的企业在制定收益分配政策时,应当优先考虑企业积累

B. 当金融市场利率走势下降时,企业一般不应采用高现金股利政策

C. 基于控制权的考虑,股东会倾向于较高的股利支付水平

D. 债权人不会影响企业的股利分配政策

【案例演练】株洲金城财务战略

1. 株洲金城基本情况

株洲金城投资控股集团有限公司（简称"株洲金城"）的前身是株洲市金城建设投资有限责任公司，成立于 2011 年 3 月 9 日，是负责投资和开发金山新城的大型国有控股公司。公司注册资本 10 亿元人民币，至 2021 年 12 月 31 日，公司资产总额 162.373 9 亿元，负债总额 108.913 2 亿元，净资产 53.460 7 亿元。

株洲金城投资控股集团有限公司是由株洲市国资委、荷塘区政府投资的国有公司，系独立法人机构，自主经营，自负盈亏。其中公司的投融资业务由常务副总经理分管，财务管理业务则由财务总监进行分管。公司目前主要从事株洲市荷塘区金山新城基础设施建设和土地整理开发业务，在区域经济发展中扮演着不可或缺的角色，在荷塘区的基础设施建设、配套产业以及土地开发整理等领域占据着核心地位。随着荷塘区的产业规模不断扩大、人民生活水平不断提高，其对于土地和公用事业的需求量也将持续稳定增长，发行人的业务量也将同步增加。

2. 株洲金城财务战略现状

株洲金城的主要业务为金山科技工业园片区内的基础设施建设和土地整理改造，其一般以区政府制订的园区年度计划为基础来制订公司计划。公司没有部门承担发展战略职能，也没有制定中长期发展目标和战略规划。公司目前主业为基础设施代建和土地前期开发。由于政府平台公司融资渠道进一步收窄，基础设施代建和土地前期开发所需大量资金将无法筹集，也无法归还公司现有到期融资，公司将面临巨大的融资和信用违约，存在战略风险。因此，公司一度没有制定中长期战略目标。株洲金城当前施行扩张型财务战略。为满足金山新城片区新增的城市基础设施建设项目需求，株洲金城以投资为先，立足于现有的主营业务，确保投资建设任务目标的完成，同时适度拓展新的业务领域；扩大融资规模、足额匹配投资项目资金；全额留存利润，不分配股利，确保优质高效地完成区政府和金山新城管委会下达的投资建设任务。接下来对公司现行的财务战略从三个层面做具体阐述。

① 融资战略现状

融资作为企业在财务管理活动中重要的一环，在日趋激烈的市场竞争中面临着巨大的挑战。随着公司主营业务市场份额的不断扩大以及新涉足的房屋销售业务逐步开展，加上前期获得融资金额到达偿还期限，公司资金需求量增大，需要增加负债规模以满足生产经营和业务发展的需要。然而，融资部门员工在执行投融资工作任务时，存在专业胜任能力不足的情况，融资目标任务没有纳入员工考核指标，没有针对融资工作设立奖惩机制，员工缺乏积极为公司拓展融资渠道、扩大融资规模、控制融资成本的内在驱动力。

从表 5-4 可以看出，株洲金城的负债规模较大。到 2021 年年末，总负债金额超过了 100 亿元，资产负债率也达到了 67.08%，但是这符合行业水平。在其负债成分中基本为长期负债，非流动负债较少，公司根据近年来地方政府投融资平台管控公司债务的政策变化，调整了融资渠道，其负债中主要为长期借款和应付债券，然后是短期借款、应付票据和一年内到期的非流动负债，公司较好地利用了财务杠杆。公司因经营需要，增加了短期银行贷款，部分长期借款和应付债券临近到期，造成了一方面短期偿债能力较弱，财务费用较高；另一方面长期偿债压力大，财务风险逐步凸显。

表5-4　株洲金城资本结构分析　　　　　　　　　　　　　单位：万元

项目	2019年	2020年	2021年
流动负债及其比重	242 611.67 20.36%	227 646.65 15.67%	318 266.52 19.60%
长期负债及其比重	447 201.63 37.54%	714 047.96 49.15%	770 866.02 47.47%
负债合计及其比重	689 813.31 57.90%	941 694.61 64.82%	1 089 132.55 67.08%
股东权益合计及其比重	501 506.60 42.10%	511 115.41 35.18%	534 607.27 32.92%
负债及股东权益合计	1 191 319.92	1 452 810.03	1 623 739.82

株洲金城2019—2021年度负债主要构成见图5-12。

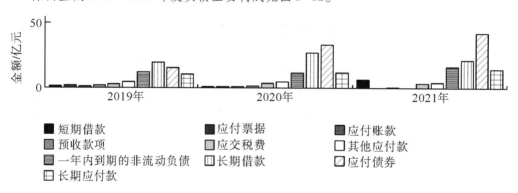

图5-12　株洲金城2019—2021年度负债主要构成

②投资战略现状

企业投资战略是将企业资源进行优化配置到预计市场前景更好、回报收益率更高的项目中，为实现企业整体价值最大化而制定的长期策略。当企业进入相对稳定的发展阶段时，无论是一体化的纵向投资还是多元化的横向投资，企业都需要对投资方向进行有效的决策，实现公司各种资源的有效配置，并降低公司的生产运营成本，以实现企业价值最大化的最优目标。从公司的主营业务来看，株洲金城目前主要的产品为基础设施建设业务、土地整理业务、房屋销售业务。其中，其基础设施建设业务占总营业收入的比重在50%以上，土地整理业务占总营业收入的比重在40%以上，公司近几年没有开发出新的高增长业务和产品。公司目前为了巩固市场地位，保持了基础设施建设、土地整理业务的绝对比重。

株洲金城主营业务收入情况见表5-5。

表 5-5　株洲金城主营业务收入情况　　　　　　　单位：亿元

年度	2019		2020		2021	
业务板块	营业收入	收入占比/%	营业收入	收入占比/%	营业收入	收入占比/%
基础设施	5.39	61.69	4.76	55.95	4.47	52.56
土地整理	3.1	35.46	3.46	40.7	3.68	43.34
房屋销售	0.25	2.84	0.29	3.35	0.35	4.1
合计	8.73	100	8.51	100	8.5	100

③股利分配战略

　　株洲金城的主营业务城市基础设施建设和土地整理相对较为稳定，没有明显的周期性特点，其营业收入变动金额和幅度相对较小，一直维持着荷塘区重要的城市基础设施建设主体及国有资产运营主体的核心地位；其营业成本逐年增长，其中销售费用和管理费用得到了有效地控制，呈逐年下降的趋势，但财务费用因公司债务规模的不断扩大而逐年上涨，且上涨金额和幅度较大，公司债务偿还压力在逐步增加，应当给予重点关注。株洲金城利润表关键指标见表 5-6。

表 5-6　株洲金城利润表关键指标　　　　　　　单位：万元

主要指标	2019 年	2020 年	2021 年	2020 年增长率/%	2021 年增长率/%
营业总收入	87 320.33	86 909.67	87 018.19	−0.47%	0.12%
营业总成本	86 609.93	88 847.32	98 559.33	2.58%	10.93%
销售费用	—	105.21	63.79	—	−39.36%
管理费用	3 745.39	2 868.02	2 991.16	−23.43%	4.29%
财务费用	7 209.21	9 405.08	13 277.07	30.46%	41.17%
净利润	11 313.80	9 608.81	10 339.47	−15.07%	7.60%

　　从株洲金城的薪酬体系来看，目前员工收入的组成主要是月工资和年度奖金。公司职工分为 1 至 5 级，全年底薪与绩效（季绩效与年绩效）的总和分别为：5 级 30 000 元；4 级 48 000 元；3 级 54 000 元；2 级 60 000 元；1 级 66 000 元。由于公司职工级别太多且级别之间差距不大，绩效考核的结果是员工工资级别，与公司当年实现的效益没有太多关联，这使得公司员工不太关注公司运营效益。株洲金城利润分配情况见表 5-7。

表 5-7　株洲金城利润分配情况　　　　　　　单位：万元

主要指标	2019 年	2020 年	2021 年	2020 年增长率/%	2021 年增长率/%
盈余公积	10 160.47	11 272.41	12 597.11	10.94	11.75
未分配利润	87 882.96	96 379.82	105 090.01	9.67	9.04

从行业发展角度来看，在深化改革的过程中，我们对城投的定义不断发生着变化。但造成城投债务高企、潜在风险不断的根本原因，还是在于地方政府与城投的权责关系不清。长期以来，城投公司担任地方政府的投融资平台工具，承担了巨大的城市基础设施建设支出责任，但并没有得到对应的收益与权益。这使得全国范围内的城投债务负担重成为普遍现象，下一步的改革必须解决这个问题。

【思考题】

扫一扫，对答案

1. 株洲金城财务战略存在哪些问题？

2. 如何制定株洲金城财务战略的调整方案？

6　企业并购的财务战略

【学习目标】

> 1. 掌握：企业并购的基本概念、关键步骤。
> 2. 理解：企业并购的财务风险战略及并购成本与控制战略。
> 3. 了解：并购目标企业的定价战略及企业并购后的财务整合战略。

【课程思政】

课程思政目标：

　　1. 培养学生的社会责任感与职业道德，引导学生在并购活动中注重公平、公正，维护社会公共利益。

　　2. 引导学生树立正确的价值观，强调并购活动应服务于企业战略和社会发展目标，而非短期利益。

融入点：

　　1. 社会责任感与职业道德培养：强调企业并购中的公平性和公正性，培养学生在并购活动中关注社会公共利益。

　　2. 价值观引导：在讨论并购战略时，强调并购活动应服务于长期企业战略和社会发展目标，而非短期利润，帮助学生树立正确的价值观。

【思维导图】

　　本章思维导图如图 6-1 所示。

企业并购的
财务战略
├─ 企业并购战略的概述
│ ├─ 企业并购战略的含义
│ ├─ 企业交购战略的理论基础
│ │ ├─ 协同效应理论
│ │ ├─ 交易费用理论
│ │ ├─ 代理成本理论
│ │ ├─ 战略调整理论
│ │ └─ 价值低估理论
│ ├─ 企业并购的动机
│ │ ├─ 企业发展动机
│ │ └─ 发挥协同效应
│ ├─ 企业交购的类型
│ │ ├─ 按照并购后双方法人地位的变化分类
│ │ ├─ 按照并购双方行业相关性分类
│ │ ├─ 按照被并购企业意愿分类
│ │ ├─ 按照并购方的身份分类
│ │ ├─ 按照并购策略与方式分类
│ │ └─ 按照并购资金来源分类
│ └─ 企业并购战略失败的可能成因
│   ├─ 决策不当
│   ├─ 并购后不能很好地进行企业整合
│   ├─ 支付过高的并购费用
│   └─ 跨国并购面临政治风险
├─ 企业并购定价战略
│ ├─ 企业并购价值评估
│ │ ├─ 评估并购企业价值
│ │ ├─ 评估被并购企业价值
│ │ ├─ 评估并购后整体企业价值
│ │ └─ 评估并购净收益
│ ├─ 企业并购价值评估的方法
│ │ ├─ 成本法
│ │ ├─ 收益法
│ │ └─ 市场法
│ └─ 企业并购定价策略
├─ 企业并购成本规划与控制战略
│ ├─ 并购成本的发现形式
│ │ ├─ 并购直接支出
│ │ ├─ 并购间接费用
│ │ ├─ 并购整合成本
│ │ ├─ 并购退出成本
│ │ └─ 并购机会成本
│ └─ 并购成本规划与控制的相关策略
│   ├─ 合理确定交购对价，严格控制直接支出
│   ├─ 有效调和各方关系，充分降低整合成本
│   └─ 合理编制并购预算，强化预算控制
└─ 企业并购后的财务整合战略
   ├─ 并购后财务整合的概念
   ├─ 并购后财务整合的特征
   │ ├─ 强制性
   │ ├─ 及时性
   │ ├─ 同一性
   │ └─ 创新性
   ├─ 并购后财务整合的必要性
   │ ├─ 财务整合是有效控制被并购企业的基本途径
   │ ├─ 财务整合可以充分发挥并购的财务协同效应
   │ └─ 财务整合可以为并购成功提供基础保障
   └─ 并购后财务整合的内容
      ├─ 财务管理目标的整合
      ├─ 财务制度体系的整合
      ├─ 财务权益的整合
      └─ 财务文化的整合

图 6-1　本章思维导图

【导入案例】阿里巴巴的并购之路

互联网行业作为"中国制造 2025"的重要组成部分,对推进我国经济新常态下的可持续增长发挥着至关重要的作用。随着互联网行业由高速增长逐渐进入成熟期,多元化战略成为互联网企业的选择,越来越多的企业通过并购,拓展其业务领域,寻求利润最大化。

阿里巴巴集团控股有限公司(以下简称"阿里巴巴")成立于 1999 年,其作为国内互联网行业的领军者,分别于 2014 年 9 月和 2019 年 11 月在美国和中国香港上市。至 2024 年 3 月,阿里巴巴全财年的网站交易总额突破一万亿美元。阿里巴巴创立的初衷是通过互联网提升中小企业的销售、管理和运营效率,并逐渐在全球互联网舞台上确立其竞争优势。

1. 对核心电子商务业务的并购

阿里巴巴的并购活动围绕其核心——电子商务板块进行,主要的目标企业分别来自电子商务平台、零售等多个电商相关领域。早在 2005—2011 年,阿里巴巴通过并购一拍网、聚划算、Vendio 和蜜儿,迅速占领 B2B 市场,并通过并购上海宝尊为天猫商城中的品牌旗舰店提供一体化服务,进一步完善了其电商平台。此外,阿里巴巴还并购了十荟团、友品购购、考拉海购和苏宁易购等知名电商平台,以拓展其业务版图。为了更好地提升用户的服务体验,特别是提升用户网络购物的时效性,阿里巴巴通过进军中通、申通、圆通和韵达等物流企业,打造了菜鸟网络,推动了产业链资源的有效整合。阿里巴巴通过并购饿了么等本地生活服务平台,实现了线上线下业务的战略协同,进一步扩大了市场份额。阿里巴巴通过搭建支付宝等第三方支付平台,为电子商务的顺利运行奠定了基础,极大地推动了资金流通和交易规模的扩大。

2. 对数字媒体及娱乐业务的并购

阿里巴巴在数字媒体及娱乐业务领域的并购包括以下几类:①从并购媒体类网站来看。2005 年,阿里巴巴通过收购雅虎中国,将其业务拓展至信息检索领域。②从并购社交媒体来看。阿里巴巴于 2012 年并购陌陌,随后分别在 2013 年和 2016 年向新浪微博投资,逐步确立了其在社交媒体领域的优势。③从传统媒体来看。2014 年,阿里巴巴并购《商业评论》。④从新媒体来看。阿里巴巴通过并购虎嗅网等网站,进一步巩固了其在新媒体领域的布局。⑤从影视类媒体来看。阿里巴巴通过收购优酷土豆,成功拓展了其在网络视频和影视传媒领域的市场。⑥从音乐媒体来看。阿里巴巴先后于 2012 年和 2013 年并购天天动听和虾米音乐,随后成立阿里音乐集团,进一步完善了其音乐媒体业务。

综上可见,阿里巴巴进行的一系列并购,显示了其独具一格的战略眼光和强大的并购能力,这也是其多元化战略的选择。多元化战略的核心是追求企业长期利润最大化,是互联网企业应对当前互联网行业的市场竞争环境而主动选择的发展战略。阿里巴巴凭借着准确的用户定位、多元化的业务规模与运营架构、成功的境外收购经验，使其收入实现了质变与跨越。但值得注意的是，尽管我国互联网多元化战略企业并购案例逐年增加，成功的例子屡见不鲜，但是失败率也仍然很高，一旦决策失误，就可能给企业带来严重的危害，因此应该理智对待企业并购战略决策。

6.1 企业并购战略概述

6.1.1 企业并购战略的含义

企业并购（merger and acquisition，M&A），是兼并与收购的简称，它是一项复杂的企业资本经营行为，包括企业兼并和企业收购两层含义。兼并（merger）指一家企业通过现金、证券等方式购买并获取其他企业的产权，导致这些企业失去法人资格或法人实体变更，并最终控制这些企业。收购（acquisition）则指一家企业购买另一家企业（目标企业）的部分或全部资产或股权。根据西方公司法，企业兼并可分为吸收兼并和新设兼并两种形式。吸收兼并类似于《中华人民共和国公司法》中的吸收合并，即一家企业彻底并入另一家企业，不设立新企业，仅仅是取消被并企业的法人资格。新设兼并则指通过合并成立一个新的法人实体，即两个或更多企业合并后设立一个全新的企业，原合并各方随之解散。而企业收购强调的是买方企业对卖方企业的收购操作，根据收购的对象，可细分为资产收购和股权收购两种类型。

在法律形式上，兼并与收购的核心区别在于兼并使两个或多个法人合并为单一法人实体，而收购则通常不改变法人实体的总数，除非通过收购资产或股份使被收购公司消失，实际上转变为兼并。通常，收购仅涉及对被收购企业的产权或管理权的转移，并不必然导致法人地位的消失。因此，兼并可被视为解决企业问题、终止其业务的一种有效手段，它既是市场经济高度发展的结果，也是市场竞争中自然淘汰的必然现象。兼并与收购在市场和经济发展中具有类似的经济效应，它们都能改变市场力量、市场份额和竞争格局，从而对经济产生相似的影响。这一现象源于无论是兼并还是收购，企业的产权和管理权最终均会集中于同一法人。基于这个原因，国际上通常把企业兼并和企业收购统称为企业并购。

纵观世界经济的发展，经济工业化的过程实际上是企业之间一次又一次兼并、收购的过程。从19世纪标准石油公司、通用电气、福特汽车和杜邦化学等企业的崛起，到20世纪的微软和思科的迅速发展，再到21世纪初，如花旗银行集团和时代华纳这样的超大型企业的诞生，均与并购紧密相关。实际上，没有任何一个大型企业是单靠自身增长成为全球巨头的，这在经济学中几乎是难以想象的。至今，全球已经经历了四次并购浪潮，每一次的规模和影响力都在显著增加，目前正在兴起的第五次并购浪潮更显盛大。种种迹象表明，收购、兼并和重组已日益成为推动经济发展与结构调整的核心力量。正因如此，并购已经被公认为是企业实现财务战略目标的重要手段，在很多情况下，并购已经成了企业财务战略的重要组成部分。

企业并购战略指交易双方基于各自的核心竞争优势，出于公司战略发展的需求，旨在通过合理配置资源，适度增强企业的核心竞争力，从而产生协同效应并实现价值增长的活动。在很多西方国家，大型企业的成长其实是由一系列战略性的并购行为所驱动的。为了掌控市场，企业需要制定并购策略；为了获取技术，企业也需要制定相应的策略；为了实现转型，企业同样需要并购策略的介入；而想踏入新的业务和市场，企业通常也可以从并购着手。尽管并购战略非常流行，已成为企业增长的有效手段，并有可能使企业获得战略竞争力，但必须强调的是，实施并购战略并不总能创造价值。

6.1.2　企业并购战略的理论基础

6.1.2.1　协同效应理论

　　协同效应是指双方企业通过并购交易完成的资源的整合，所形成优势互补，以达到"1+1>2"的效果。协同效应理论认为，两个企业合并后的总价值应当大于它们各自独立运作时的价值。这一协同效应的达成可以通过并购来实现，成功的并购使得企业的成本下降、收入增长、资源得到有效整合。

6.1.2.2　交易费用理论

　　交易费用理论是由英国经济学家罗纳德·科斯于1937年率先提出。该理论认为，企业和市场是两种可以相互替代的资源配置机制，由于机会主义、不确定性等因素的存在，使得交易成本高昂。并购的发生是并购当事方在考虑了交易费用带来的效率和成本问题后的直接结果，并购的目的是通过将原先企业间的市场交易行为转换成企业内部各组成部分之间的调拨与划转，以达到降低交易费用的效果。

6.1.2.3　代理成本理论

　　企业并购中的代理成本理论是公司治理理论的重要组成部分，该理论强调在企业的运营中，由于所有者与管理者之间的利益冲突所引发的各类成本。代理成本理论认为，在现代企业中，所有权与经营权的分离导致了代理问题的产生，即股东（委托人）与管理层（代理人）之间的利益的不一致性。这种不一致性主要表现为管理层可能会做出不利于股东利益的决策，以实现自身利益最大化。这一问题在企业的并购活动中尤为明显。在企业的并购决策中，管理者可能会一味追求规模扩张以提升个人声望和薪酬待遇，而不考虑并购是否能真正增值股东财富。即并购更多地体现管理者的利益需求，而非股东的长期利益。这一代理动机可能导致并购决策失误，增加企业的代理成本。

　　代理成本问题是企业内在的治理困境，可以通过组织结构和市场机制的调整得以控制。企业可以尝试诸如决策权重新安排、管理者报酬制度设计等措施来缓解代理问题。与此同时，外部并购行为也是解决代理问题的一个方式。外部并购能够引入新的管理者，战胜现有的管理层和董事会，进而取得对目标企业的决策控制权，甚至接管那些代理问题严重的企业。换言之，代理问题严重的企业更容易成为被并购的对象。

从某种层面上讲，被并购企业的代理问题推动了企业间的并购活动。这也揭示了代理成本理论在企业并购行为中的重要性。

6.1.2.4 战略调整理论

企业并购中的战略调整理论认为，企业在面对外部环境变化、市场竞争加剧或内部资源配置不合理等挑战时，可以通过并购活动迅速获取新的资源，进入新的市场，在战略目标上实现调整和优化。

6.1.2.5 价值低估理论

价值低估理论指出，并购活动的产生是因为并购方意识到目标企业的市场价值被低估，进而通过并购活动获取被低估的资产和资源，从而实现自身价值的增长。该理论基于市场效率不完全的假设，认为市场对企业真实价值的认知存在偏差，导致部分企业的市场价格低于其内在价值。导致企业价值被低估的原因如下：

（1）信息不对称：信息不对称是导致企业价值被低估的主要原因之一。外部投资者可能无法完全获取或准确评估企业内部的信息，如财务状况、未来发展计划、技术创新能力等。信息不对称使得市场对企业的真实价值缺乏全面了解，从而导致企业在市场上的估值低于其内在价值。

（2）市场认知偏差：市场上的参与者，特别是一些机构投资者可能出于业绩压力等因素往往只关注投资企业的短期经营成果，而忽视企业的长期投资价值，这就导致一些有潜力的企业被低估。

（3）企业自身因素：部分企业管理不善，信息方面披露不够及时透明，导致自身价值被低估。

6.1.3 企业并购的动机

6.1.3.1 企业发展动机

（1）并购可以迅速实现规模扩张

通过并购活动，企业有能力突破内部投资模式下的项目建设周期、资源获取和分配等因素限制，从而在非常短的时间内实现规模扩张和快速发展。

（2）并购可避开壁垒，迅速进入行业，争取市场机会

当企业涉足新的行业时可能会碰到多种障碍，这些障碍涵盖了资金、技术等多个方面。如果企业通过并购的方式控制某一行业内的已有企业，那么就可以绕开这些障碍，快速进入这个行业，并在新的市场领域迅速建立自己的据点，捕捉到市场的机会。

（3）并购可主动应对外部环境变化

企业面对的市场环境是不断变化的，通过并购，企业可以迅速增加市场份额，有效应对外部环境的波动。

（4）并购增强市场控制力

通过并购，企业能迅速吸纳竞争对手的客户群，提高市场占有率，从而在市场竞

争中获得更有优势的地位。此外，市场竞争者的减少有助于提升企业的谈判力，使之能以更低的成本采购原材料，并以更优的价格销售产品，进而提升盈利能力。

（5）并购降低经营风险

企业通过并购扩展业务范围，实施多元化战略，可分散投资组合风险，最终提高整体收益。

（6）并购可获得被低估的价值企业

在制定企业并购策略时，如果企业认为并购后的管理效果优于原管理团队，那么它们可以选择收购那些被市场低估的企业，通过优化管理和运营后，再将其转售。这样一来，企业能够在较短时间内获得可观的利润。

6.1.3.2 发挥协同效应

（1）经营协同

经营协同是指并购活动对企业在生产及运营效率方面的积极影响，以及因效率提升而带来的经济收益。其主要体现在以下几个方面：

第一，规模经济。规模经济体现在生产规模扩大时，单位产品的固定成本下降，从而提升整体收益率。此效应在横向并购中尤为显著，即两家生产或销售类似产品的企业合并可能在供应链的任何环节（供应、生产、销售）及任何方面（人力、财务、物流）实现规模经济。

第二，实现纵向一体化。纵向一体化主要适用于纵向并购，这种并购常见于生产与运营环节紧密相关的企业之间。纵向一体化能够减少产品流通的中间环节，从而节省交易成本。

第三，获取市场力或垄断权。通常来说，获得市场力量或垄断地位与横向并购活动密切相关。这类并购可以使收购后企业的市场份额增加、销售规模扩大，从而增强其市场竞争力和获利能力。但是，这种以追求垄断地位为目标的并购行为，常常会对社会公众产生负面影响，甚至导致社会的整体经济效益下降。因此在有的国家和地区这种以垄断为目的的并购会受到严格限制。在全球范围内，横向并购一直是反垄断法的主要监管焦点。

第四，资源互补。通过并购活动，企业可以达到资源相互补充和资源配置优化的目的。举例来说，一家企业在研发领域拥有强大的实力，但在市场推广策略上稍显不足；而另一家企业在市场推广策略上表现卓越，但其研发实力稍显不足。如果将这两家企业进行合并，前者可以利用后者在市场推广和品牌建设方面的优势，快速提升产品的市场占有率和品牌知名度；同时，后者也能够借助前者的研发实力，丰富产品线、提升技术壁垒，增强企业在市场上的竞争力。这样的资源互补不仅能够降低各自的短板风险，还能通过整合后的协同效应，提高企业的整体运营效率，实现"1+1>2"的效果，从而在激烈的市场竞争中占据更加有利的位置。

（2）管理协同

管理协同指的是并购活动通过提升管理过程的效率而带来的效益。这主要体现在以下几个方面：

第一，降低了管理费用。通过并购的方式，多个企业被整合到一个统一的管理体系中，这使得企业的整体管理成本能够分配到更多的产品上，从而明显减少了每单位产品的管理开销。

第二，提升企业运营效率。根据差异效率理论，假设 A 企业的管理效率高于 B 企业，那么通过并购，A 企业能助力 B 企业将其效率提升至 A 企业的水平。这样一来，便实现了整体经济效益的增长。

第三，充分利用过剩的管理资源。在并购企业拥有额外的高效管理资源的情况下，可以通过对那些管理不当但资产状况良好的企业进行并购，以实现资源的最优配置。并购完成后，企业的绩效得到了提升，双方的工作效率都有所提高。

（3）财务协同

财务协同指的是并购为企业在财务领域带来的益处。其主要体现在以下几个方面：

第一，并购完成后，企业规模增大，资金来源变得更加多样。被并购企业得以利用并购方的闲置资金，并将其投资于收益率较高的项目。这种优质的投资回报进一步为企业创造了更多的资金收益，促进了良性的财务循环。此外，不同行业投资回报的时间差异也有助于均衡内部资金的流动，优化资金在时间上的分配。

第二，混合并购使企业涉足更广泛的行业领域，增加了经营的多样性，为企业提供了更广泛的投资选择。企业可从中筛选最具益处的项目。此外，企业内部逐渐形成了一个微型资本市场，资金供应功能实现了内部化，优化了资金流向，确保了资金被投向回报率更高的项目，进而提高了投资回报率和资金利用效率。

第三，如果被并购企业存在尚未抵扣的亏损，而并购企业有一定的利润，则并购企业可以利用该亏损来抵减未来的应纳税所得额，进而获得税收上的优势。

6.1.4 企业并购的类型

企业并购受行为动机、并购效应和法律监管等方面的影响，并且在具体实施中，其所采用的手段和形式也不完全相同，正因如此，并购可按照不同标准进行多种分类。

6.1.4.1 按照并购后双方法人地位的变化分类

企业并购按照双方法人地位的变更，可分为控股合并、吸收合并和新设合并三种形式。

（1）控股合并：在这种模式下，双方企业并购完成后仍然存在，但并购方获得被并购企业的控股权。

（2）吸收合并：在这种模式下，被并购企业被解散，只有并购企业继续存在。

（3）新设合并：在这种模式下，双方企业都被解散，双方共同创建一家新的具有法人资格的企业。

6.1.4.2 按照并购双方行业相关性分类

企业并购按照双方所属行业的相关性，可以分为横向并购、纵向并购和混合并购。

（1）横向并购

横向并购（horizontal M&A）指的是在同一行业中，生产或经营相同（或相似）产品，或具有相近生产工艺的企业之间的并购。横向并购的并购方与被并购方处于同一产业，实质上是竞争对手之间的并购。例如，一家外资饮料企业，收购了一家中国饮料企业，这属于横向并购的案例。

横向并购的优势包括快速扩张生产经营规模，节省共同成本；在更大范围内实施专业化分工和协作，统一技术规范，加强技术管理并促进技术革新；此外，还能统一产品销售和原材料采购，实现产销的规模经济效益。然而，横向并购的劣势在于其可能减少市场竞争对手，破坏竞争秩序，甚至形成垄断，对社会福利造成负面影响。因此，横向并购通常面临严格的监管和限制。

（2）纵向并购

纵向并购（vertical M&A）涉及经营紧密相关但处于不同生产、销售阶段的企业。这种并购通常发生在原材料供应商和产品购买者之间，双方对彼此的生产经营状况较为了解，有利于并购后的有效整合。具体到产品流动方向，纵向并购可分为前向并购和后向并购。前向并购如石化企业收购石油制品销售商，或原材料生产企业并购加工企业、销售商或最终客户等。后向并购则指沿着产品流动的反方向进行的并购，即与其供应商的并购，如钢铁企业并购原材料供应商铁矿企业，或汽车制造商并购出租车企业，这些都是典型的纵向并购案例。

纵向并购的优点有能够加强生产经营各环节的协调，促进协同生产，优化生产流程，缩短生产周期，减少运输与仓储成本，并降低能源消耗。然而，其缺点是企业发展较易受到市场变动的影响，从而引发重复建设的问题。

（3）混合并购

混合并购（conglomerate M&A）指的是那些既不是竞争对手，也不是现实或潜在的客户或供应商之间的并购，这类并购既不属于横向并购也不属于纵向并购，而是一种独特的并购形式。在具体操作中，混合并购主要有三种类型：首先是产品扩张型，即并购发生在相关产品市场的企业之间；其次是市场扩张型，此类并购旨在扩大市场覆盖范围，涉及在新区域生产类似产品的企业；最后是其他兼并型，这种并购涉及生产和经营完全无关的企业。因此，混合并购的目的在于实施多元化战略，以降低单一行业运营的特有风险，并使企业能够迅速进入更具增长潜力的行业。

混合并购的优点在于：其一，混合并购的主并购方与目标企业无直接业务关系，因此其并购目的不易被人察觉，收购成本通常较横向并购或纵向并购更低；其二，混合并购双方业务关联性不大，因此并购通常会使得主并购方生产经营更加多元化；其三，混合并购动机隐蔽且较为复杂，因此它通常能有效避开反垄断法的控制。混合并购的劣势则在于其可能使企业的发展面临资源不足的约束，同时由于企业间资源关联性较低，其管理成本可能大幅上升。

6.1.4.3 按照被并购企业意愿分类

企业并购按照是否得到被并购企业的同意，可分为善意并购和敌意并购。

（1）善意并购

善意并购（friendly M&A）是指收购方与目标企业进行友好协商，并达成共识，共同推动并购流程。这一过程往往较为和谐，且伴随着目标企业内部管理层及董事会的赞同与协助，有利于维护企业形象及员工队伍的稳定，同时减少员工的抵触情绪和不安全感。通常情况下，在善意并购中，收购方首先确定目标企业，并主动同其管理层接触，讨论并购相关事宜。双方经过全面协商且签订并购协议后，便按照规定程序推进，以完成并购流程。然而，在某些情况下，也会出现被并购方主动请求并购方接管其企业的情况。

善意并购的好处包括：有助于减少并购过程中的风险和成本，确保并购的双方可以深入地交流和分享信息，而被并购的企业则可以主动地为并购企业提供所需的信息。此外，通过善意的并购行为，可以避免因被并购企业的拒绝而产生的额外开销。因此，在我国当前经济环境下，善意并购可以作为一种较为有效的并购方式来进行。然而，善意并购也存在一定局限性，即并购方可能需要牺牲部分利润以获得与被并购企业的合作机会。此外，长期的协商和谈判过程可能会削弱并购的部分价值。

（2）敌意并购

敌意并购（hostile M&A），亦称恶意并购，指的是在友好谈判遭拒后，收购方不顾目标企业的意愿，采用强制手段进行的强行收购。在这种模式下，主并购方可能会选择不直接与目标企业接触，而是通过股票市场购买其股份来实现控制权的转移。

敌意并购具有显著的优势，即主并购方能够保持完全的主动权，无需在多方利益中进行复杂的权衡。同时，这种并购方式运作起来较为迅速，可以有效控制并购的成本。然而，敌意并购的缺陷也较为明显，在这种并购方式下主并企业通常难以获得目标企业的详细运营和财务信息，这对企业估值构成挑战。同时，目标企业可能会实施抵制策略，甚至设置障碍，增加并购的难度。鉴于敌意并购的高风险性，并购方需要制订周密的行动计划，并确保操作的高度保密性和迅速性。此外，敌意并购可能会导致股市波动，并影响企业正常运营，因此，各国政府通常对这类并购行为加以限制。

6.1.4.4　按照并购方的身份分类

企业并购按照并购方的身份，可以分为产业资本并购和金融资本并购。

（1）产业资本并购

此类并购主要由非金融企业实施，其中非金融企业作为并购主体，通过特定程序和渠道，获得目标企业的全部或部分资产所有权。其具体方式包括通过证券市场购买目标企业的股权证券，或直接对目标企业进行投资，从而分享其产业利润。在产业资本并购中，双方常常展现出强烈的竞争和利益争夺，谈判过程往往漫长且条件苛刻。

（2）金融资本并购

此类并购通常由投资银行或其他非银行金融机构（如金融投资公司、私募基金、风险投资基金等）执行。金融资本并购分为两种形式：一种是金融资本直接与目标企业进行谈判，按照特定条件购买其所有权，或在目标企业增发股份时购入股权；另一种是金融资本通过证券市场购买目标企业的股票以实现控股。不同于产业资本，金融资本具有寄生性特征，不依赖先进技术或直接管理被并购企业。金融资本的主要目标是通过买卖企业所有权实现投资回报，因此具有较高的风险性。

6.1.4.5　按照并购策略与方式分类

并购作为一种具有战略意义的资本运作行为，需要双方进行策略性行动，特别是对主并购方而言，其策略和方式不仅直接影响并购的效率和成本，而且还会影响到并购的结果。正因如此，从并购策略与方式考察并购行为无疑具有重要意义。企业并购按照并购策略与方式，可以分为如下三对。

（1）直接并购与间接并购

按照并购行为是否以证券市场作为媒介，并购可以分为直接并购与间接并购。直接并购即收购方直接向目标企业提出获取其所有权的要求。在此过程中，双方将会就各项收购条件进行协商，以便根据既定的协议条款实现目标企业所有权的转移。在此过程中，收购方提出的所有权要求可能涵盖部分或全部资产。在部分所有权的情况下，目标企业可能同意收购方通过认购增发的新股来实现这一目标；在完全所有权的情况下，双方可基于共同利益确定所有权转让的条件和方式。间接并购则是指收购方不直接向目标企业提出购买要求，而是通过在证券市场上以高于市场的价格购买大量目标企业股票，或在股价下跌时积极购入股份，从而实现对目标企业的控制。间接并购通常违背目标企业的意愿，因此经常引发目标企业的强烈反抗。目标企业实施的反兼并策略与手段是影响间接并购结果的关键性因素。

（2）公开并购与非公开并购

公开并购指主并购方公开向目标企业股东提出以特定价格收购其一定比例（或数量）股份的行为。非公开并购则指不构成公开收购要约的所有并购活动，通常在非公开市场中执行，涉及收购目标企业的股份。通常，公开并购用于主并购方获取或加强对目标企业的控制权，这种收购不通过证券市场，而是直接以公开方式确定股票的特定收购价格。通过这种方式，主并购方实现对目标企业的经营控制权。公开并购作为一种常见的企业并购策略，是美国证券交易相关制度及反垄断法的核心规范对象。在公开并购中，收购方与目标企业股东直接进行交易，股东根据个人判断决定是否出售其股份，这一决策大多依据公开收购的报价。换言之，收购者是否能成功收购股权，主要取决于提出的公开收购价格高低，而目标企业管理层是否接受公开收购要约的条件，也是决定公开收购成功与否的关键因素。非公开并购则是指主并购方私下与目标企业或其股东进行股份交易的行为。

（3）场内并购与场外并购

根据并购发生的市场类型，并购可分为场内并购和场外并购两种。场内并购即收购方在二级市场购买上市公司的流通股份，成为该公司的大股东或控股股东。场外并购则是指收购方在二级市场之外，与上市公司的法人股东或国家股东进行协商谈判，按照约定的价格购买上市公司的法人股份或国家股份，以实现参与或控制公司的目的。

一般来说，当被收购的上市公司的股本全部或绝大部分为流通股时，收购方往往采取场内并购的方式。

场内并购的优点在于：第一，全流通股的公司其股东比较分散，中小股东较多，采用场内并购方式可以迅速提高持股比例，直至获得其控股权；第二，收购流通股不受国家有关政策的限制，收购方只要按照有关规定，在收购时及时公告或发出收购要约，就可以进行收购；第三，由于收购的是可流通股份，收购方在持有六个月后就有权在二级市场上抛出，这使得收购方可以视市场情况作出增持或减持股份的选择，因而灵活性较高。同比之下，对非流通股（如法人股和国家股）比重较大的上市公司实施收购时，采用场外并购方式是比较合适的。其原因在于：第一，这类上市公司的股东及股权比较集中，收购方只要和几家甚至一家大股东谈判成功，就有可能获得其控股权（甚至绝对控股权）；第二，由于谈判对象少且法人股、国家股不能流通，协议转让价可以压得比较低，从而降低收购方的收购成本；第三，场外协商比较容易保密，可避免过早暴露收购动向造成二级市场股价的显著波动，这有利于收购行动的顺利进行。

6.1.4.6　按照并购资金来源分类

按照并购资金的来源，并购分为杠杆并购和非杠杆并购两种方式。不论选择哪一种方式，收购方均需筹措相应的资金以取得目标企业的部分或全部股权。通常情况下，如果70%以上的收购资金来自外部债务，如银行贷款或金融市场借贷，则此种情形下的并购称为杠杆并购。相比之下，主要依赖自有资金进行的并购被定义为非杠杆并购。

杠杆并购一般由专业从事企业并购的经纪公司代理执行。这些公司将派遣经验丰富的专家进行市场分析，寻找那些虽然目前经营状况不佳但具备成长潜力的企业。在确定目标后，收购企业会以自己的名义从外部筹资，并通过股市或对股东发起要约购买目标企业的股份，以此获得目标企业的经营控制权。

杠杆并购的一个显著特性是收购方只需投入少量的自有资本（占收购资本总额的10%~30%）就能完成收购。这就意味着收购方通常可以从金融机构获得贷款，并通过发行债券筹集资金来弥补收购过程中所必需的资金缺口。即采用财务杠杆原理进行并购，因此被命名为杠杆并购。杠杆并购对目标企业的选择有严格要求。目标企业需具有较为稳定的现金流，以确保能够顺利偿还并购过程中产生的债务。杠杆并购这一并购方式通常大量依赖债务融资，未来目标企业现金流的不确定性可能会增加并购的风险。因此，现金流的稳定性是杠杆并购决策中的重要考虑因素。

6.1.5　企业并购战略失败的可能成因

企业并购的失败率是很高的，在企业并购战略的实践中，许多企业并没有达到预期的目标，甚至以失败告终。造成并购战略失败的主要原因有以下几种：

6.1.5.1　决策不当

在正式实施并购战略之前，有些企业可能没有深入了解收购目标企业的成本，或是过高地估计了被并购企业所在行业的吸引度和企业自身的管理能力，从而过于乐观地预判了并购可能产生的经济回报，这可能会使并购战略遭遇失败。

6.1.5.2　并购后不能很好地进行企业整合

企业尝试通过并购行为进入新的商业领域，仅仅完成了并购活动的一半，而并购后的整合效果好坏将直接影响并购的成功与否。整合质量的高低将直接影响企业是否能在并购后实现协同效应，包括是否能获得财务上的收益以及管理上与经营上的协同。通常而言，企业在完成并购活动之后，需要在战略规划、组织结构、管理制度、业务操作以及企业文化等多个方面进行全面整合。其中，企业文化整合是并购中最重要的一环。在众多整合工作中，企业文化的整合无疑是最根本的，同时也是最具挑战性的。如果企业文化整合得不到位，企业员工对企业文化没有认同感，那么势必将加大对并购企业的管理难度。

6.1.5.3　支付过高的并购费用

不论是否通过股票市场，价值评估都是并购战略中卖方与买方较量的焦点。若未对目标企业进行准确的价值评估，并购方可能会面临支付过高并购费用的风险。在通过股票收购上市公司的情形下，目标企业可能会提高股价，特别是在其拒绝被收购的情况下，目标企业会设置障碍，提高收购成本。另外，企业在采用竞标方式进行并购时，往往也要支付高于标的价格的费用才能成功。这类高成本并购可能加重企业的财务压力，使企业自并购之初便面临效益挑战。

6.1.5.4　跨国并购面临政治风险

在跨国并购中，规避政治风险成为企业国际化战略中的核心考量。跨国企业在东道国面临的政治风险问题历史悠久，近年来，我国的跨国企业在东道国遭遇的政治风险逐渐增多。因此，在进行跨国并购时，企业应采取以下措施防范东道国的政治风险：第一，加强对东道国政治风险的评估力度，并持续完善动态监控及预警机制；第二，实施灵活多样的国际投资战略，为风险管理打造坚实基础。

6.2　企业并购定价战略

6.2.1　企业并购价值评估

对并购活动而言，对并购企业进行价值评估是实施并购的前提，对整个并购战略的实施具有关键作用。如果企业在并购过程中不能对自身价值进行准确评估，那么就难以衡量不同并购策略带来的价值，进而无法作出恰当的并购决策。这就要求主并企业要对自身的财务状况、经营情况等多种要素有较充分的了解，并在此基础上做出正确的价值评估。

6.2.1.1　评估并购企业价值

评估并购企业的价值是实施并购策略的重要基石，对整个并购过程的战略定位具有至关重要的作用。若并购企业未对其价值进行准确评估，则难以正确判断各种并购策略的价值贡献，也就无法选定最合适的并购策略。

6.2.1.2 评估被并购企业价值

评估目标企业（被并购企业）的价值在并购策略中占据关键地位，它主要用于确定并购支付价格。通常情况下，目标企业不会接受低于其价值的报价。因此，进行并购的企业需要支付相当于目标企业价值加上一定溢价的金额，而具体的溢价大小则应依据实际情况进行分析后确定。

6.2.1.3 评估并购后整体企业价值

评估并购后整体企业的价值是一项关键性工作。并购完成后，合并后的企业总价值应超出两者作为独立单位时的总和，此增值体现了协同效应的贡献。通过全面的协同效应评估，可以更准确地预测并购后企业的运营及盈利状况，进而精确计算出并购后整体企业的价值。从并购前的企业总值中减去并购后的企业价值，便可得到由并购产生的协同效应的具体价值。

实现协同效应是企业推行并购的核心动机，而仅当协同效应为正时，并购才显得必要。协同效应的幅度大小是衡量并购成功与否的决定性因素。多数企业并购失败就是因为企业对协同效应的评估不足或过于乐观，结果支付了过高的溢价，导致并购无法取得预期效果。在确定支付价格时，企业应以协同效应为溢价的上限；如果溢价超过此范围，则应考虑放弃目标企业的并购。

6.2.1.4 评估并购净收益

在评估并购净收益时，预期的协同效应不仅覆盖了相关费用，还能为目标企业的股东提供额外的并购溢价。这种协同效应的实现对并购企业来说，是获得正向并购净收益（R）的关键。并购净收益的计算公式为：

$$R = V_T - (V_A + V_B) - S - F$$

式中：V_T 代表并购后整体企业的价值；V_A 代表并购前并购企业的价值；V_B 代表并购前被并购企业的价值；S 为向被并购企业股东支付的溢价；F 为并购过程中产生的总费用。并购费用涵盖了整个并购流程中的所有支出，包括寻找目标企业、制定策略、进行谈判、编制合同文件、资产评估、法律审查、公证等中介服务费用，以及发行股票时的申请费、承销费和相关税费等。

6.2.2 企业并购价值评估的方法

在企业并购定价战略的实务中，用于企业并购价值评估的方法主要有三种。

6.2.2.1 成本法

成本法，亦称资产基础法，即通过对被评估企业各类资产及负债进行合理估算，确定其价值。此法要求考量各种损耗，包括有形损耗、功能性损耗、经济性损耗等。其核心在于选定恰当的资产价值评估标准，主要包括账面价值法、重置成本法和清算价格法。

（1）账面价值法

账面价值法依托会计的历史成本原则，以企业的账面净资产作为评估被评估企业价值的基准。该方法的优势在于其客观性与便捷性，因为它符合通用会计原则；然而，该方法的局限性在于其静态的评估特性未能反映资产的当前市场价值及其潜在收益。在实际应用中，账面价值与市场价值的差异主要受到三个因素的影响：首先，通货膨胀使得资产的实际价值与其历史成本出现偏差；其次，技术的快速进步可能使某些资产在使用寿命尚未结束时便已经过时；最后，由于组织资本的影响，整体资产组合的价值可能超过单个资产总和的价值。综上所述，这种方法更适合那些并购流程较为简单、账面和市场价值偏差较小的非上市企业。

（2）重置成本法

重置成本法以企业各单项资产的当前重置成本为基础，来确定被评估企业的价值。该方法与账面价值法相似，均基于企业资产评估，但区别在于其不是采用过去购置资产的成本，而是按当前市场价格重新购买相同资产或重建同样企业所需的资金来进行估值。在实施重置成本法时，通常需要对资产账面价值进行适当调整。其具体调整方法有两种：一是采用价格指数法，即用特定价格指数将资产原购置年份的价值转换为当前价值，但这种方法不能反映技术降值等因素对某些关键资产价值的影响；二是逐项调整法，即根据通货膨胀和技术降值对资产价值的影响程度，对每项资产的账面价值进行个别调整，从而确定各资产的当前重置成本。

该方法下并购企业价值的测算公式为：

并购价值=被并购企业的净资产账面价值×（1+调整系数）×拟收购的股份比例

或：并购价值=被并购企业的每股净资产×（1+调整系数）×拟收购的股份数量

其中，调整系数根据目标企业所在行业的特点、成长性、获利能力、并购双方讨价还价能力等因素确定。在实际并购中，受会计自身局限性和资产市场易变性的影响，财务报表所反映的企业净值与企业的实际市场价值通常不具有一致性，因此，重置成本法对资产价值相对比较确定的企业较为适用，而对于那些资产价值变化较大或无形资产较多的企业不太适用。

（3）清算价格法

清算价格法是评估企业价值的方法，通过计算企业的净清算价值来实现。该方法通过出售企业的所有部门和固定资产，并扣除应付债务，来估算企业的清算净收益。估算基于企业不动产（包括工厂、设备和各类自然资源或储备等）的价值。

该方法通常适用于那些已经失去增值能力的企业，其估算结果反映的是企业的可变现价格，主要用于评估陷入困境的企业的价值。

6.2.2.2 收益法

收益法通过资本化或折现被评估企业的预期收益来确定其价值。该方法采用现值计算技术，即根据企业未来收益的现值来评估其资产价值。其所采用的折现率反映了相应风险的投资回报率。收益法是一种成熟且被广泛应用的估值技术。

在收益法中，主要采用现金流量折现法。企业价值计算公式为：

$$V = V_0 + V_L$$

式中：V_0 为明确的预测期间的现金流量现值；V_L 为明确的预测期之后的现金流量现值，又称企业连续价值。

该方法的操作流程涵盖以下几个步骤：首先，运用拉巴波特模型（Rappaport Model）预测企业未来的自由现金流；其次，利用资本资产定价模型（CAPM）估算预期的股本成本和其他长期资本成本；再次，计算新资本结构下的加权平均资本成本；最后，计算出的现金流现值便是被评估企业的价值。现金流量折现法是所有估值方法中最为灵活的，它假设企业的价值取决于所有期望的未来自由现金流量的贴现值。现金流量折现法的重点在于对未来假设的合理性，通过设置多种假设，可以检验估值结果对不同假设的敏感性。

该模型利用现金流量折现法来确定并购的最高可接受价格。这一过程包括估算并购预期带来的增量现金流及其贴现率，即市场对企业新投资所要求的最低可接受报酬率。现金流量折现法的理论依据是任何资产的价值均等同于其未来所有现金流的现值总和。因此，该方法的运用基于能够较为精准地预测被评估资产未来现金流及相关期间贴现率的能力，这意味着只有具备此类特性的企业或其他资产才适用于此评估方法。需要指出的是，有7类企业不宜使用现金流量折现法进行价值评估，或在应用此方法时需要做出相应调整。这7类企业包括财务困境企业、收益周期性企业、拥有未利用资产的企业、具有专利或产品选择权的企业、正在重组的企业、涉及并购的企业、非上市企业。前六类企业的现金流预估较为复杂，而非上市企业的风险较难评估，这使得其资本成本或贴现率难以准确确定。

6.2.2.3 市场法

市场法通过选择与目标企业在规模、主要产品、经营历程、市场环境及发展趋势等方面相似的若干上市企业，构建一个样本企业群体。该方法依据样本企业群体中的企业股权市场价值与其他相关指标的比率及平均值，同时参考目标企业的相应指标，来推算目标企业的股东权益市场价值。其计算公式为：

并购价值 = 资本化市价乘数 × 并购企业税前净利润

其中，资本化市价乘数 = 采样企业的资本化市价/税前净利润。该式中，采样企业的资本化市价 = 并购单价 × 股数 + 债务市场价值。

市场法的假设前提是证券市场是半强式市场。在这样的市场条件下，股票价格能较好地反映投资者对目标企业未来现金流量和风险的预期，因而市场价格基本等于企业价值。在股票市场比较成熟的情况下，由于此法所依据的估算资料都是实际的市价，可信度较高。但是，其所要求的假设前提往往难以满足，尤其是在我国股票市场不完善的情况下，股票价格与其价值背离，且同类企业之间的股票价格也不一定可比，所以该法在我国的运用受到了限制。

综上所述，我们可以将企业并购价值评估的三种方法的优缺点做如下归纳（如表 6-1 所示）。值得注意的是，企业在并购活动过程中，应该根据企业自身的实际情况、目标企业的特点以及并购双方的博弈地位进行综合权衡，再基于表 6-1 的对比情况选择最适合自身的企业并购价值评估方法。

表 6-1　企业并购价值评估方法对比

价值评估方法	优点	缺点
成本法	资料来源是财务报表，客观性强、计算简单、资料易得	很难评价无形资产；没有考虑未来现金流，容易低估价值
收益法	财务理论基础完备	残值和贴现率的确定主观性较高
市场法	使用简单	应用范围狭窄，难找到可比样本

6.2.3　企业并购定价策略

并购价格的上限代表并购企业从交易中可获得的最大收益，即并购方愿意支付的最高金额。这一价格上限主要受到以下几个因素的影响：被并购企业的内在价值、通过并购实现的协同效应，以及并购过程中产生的交易费用。此外，其他因素也会对并购价格产生影响，如并购企业与被并购企业之间的实力差异、市场的供需状况、被并购企业对其他潜在买家的价值、并购企业与其他潜在买家的竞争力、双方信息的不对称性以及并购操作的时间压力等。

并购价格的下限则是被并购企业在交易中能接受的最低价格，即其获取收益的下临界点。被并购企业的所有者通常对自家企业的状况最为了解，借助信息优势，他们能较为准确地评估企业的真实价值。出于自身利益最大化的考虑，这些所有者在定价时往往会以市场评估的价值为基准，而非较低的内在价值。

很显然，实际的并购价格必须而且必然处于并购价格下限与并购价格上限之间。如果并购价格低于价格下限，那么被并购企业不会同意并购交易；反之，如果并购价格高于价格上限，那么并购企业将失去并购激励与动力。因此，作为并购定价的策略性行动方案，并购双方必须先明确并购的定价区间。在此区间内，并购企业应该从低出价，而被并购企业应该从高要价，然后由双方进行谈判以缩小出价和要价之间的差距，进而在出价和要价之间的某个价位达成并购交易。在并购价格谈判过程中，并购企业（主并企业）要注意防范赢者诅咒的发生，即避免出现这样一种情况：在并购竞争中出现价格失控，自己通过很高的出价赢得了交易，但却要为此付出过多的代价，进而产生负面的并购效应。

6.3　企业并购成本规划与控制战略

6.3.1　并购成本的表现形式

企业并购涉及多项复杂的工作，其成本超越了传统的财务开支，而且涵盖了所有相关的总代价。这些成本既包括直接的有形支出，也包括在并购过程中产生的无形费用。为了实现成本效益的最大化，企业在执行并购时需深入分析并掌握各种成本因素。具体来说，企业并购的成本通常涉及以下几个方面：

6.3.1.1　并购直接支出

并购直接支出，亦称并购价格，是并购过程中不可避免的支出。各种支付方式均涉及特定的并购直接支出。在采用现金方式支付时，并购方需支付一定金额的现金以取得目标企业的所有权，从而产生现金负担。在采用股票交换方式支付时，并购方无需支付大量现金，但所发行的新股会改变企业的股权结构，可能会导致原股东权益稀释，甚至影响对企业的控制权。因此，股票交换实际上同样构成了并购成本。在债务支付方式下，并购方代替被并购企业承担偿还债务的义务，实际上是对并购成本的延期支付。混合支付方式结合了多种支付形式，其综合构成了并购价格，即并购方的直接支出。需要说明的是，并购直接支出是并购成本的重要组成部分。

6.3.1.2　并购间接费用

在实际的经济活动中，企业进行并购活动通常需要多个市场中介机构的参与和支持。例如，主并企业可以邀请会计师事务所进行财务尽职调查，以帮助主并企业评估目标企业的财务状况和潜在风险。然而，这些中介机构提供的服务是需要付费的。因此，并购企业需要向中介服务提供商支付相应的费用。此外，并购活动还需要按照法律规定程序支付一定的费用，如工商管理费、申请费等。这些都属于并购需要支付的间接费用。

6.3.1.3　并购整合成本

并购直接支出和并购间接费用是并购的即时性成本。除此之外，并购还包括一定的整合成本，具体而言，包括以下两类：

（1）整合改制的成本。整合改制成本是指并购后对被并购企业进行组织结构、管理体系、业务流程等方面的调整和改造所产生的费用，其中的核心工作包括重新搭建企业的管理框架、企业运作流程的优化以及人力资源配置的调整等。此类整合过程旨在帮助并购企业提升后续的运营效率。

（2）注入资金的成本。为了支持并购后存续企业的后续发展，主并企业通常需要在收购协议签订后为并购企业注入一定的优质资产，拨入启动资金等。

6.3.1.4　并购退出成本

并购环境具有复杂性和不确定性，因此，现实中的任何并购行为都是有风险的。有风险的并购意味着企业并购案并非总是能够实现预期的战略目标，并购未必总是能够达到"1+1>2"的效果，并购失败或亏损的案例并不少见。美国麦肯锡公司对世界上主要并购案的跟踪考察结果表明，在近年主要的并购案中只有23%是赢利的，并购失败的企业占比高达61%，成败未定的比率则为16%。对于并购发生后证明是亏损的并购项目，在采取积极措施仍无力扭转的情况下，并购企业需要实施退出的制度安排，此时并购企业从被并购企业退出的行为是有相应成本的，即并购的退出成本。

6.3.1.5 并购机会成本

从经济学视角看，经济资源的占用或耗费是有机会成本的，除非该资源具有用途唯一性，即除了用于该用途之外在其他任何地方都不具有使用价值，否则，机会成本的存在是无法避免的。不难理解，并购活动的投资资金（资源）用途具有多样性，因此，并购活动的机会成本是客观存在的。并购活动的机会成本是指并购即时支出以及并购后期支出的机会性损失。换言之，它是指相应资源因用于并购活动而被迫放弃其他项目投资而丧失的收益。

6.3.2 并购成本规划与控制的相关策略

根据前文所述，并购成本的表现形式具有多样性，且不同形式的并购成本发生的时间以及支付的对象各不相同。正因如此，做好成本规划与控制对于并购的财务战略而言具有特别重要的价值和意义。

6.3.2.1 合理确定并购价格，严格控制直接支出

在企业并购总成本中，并购直接支出通常占有绝对比重，因此，合理确定并购价格，严格控制直接支出无疑是控制并购成本的重要内容。在这方面，并购企业可以做好以下几方面的工作：

首先，为了掌握在并购活动中的主动权，降低因信息不对称所带来的额外并购成本，企业应该从多个方面入手，打破单纯依靠被并购企业所提供财务信息的瓶颈，转而通过多种方式积极探寻被并购企业资产的实际价值。在此期间，并购企业可以聘请信誉良好的中介机构，对信息进行核实，并在必要时扩大调查取证的范围。并购前对被并购企业的生产经营状况、发展目标、优劣势等信息做充分的了解，并努力探寻那些公开信息之外的对企业经营活动有非重大影响的信息，无疑有助于准确评估被并购企业的价值，进而给出合理的并购出价方案。

其次，并购企业应该全面审查被并购企业的财务状况。并购方需验证目标企业所提供的财务报告是否真实地反映了其财务状况。并购方应详细检查资产、负债及其他相关财务信息，并利用这些数据来分析企业的财务健康与盈利能力，从而确认财务报告的真实性。通常情况下，损益表中的净利润是通过从收入中扣除各种成本和税费得出的，这一过程揭示了企业的多种经济情况，如销售毛利，有助于评估企业在同行业同规模企业中的竞争地位。企业在折旧、还本、资本支出和流动资金的调整上存在差异，故现金流量通常能更准确地反映企业的实际状况。资本结构包括短期负债、长期负债与所有者权益的比例，能够显示企业的长期生存和发展能力。因此通过审查目标企业的资本结构，可以评估其抗风险和融资能力。资产的流动性显示了企业的短期偿债能力，通过分析目标企业资产的流动性，可以预测其上市可能性。特别是对以融资

为目的的并购方来说，分析目标企业的流动资金和资产流动性等财务指标尤为重要，可以以此来评估目标企业的抗风险能力。

最后，进行并购的企业应进行彻底的税务评估。在并购过程中，企业将面临多项税务问题。企业的税务结构及其地位对财务运作有显著影响，因此税务评估应包括两个主要方面：一是被并购企业的原税务结构；二是并购后新的税务结构和地位。例如，资本收益税的存在会增加买方的支出，从而影响并购价格及成交难度，因此买方应选择能够减少税务支出的并购方案。

通过上述工作，目标企业的价值通常能够得到比较准确的评估，从而确保控制并购直接支出取得明显的效果。

6.3.2.2　有效调和各方关系，充分降低整合成本

并购成本的重要表现形式是并购整合成本，它具体包括整合改制的成本和注入资金的成本。对于不同的并购项目而言，其整合成本具有较大的弹性，正因如此，企业做好并购整合成本的规划和控制具有特别重要的意义。

在并购前，并购企业应充分了解被并购企业的行业特点、财务状况、业务发展及人员配置等方面的情况，为尽可能地降低并购后的整合成本做好基础准备。在并购顺利完成后，并购企业应尽快整合被并购企业的经营资源、管理资源和人力资源，优化公司治理结构，选择合适的运行模式，考虑更换其关键或核心部门的负责人，以加强对该企业财务、经营活动的监控。一般来说，企业管理的整合可包括经营战略整合、财务整合、人力资源整合、文化整合四个方面。同时，企业需特别关注代理人利益冲突问题，代理冲突成本的规避可通过完善激励机制来实现。另外，作为降低并购整合成本的重要策略，如有必要，并购企业完全可以考虑对被并购企业进行终止清算，即进入企业清算程序，清理企业资产和负债，在收购原企业的有效资产后重新注册设立新的企业，这样一来就可以有效解决被并购企业的所有历史遗留问题，进而有效降低企业并购后或有成本发生的可能性。

需要指出的是，降低并购整合成本的过程是不存在约定俗成的模式的，它必须由并购企业根据并购后的实际情况进行策略性安排。但是，不管采用何种方式，降低整合成本的关键是一样的，那就是尽量调和并购企业和被并购企业各主要利益攸关者的相互关系。

6.3.2.3　合理编制并购预算，强化预算控制

作为并购成本规划与控制的关键策略，企业务必精心编制并购预算，并通过此预算强化成本管控。显然，预算的制定应建立在实现并购目标的基础之上，这包括全面且系统地评估企业实现并购目标所需的经济资源及其配置方式。对于并购完成后的集团企业来说，应根据目标企业的组织架构、经营规模及成本控制现状，执行有针对性的预算管理。在这一过程中，需要特别关注以下几个方面的工作：

首先，预算的编制需要遵循从下至上的策略，并最终由预算委员会审批执行，这

样做不仅能充分考虑被并购企业的实际利益，更为重要的是，还有利于并购集团企业在审查其经营行为的基础上进行综合的平衡。

其次，并购完成后的集团企业应努力确保被并购的企业能明确其在集团企业中的经营目标以及各方的权益和责任，这样被并购的企业才能在其行为的界限内进行自我评估、管理和调节；

最后，并购完成后的集团企业需要构建一个计算机网络系统来在线控制成本，确保其能够随时查询被并购企业的财务成本管理情况，并及时发现问题，提出改进意见。

对于并购成本的五种表现形式而言，通过预算进行控制是必须且可行的。事实上，预算作为重要的成本控制手段，在并购全过程都会产生相应作用。

6.4　企业并购后的财务整合战略

无论采用何种并购方式，其最终目的都是将原来分散在不同企业的要素或资源聚集到一起，以便更充分地发挥各自的优势。事实上，这一目的的最终实现在很大程度上取决于并购后的整合工作情况。美国知名管理学专家彼得·德鲁克明确表示："企业的收购不只是财务活动。只有在收购完成后，对企业进行有效的整合和发展，并在业务层面上获得成功，这样的收购才算是成功的。否则，仅仅在财务方面进行操作可能会导致在业务和财务两个方面都出现失败。"由此可见并购整合工作的重要性。麦肯锡公司的研究数据显示，在所有并购活动中，大约只有17%产生了显著的收益。这清楚地表明，并购不一定能够实现预期的效果，而并购后的整合不到位常常正是导致并购失败的关键因素。因此，如何在并购之后有效地进行整合成为一个非常值得探讨的话题。毫不夸张地说，整合工作的质量好坏在决定企业并购成功与否上起到了关键作用。因此，企业要想成功地进行并购活动并获取竞争优势，就必须重视和加强并购后的整合工作。显然，在并购完成后，整合涉及多个层面，其中包括但不限于战略、经营、财务、人力资源以及企业文化的整合。

6.4.1　并购后财务整合的概念

企业完成并购之后，首要的工作是对并购双方或多方的生产和经营资源进行重新整合和调整，确保它们能够融入新的一体化经营模式和路径，从而实现"1+1＞2"的协同效应，这就是并购整合。并购后的财务整合属于企业并购整合的重要内容，后者与前者之间具有包含与被包含的关系。所谓并购后的财务整合，是指由并购后的法人实体（或主并企业）实施的，对并购各方的财务资源、会计制度、理财文化等进行科学调整和优化组合，以增强企业财务协同性的工作及其制度安排。

现实中，并购后的财务整合是一个内容丰富的系统，它主要包括以下几个方面的整合：第一，财务组织机构（或者说财务组织架构）方面的整合；第二，财务人员（含财务部门干部）方面的整合；第三，财务会计制度方面的整合；第四，财务会计文化方面的整合。其中，前三个方面的整合属于财务显性整合范畴，最后一个方面的整合属于财务隐性整合的范畴。

6.4.2 并购后财务整合的特征

与其他类型的整合相比，企业并购后的财务整合具有如下显著特征：

6.4.2.1 强制性

企业并购后，存续法人实体对被并购方进行财务整合不存在需不需要、应不应该的问题，这是一项必须要做的工作，也是一项带有强制性的工作。在并购后，财务整合的强制性要求是主并方（并购后的法人实体）必须将其财务制度框架完整地融入被并购的企业，并确保这些并购企业能够完全遵循和执行。

6.4.2.2 及时性

并购后财务整合的及时性体现在一旦并购活动完成（甚至在签署协议之时），并购方应立即派遣资深财务管理人员进入被并购企业，对并购方的财务与会计体系进行详尽的调查与分析，以识别双方财务工作中存在的问题，并在吸取优点的基础上，构建企业新的财务和会计核算体系。

6.4.2.3 同一性

并购后的企业双方都应当保证其财务目标保持高度的一致性。同时，并购的双方都应根据主并方（或仍在运营的法人实体）的标准对财务制度和会计核算系统进行优化和调整，即以统一的标准进行管理，确保企业能够统一运作，而不应出现被并购方建立另一套管理体系的情况。

6.4.2.4 创新性

并购整合过程是企业财务运行模式创新的过程。并购后企业的财务组织体系及其制度安排并非对并购前双方制度体系的简单加总，也并非是对主并企业财务模式的简单复制。在财务整合过程中，对于与企业财务环境及战略目标不吻合的情况需要及时调整、改革和创新。因此，并购后财务整合的过程就是企业财务运行模式及其制度体系创新的过程。

6.4.3 并购后财务整合的必要性

财务整合是所有并购企业都必须要做的工作，它也是企业并购战略管理的重要内容。并购后财务整合的必要性主要体现在以下三个方面：

6.4.3.1 财务整合是有效控制被并购企业的基本途径

主并方对被并购企业实施控制，从而使其资源配置符合企业整体利益目标是并购企业的必要工作和基本期待。如果并购方做不到这一点，那么，并购双方将会出现"并而不和""并而不融"的"两张皮"现象，这种情况对于并购企业来说无异于梦魔。这种并购不仅不能为企业带来期望的效果，反而还会耗费企业资源，对企业形成负担。正因如此，几乎在所有并购案中，主并企业都非常关心对被并购企业的控制问题。

主并方要想对被并购企业的生产经营实施有效控制，其基本途径就是全面深入地对被并购企业进行财务整合，这主要包括：打破被并购企业原有的财务组织结构，进而按照并购后存续法人实体的战略目标重构企业财务组织架构；重新调配财务人员；重新建构企业财务会计制度；重塑企业财务文化等。唯有如此，企业才能有效打破被并购企业原有的路径依赖和思维定势，将其原有财务要素纳入新企业的财务控制体系。

6.4.3.2 财务整合可以充分发挥并购的财务协同效应

财务协同效应指出，企业并购的主要目的是实现财务的协同效益。财务协同效应所体现的是并购完成后，由于资源之间的互相支撑和协同作用，企业的财务效益得到了提升。这种效益的增长并不是因为并购企业原有资源的效率得到了提高，而是由于并购活动使得税法、管理、会计处理等内在规定受到影响，从而产生了纯粹的资本效益。

财务协同效应主要来自两个关键因素：其一，通过并购实现相关支出（成本费用）的合理规避。比如，当并购方和被并购企业作为独立法人各自经营时，如果一方显著盈利而另一方显著亏损，那么，由于盈利方需要缴纳很高的税金，双方的税金之和同样很高昂；但是，如果这两者通过某种并购方式成为单一法人，那么即使各自原有的经营态势不发生任何改变，此时，一方的盈利可以弥补另一方的亏损，两者作为一个整体的应纳税所得额将大大降低，双方的税金之和将会显著下降。其二，通过并购实现相关收入（或现金流入量）的增加。比如，并购后的企业可能获得更大的产品定价权或影响力，也可能会激发证券顺畅交易，这都会导致单位资源的现金净流入能力增强。

不难理解，并购只是为企业获取财务协同效应创造了条件，其本身并不必然意味着这种可能性会成为现实。事实上，并购后能否真正产生财务协同效应，在很大程度上取决于并购企业是否实施了有效的财务整合策略，可以说，财务整合是企业充分发挥财务协同效应的必要条件。

6.4.3.3 财务整合可以为并购成功提供基础保障

企业的生产经营状况最终会表现在企业财务绩效中，并且，现实中企业的绝大部分决策都属于财务绩效导向型。换言之，企业进行决策（尤其是战略型决策）所依赖的信息主要是财务信息，因此，企业财务工作的顺畅性及其效率对企业的运行状况具有决定性影响。没有一套完善且高效的财务管理体系，任何企业都无法健康发展，甚至可能无法持续存在。在当今瞬息万变的经济环境中，企业之间的竞争已经演变为以资金实力为基础的综合能力的较量。在市场经济条件下，企业要生存与发展，必须建立科学的财务管理制度和完善的财务预算管理制度。实践经验表明，许多企业被并购的主要原因是它们在财务管理上的工作做得不到位，企业存在高昂的成本和不合适的资产配置。

在许多国外的并购案例中，财务整合被高度重视。并购方会主动派遣具有出色业务能力的财务主管对并购企业进行财务整合。他们不仅了解生产经营过程，而且对市场、金融和财税等多个领域有深入的研究，在进行并购决策时可以根据不同的情况做出相应的调整和改进，以实现并购目标，从而使企业获得最大利益。通过对我国众多并购失败案例的综合分析，可以清晰地看到，这些企业并购失败的根本原因在于他们对财务整合没有给予足够的重视，这就可能导致优质的并购计划以失败告终。总体来说，高效的财务整合是成功并购的根本保证。

6.4.4 并购后财务整合的内容

并购后的财务整合应以企业价值最大化为核心，偏离此核心可能导致整合方向出现偏差。该整合旨在统一并购企业的财务管理与规范，实现企业投融资活动的统一规划和控制，以充分发挥财务整合的协同效应。其具体内容包括以下几个方面：

6.4.4.1 财务管理目标的整合

财务管理是一种以目标为导向的管理活动。正因如此，并购后企业财务整合的首要内容无疑是对财务管理目标进行整合。财务管理目标直接决定了企业的财务决策和财务行为，因此财务管理目标既是一个重要的财务理论问题，也是一个不容忽视的财务实践问题。

并购双方具有异质性，因此并购双方的财务管理目标通常是不完全一致的，并购之后企业的财务管理目标必须进行整合。财务管理目标整合的基本策略是主并企业（或并购后存续企业）在全面深入分析并购双方原有财务管理目标的基础上，结合企业所处的环境条件评估既有财务管理目标的合理性。在此过程中，主并企业一方面充分吸收并购双方原有财务管理目标的优点，另一方面积极进行财务管理目标创新，以便形成与自身环境条件及资源禀赋相适应的财务管理目标，并在并购后的存续企业强制性实施。

6.4.4.2 财务制度体系的整合

财务管理目标整合为并购后的存续企业明确了方向，作为朝该目标迈进的制度性保障，企业还必须进行财务制度体系的整合。财务制度体系整合是保证并购后企业有效运行的关键。根据不同的分类标准，可以将财务制度分为不同的类型：①按照财务管理内容，财务制度可以分为投资制度、固定资产管理制度、流动资产管理制度、负债管理制度、利润管理制度、财务风险管理制度等；②按照业务分工，财务制度可以分为会计核算制度、财务决策制度、审计制度、内部控制制度等；③按照制度层级，财务制度可以分为日常运行财务制度、高层决策财务制度等。

不管以何种标准分类，财务制度体系整合都是以财务管理目标整合为前提的，其大致操作程序如下：首先，根据整合后的财务管理目标确立企业的财务组织结构体系，其次，汇总分析并购双方原有的财务制度以及其与新财务组织结构的契合程度，接着确定原有财务制度中需要继承、改进、扬弃的内容，然后根据财务管理目标和组织结构设计补充完善财务制度模块，汇总形成新的财务制度体系，最后，在实践运用中对新财务制度体系进行完善。

6.4.4.3　财务权益的整合

并购既是财务资源（资产）有机结合的过程，也是双方偿债义务有机归集的过程。换言之，并购通常会导致企业资产求偿权和债务清偿义务的更迭，此类求偿权和清偿义务统称为财务权益。为了最大限度地获取财务协同效应，企业必须做好并购后的财务权益整合工作，其主要包括两个方面：①财务资源（资产）的整合。并购前，并购各方已经按照各自财务管理目标进行了资源（资产）配置，比如将财务人员安排到了不同岗位，将固定资产分散到了不同业务单元，将流动资产按照某种结构进行了分配等。但是在并购之后，基于共同的财务管理目标，企业必须重新组合和配置其财务资源（尤其是财务人员）。②财务负债的整合。几乎在所有并购业务中，并购后的存续企业有按照约定承担并购前企业债务的义务。并购之后的存续企业需要将相关义务进行有效整合，以便制订系统完善的债务清偿计划，同时，尽量降低债务的偿还成本。很显然，财务权益整合是实现财务协同效应的另一项重要举措。

6.4.4.4　财务文化的整合

企业文化（corporate culture）是一个企业在其长时间的生存和成长中所塑造出的，被组织内的成员视为有益且共同认同的核心信念，是由企业的价值观、信仰、仪式、标志和处理事务的方式等元素共同构建而成的。同样地，财务文化也是企业在长期发展过程中形成的财务信念和认知。财务文化对企业的财务行为乃至财务效率具有重要影响，财务文化具有独特性、人本性、无形性等特征，因此，并购企业必须高度重视财务文化的整合工作。

实践中，财务文化的整合并没有固定的模式，更多是要求企业采用灵活的方式来处理。尽管如此，财务文化的整合仍然需要基于以下三个核心要素：第一，企业的并购目标。企业并购的目标直接决定了财务文化整合的模式及其方向。第二，不同的并购战略会显著影响财务文化的整合方式。在执行横向并购时，为了实现财务协同效应，并购方通常会部分或完全将自己的财务文化注入被并购企业；相对地，在纵向一体化或多元化并购中，并购方对被并购企业的财务文化干预较少。因此，在横向并购中，采用的多是吸纳式或渗透式的财务文化整合模式；而在纵向并购或多元化并购中，更倾向于采用分离式模式。第三，企业的原有文化也对财务文化整合模式的选择有重要影响，其主要体现在并购方对文化差异的接纳程度上。根据企业对文化差异的接纳程度，企业文化可以分为单一文化和多元文化两种。通常情况下，单一文化企业更强调文化的统一性；而多元文化企业则更加重视文化的多样性与包容性。因此，属于多元文化的并购企业通常允许被并购企业保持其原有的财务文化,即财务文化的整合更具有包容性;与之相反,如果并购企业属于单一文化企业,那么,其财务文化整合将具有更多的强制性。

总体而言,推进财务文化的整合至关重要,它将被并购企业与并购企业的财务管理理念、思维模式及价值观统一,形成符合并购后企业战略发展目标的统一财务文化。这对最大化并购中的财务协同效应具有不可忽视的作用。只有在被并购企业中成功实施财务文化整合,才能确保其他财务资源的整合也能顺畅进行并获得显著成效。

【本章小结】

本章小结具体见表6-2。

表6-2　本章小结

	企业并购战略的含义	企业并购战略指交易双方基于各自的核心竞争优势,出于公司战略发展的需求,旨在通过合理配置资源,适度增强企业的核心竞争力,从而产生协同效应并实现价值增长的活动
企业并购战略的概述	企业并购战略的理论基础	协同效应理论 交易费用理论 代理成本理论 战略调整理论 价值低估理论
	企业并购的动机	企业发展动机 发挥协同效应 (1) 经营协同 (2) 管理协同 (3) 财务协同
	企业并购的类型	按照并购后双方法人地位的变化分类 按照并购双方行业相关性分类 按照被并购企业意愿分类 按照并购方的身份分类 按照并购策略与方式分类 按照并购资金来源分类
	企业并购战略失败的可能成因	决策不当 并购后不能很好地进行企业整合 支付过高的并购费用 跨国并购面临政治风险

表6-2(续)

企业并购 定价战略	企业并购价值评估	评估并购企业价值 评估被并购企业价值 评估并购后整体企业价值 评估并购净收益
	企业并购价值评估的方法	成本法 (1)账面价值法 (2)重置成本法 (3)清算价格法 收益法 市场法 并购价值=资本化市价乘数×并购企业税前净利润
	企业并购定价策略	并购价格上限 并购价格下限
企业并购 成本规划 与控制战略	并购成本的表现形式	并购直接支出 并购间接费用 并购整合成本 并购退出成本 并购机会成本
	并购成本规划与控制的相关 策略	合理确定并购价格,严格控制直接支出 有效调和各方关系,充分降低整合成本 合理编制并购预算,强化预算控制
企业并购后 的财务 整合战略	并购后财务整合的概念	企业完成并购后,其面临的首要任务便是调整和 重新组合双方(或多方)的生产经营资源,以便 有效地融入一体化经营的新体系与新轨道,从而 实现"1+1>2"的协同效应
	并购后财务整合的特征	强制性 及时性 同一性 创新性
	并购后财务整合的必要性	财务整合是有效控制被并购企业的基本途径 财务整合可以充分发挥并购的财务协同效应 财务整合可以为并购成功提供基础保障
	并购后财务整合的内容	财务管理目标的整合 财务制度体系的整合 财务权益的整合 财务文化的整合

【本章内容在历年 CPA 考试中涉及的考点】

敲黑板:

1. 企业并购战略的定义
2. 企业并购的类型
3. 企业并购战略的动机

【技能训练】

一、单选题

1. 在并购类型中，处于同一产业链上不同阶段的企业之间的并购属于（　　）。

    A. 纵向并购

    B. 横向并购

    C. 混合并购

    D. 善意并购

扫一扫，对答案

2. 企业利用目标企业资产作为抵押进行融资收购的方式是（　　）。

    A. 股权交易式并购　　　　　　B. 杠杆并购

    C. 现金收购　　　　　　　　　D. 承担债务式并购

3. 以下不是用于评价目标企业财务价值的方法是（　　）。

    A. 账面价值调整法　　　　　　B. 市场比较法

    C. 内涵报酬率法　　　　　　　D. 贴现现金流量法

4. 2023 年 4 月，D 股份公司作为电视生产商，宣布将以不低于 6.27 元/股的价格，非公开发行不超过 4 亿股股份，用于收购 A 公司持有的 S 公司 75% 的股供以间接控制 S 公司的全资子公司 H 国 P 等离子有限公司，从而掌握等离子的核心技术进入平板电视产业链的上游，提高 D 股份公司在高清电视领域的竞争力。那么，D 股份公司采取的并购战略是（　　）。

    A. 横向并购　　　　　　　　　B. 纵向并购

    C. 混合并购　　　　　　　　　D. 敌意并购

二、多选题

1. 以下属于企业并购的即时性成本的是（　　）。

    A. 并购直接支出　　　　　　　B. 并购间接费用

    C. 并购整合成本　　　　　　　D. 并购机会成本

2. 以下属于企业并购战略理论基础的是（　　）。

    A. 协同效应理论　　　　　　　B. 交易费用理论

    C. 代理成本理论　　　　　　　D. 战略调整理论

3. 企业并购战略失败的可能成因包括（　　）。

    A. 决策不当　　　　　　　　　B. 并购后不能很好地进行企业整合

    C. 支付过高的并购费用　　　　D. 跨国并购面临政治风险

4. 按照并购后双方法人地位的变化情况划分，企业并购可以分为（　　）。

    A. 控股合并　　　　　　　　　B. 吸收合并

C. 新设合并　　　　　　　　　　D. 股权交易式并购

三、判断题

1. 采用贴现现金流量法估值需要考虑企业的贴现率。　　　　　　　（　　）
2. 恶意并购相较于善意并购更容易成功，因为不需要目标企业同意。（　　）
3. 并购改变被并购企业的产权归属或经营管理权归属，因此必然导致被并购企业法人地位的消失。　　　　　　　　　　　　　　　　　　　　　　（　　）
4. 企业整体战略是并购的重要构成要素。　　　　　　　　　　　　（　　）
5. 企业并购后的财务整合可以充分发挥并购的财务协同效应。　　　（　　）

四、简要论述题

1. 简述企业并购战略中协同效应理论的主要内容。
2. 解释什么是杠杆并购。
3. 在汽车产业电动化、智能化、网联化、共享化融合发展之际，被称为"造车新势力"之一的家家智能汽车公司于 2015 年正式成立，家家公司的董事长兼创始人认为，汽车制造业已经进入 2.0 数字时代，其特征是"电机驱动+智能互联"；而汽车 3.0 时代是人工智能时代，其特征是"无人驾驶+出行空间"。为了赢得 2.0 时代，并参与 3.0 时代的竞争，家家公司开始全面布局：通过三轮融资获得资金，拥有了自己的制造基地；与国内最大的出租车网约平台合作打入共享出行领域；积极投资产业链（包括投资孵化自动驾驶系统供应商 MJ 公司、专注自动驾驶中央控制器的 ZX 公司以及研发生产激光雷达的 LH 公司等）。

2023 年 12 月，家家公司以 6.5 亿元收购 LF 股份公司所持有的 C 市 LF 汽车公司 100% 股权，这一举动被业界称为家家"完美避开进入门槛"，取得了新能源汽车的生产资质，以实现王向掌控并引领新能源汽车市场的梦想。而此举对于 LF 股份公司而言是其并购财务战略的一部分，即将经营不善的 C 市 LF 股份公司剥离出去，以应对流动资金不足的困境。家家公司与 LF 股份公司还签署了为期 3 年的框架合作协议。双方将通过资源互补、技术互补等方式，在新能源技术开发、车联网、人车交互及数据共享等领域形成技术联盟。

要求：简要分析家家公司收购 C 市 LF 股份公司的并购战略动机。

【案例演练】好来购公司并购美国 Sirtgen 公司

好来购公司作为中国最大的肉类加工企业，位居国内屠宰和肉制品加工行业首位。Sirtgen 公司则是美国顶尖的猪肉制品供应商，拥有多个著名品牌。Sirtgen 公司的一体化生产链涵盖从饲养、宰杀到鲜猪肉分装及火腿、培根加工等多个环节，且其食品安全体系在行业中处于领先位置。尽管近年来 Sirtgen 公司因内部管理问题面临经营挑战，但其品牌、技术、市场渠道及规模仍对好来购公司具有极大吸引力。特别是 Sirtgen 公司的无"瘦肉精"生产基地提升了并购后好来购公司在消费者心中的信任度，有助于好来购公司扩大国内外市场份额。

为确保此次并购决策的审慎与有效，好来购公司聘请了具有丰富跨国并购经验的国际知名会计师事务所和律师事务所作为财务顾问和法律顾问，对 Sirtgen 公司的运营和财务状况进行了深入调查。2023 年 5 月 29 日，好来购公司以总价 47 亿美元成功收购 Sirtgen 公司，溢价率为 31%。尽管支付的价格较高，但考虑到资产协同效应、市场潜力共享及商誉等无形资产的价值，此价格被评估专家认为是合理的。

在此次收购中，好来购公司采用了杠杆融资方式，有八家信誉卓越的中外资银行参与，此举有效分散了银行风险并减轻了其财务压力。然而，高额的利息支付使得好来购公司在短期内面临较大的财务挑战。

收购完成后，好来购公司承诺不会裁员或关闭工厂，并保持 Sirtgen 公司的管理团队和员工队伍不变，维持其在美国及其他国家的经营管理方式。这些措施旨在防止技术人员和客户流失，降低管理、文化和经营方面的整合风险。专家指出，虽然好来购公司在收购协议中作出了这些承诺，但深入整合后如需裁员，将面临人力成本高且存在重大阻力的问题。

【思考题】

1. 好来购公司并购 Sirtgen 公司的动机是什么？

2. 好来购公司在并购 Sirtgen 公司的过程中采取了哪些并购战略？

3. 好来购公司并购 Sirtgen 公司所面临的主要风险是什么？

扫一扫，对答案

7　企业财务战略的实施

【学习目标】

> 1. 掌握：企业财务战略实施的基本概念、关键步骤。
> 2. 理解：企业财务战略实施的主要方法。
> 3. 了解：企业财务战略实施的挑战与对策。

【课程思政】

课程思政目标：

1. 通过分析某企业在实施财务战略时平衡经济效益与社会责任的方法，引导学生思考并讨论企业在不同情境下的最优决策。

2. 鼓励学生提出新的想法和解决方案，对传统的财务战略进行批判性思考。同时，引导学生关注行业动态和前沿知识，保持学习的热情和动力。

融入点：

1. 财务战略的实施往往伴随着各种风险，故引导学生理解企业在面对风险时，应建立健全的风险管理机制，同时坚持诚信经营，维护良好的企业形象和信誉。

2. 企业财务战略的实施需要多个部门的协同合作，故在这一部分融入对学生团队协作能力和沟通能力的培养。

【思维导图】

本章思维导图如图 7-1 所示。

制订财务战略实施计划

财务战略实施的基础性准备 — 组织结构优化及业务流程再造

营造财务战略实施的文化环境

财务战略实施过程控制理论

企业财务战略的实施 — 财务战略实施的过程控制 — 财务战略实施过程控制方法

财务战略实施过程控制需要注意的问题

财务战略实施效果评价的基本问题

业绩金字塔法

财务战略实施效果评价 — 财务战略实施效果评价方法 — 经济增加值法

平衡计分卡法

基于效果评价的财务战略实施反馈控制

图 7-1　本章思维导图

【导入案例】JB 集团组织结构的调整

在 2020 年之前，JB 集团主要专注于城市燃气领域，即集中力量发展公共事业。自 2020 年起，该集团便将发展重心转向清洁能源的开发与应用，通过创新技术与商业模式，建立了涵盖能源开发、转换、物流、分销的纵向一体化产业链。JB 集团致力于向客户提供多样化的清洁能源解决方案，进一步明确了其"清洁能源生产与应用"的核心宗旨。

随着 JB 集团清洁能源战略目标逐渐明晰，其组织结构也在持续调整。2006 年年初，JB 集团原有的三大产业集团被划分为能源分销、能源装备、能源化工、生物化工及产业地产等多个产业板块，并且相应调整了总部的支持保障机构。

为推进集团以科技为驱动力的清洁能源战略升级，JB 集团开始构建科技人才梯队。其目标是培养包括科研人员、工程设计人员、技术管理人员、项目管理人员、技术工人在内的五大类人才，以及领军人物、核心人才、骨干人才组成的三级智力网络。在科技人才激励体系与运行机制方面，JB 集团基于"价值共创与共享"的人本理念，确立了科技人才激励机制。该机制聚焦于激发员工创新能力，重视实际业绩、贡献与成果，并对优秀的科技创新人才及关键技术岗位给予倾斜，实施"智慧参与分配"与"技术参与股利分配"的策略。技术、资本、劳动与管理作为集团价值分配的核心元素，旨在激励技术人员工作创新，解决技术难题，并建立以项目为基本单元、以成果为导向的激励机制，紧密结合项目运作。

在此案例中，2020 年之后 JB 集团修正了自身战略，转向以清洁能源开发与利用为主导的综合性企业集团，展示了其战略的前瞻性；随着集团清洁能源战略目标明确化，JB 集团组织结构也在不断调整，则体现了其结构的适应性，同时反映出企业发展到一定阶段，应采取适当的战略，并相应调整组织结构。

7.1 财务战略实施的基础性准备

前文已经谈到，财务战略是具有系统性、全局性的长远财务规划，该规划对企业的后续发展具有深远影响。正因如此，企业在实施财务战略之前必须充分做好基础性准备工作，只有这样，才能最大限度地确保其财务战略目标的实现。

7.1.1 制订财务战略实施计划

制订财务战略实施计划是企业实施财务战略必须要做好的基础性准备工作。没有计划的财务战略必然是草率的，如果缺乏明确且具有可操作性的计划，那么不仅战略的实施会面临巨大的风险，战略本身也会因为缺少操作规程而陷入无所适从的状态。

7.1.1.1 制订财务战略实施计划的意义

财务战略实施计划通常是企业根据自身的环境条件和要素禀赋所做出的具体行动计划和程序安排。制订财务战略实施计划的意义主要表现在以下几个方面：

（1）制订财务战略实施计划有利于充分调动和整合企业的各种资源，从而最大限度地服从和服务于企业财务战略目标。一般而言，计划的制订是基于企业自身实际处境的，或者说，科学的实施计划总是与企业自身的资源状况相适应。正因如此，企业制订财务战略实施计划的过程本质上也是企业对其资源进行全面考察和价值评估的过程。通过这个过程不仅可以更充分地利用企业现有的存量资源，而且还可以有效地激活企业的低效率资产，从而更充分地发挥企业的潜能，提高资源利用效率。

（2）制订财务战略实施计划可以给予战略参与者明确的行为预期，从而使企业主要利益相关者能够有条不紊地安排自身工作。财务战略实施计划不仅能够事前明确参与战略实施的行为主体，而且能够使这些行为主体事前知道其参与战略的时间、方式等基本问题，如此一来，他们不仅可以妥善安排现有工作与战略实施工作，还有助于他们围绕战略的实施问题做相应的基础性准备。事实上，制订财务战略实施计划既是财务战略管理的必然要求，也是提高相关部门（人员）财务绩效的关键。

（3）制订财务战略实施计划能够使企业财务战略实施过程更趋规范，能够更好地发现财务战略实施过程中的偏差并及时采取有效的纠偏措施。财务战略实施计划对财务战略实施的时间、地点、参与人员（机构）的职责、行动的顺序安排、行为主体的协调与配合方式等做了详细具体的安排，它明确了各行为主体参与财务战略管理活动的方式及职责，使财务战略的实施过程井然有序，具有较高的规范性，使该关注的问题得到恰如其分的关注。因此，在此战略实施状态下，企业能够及时发现偏差，并有针对性地采取纠偏措施，从而将战略实施中的消极因素消灭在萌芽状态，这有助于提高战略实施效果与战略预期目标的一致性。

7.1.1.2 财务战略实施计划的构成要素

一份完整的财务战略实施计划必须包含以下几项要素：

（1）计划实施的时间

财务战略实施计划与常规工作计划存在显著差异，后者通常具有短期性质，而前者往往贯穿多个会计周期。在实际操作中，财务战略的实施周期可能从数年延伸至数十年。在此期间，尽管战略实施的相关人员可能经历更迭，但战略的连续性必须得到保障。为避免因人员变动对战略实施造成影响，财务战略计划需对实施细节进行详尽且具体的规划。实际上，明确的实施时间框架是任何财务战略实施计划不可或缺的基础组成部分。它不仅要包括计划阶段划分及其所对应的实践区段，而且还应包括不同利益相关者参与或介入战略的时间节点。

（2）实施机构及参与人员

任何财务战略的实施都离不开人，但在一个企业中，人往往是具有异质性的个体，因为其地位、专长、能力等因素具有显著差异性，所以并非企业中的所有人都会参与财务战略的实施，换言之，财务战略实施不具有全员性，因此，财务战略计划必须明确规定参与企业财务战略实施的机构和人员。进一步地，对于纳入战略实施计划的机构和人员，他们在战略实施过程中所扮演的角色是有显著差异的，所以，战略实施的组织者与支持者身份的确定，是财务战略实施计划中必须明确的核心议题。

（3）财务战略实施的行动计划

从战略类型来看，财务战略可以划分为若干个子战略单元；从参与主体来看，财务战略的实施涉及若干部门或人员。正因如此，财务战略实施过程本质上是众多行为主体针对若干财务领域施加影响或导向性干预的过程，该过程包含了众多行动集合。在企业财务战略行动集合中，哪个行动在前，哪个行动在后，不同行动之间的承接关系如何，这些问题必须在财务战略实施计划中予以明确，因此，行动计划也是财务战略实施计划必不可少的构成要素。

7.1.1.3 实施财务战略的行动计划

在财务战略实施计划的三项构成要素中，行动计划是最为复杂的要素，因此，本部分将继续对行动计划问题做进一步阐述。

（1）财务战略实施行动计划的概念

财务战略实施行动计划就是完成财务战略目标任务必须执行的行动或步骤的集合。制订行动计划的目的是使财务战略具有可操作性。对财务管理过程而言，行动计划就是确定财务管理活动的目标和实现目标的方式。当然，要确定行动目标就必须对组织环境及行动后果进行预测。

（2）行动计划的作用

一个科学的行动计划可以在以下几个方面产生良好的作用：①为组织未来财务工作中可能遇到的问题早做准备，以深思熟虑的决策代替仓促草率的反应，从而提高组织适应环境变化的能力，使企业财务战略实施的效果与预期的财务目标相吻合。②形成系统累积效应，达成较高的组织目标。通过事先安排好的、前后衔接的行动计划，可以积小胜为大胜，使企业的财务管理目标分解在动态的、小的行动计划中并得以顺利实现。③提供协作依据，形成集体生产力。行动计划就好比交响乐的乐谱，它使乐手们相互配合，演奏出美妙且有声势的乐曲。在企业的财务战略管理过程中，只有制订出了明确且具有可操作性的行动计划，才能确保各个部门、各个岗位行动一致，才能使整个财务战略的实施有章可循；否则，组织的财务活动将会一片混乱。④充分利用已有的管理思想和方法，提高工作效率。在计划的制订和实施过程中，可以充分利用和借鉴管理学和其他学科已有的成熟的管理思想和方法，使行动计划具有高度的环境适应性，从而大大提高组织的工作效率。

（3）制订财务战略实施行动计划必须坚持的原则

对于同一项财务战略，不同的人或组织可能制订出不同的行动计划。为了对这众多的行动计划进行决策或效用评价，必须明确制订行动计划应该坚持的原则。具体而言，这些原则主要包括以下几点：

第一，目的性原则。通常认为，计划是人类主观能动性的表现，而人类主观能动性首先就表现为行动的目的性。因此，制订行动计划必须首先明确目的：要解决什么问题？最终要获得什么？计划要规定一定时期的目标、任务、政策和资源预算，而这些都要紧紧围绕目的展开。

第二，预见性原则。行动计划是为未来行动提供依据的，因此，计划必须反映未来的要求，且能够预见可能的困难和风险，并能在事前制定出相应的应对预案。例如，企业在制订投资战略的实施行动计划时，根据企业的战略决策，企业决定将资金投放于某项目，但是，投资决策是基于目前环境条件所做出的，在战略的执行过程中应充分考虑到这一点，因而需要预见环境条件在日后发生改变的可能性以及可能的改变幅度，并对这种改变状况做出评估，如果最坏的情况出现，企业是否能够承受。为避免这种不利的影响，企业在行动计划中必须有相应的处理预案。

第三，指导性原则。计划是人们行动的依据，因此它必须能够告诉人们做什么、怎么做、何时做等事项，成为人们行动的"锦囊妙计"。具体来说，对指导性原则的要求是：首先，目标明确，可以计量，有实现财务管理目标的时限。例如，某一时期的销售收入、利润、市场占有率等。其次，任务明确，内容具体，可执行。例如，企业为了提高权益报酬率需要做哪几件事情；做每件事情的条件保障是否具备；对于不具备的条件，企业可以采取什么方法和措施来弥补等。再次，政策及策略明确，让人们在遇到问题时知道怎么处理。例如，对待付现款的客户和对待实施商业信用销售的客户在销售方法和管理措施上是否同等对待等。然后，重点明确，当目标和资源配置方面出现矛盾时知道如何取舍。例如，利润和市场占有率发生冲突时，优先保证哪个目标；在质量和成本有矛盾时，优先保证哪个指标。最后，责任明确；对所制订的计划归哪个部门、哪个岗位负责，应有明确规定。

第四，质量成本权衡原则。制订计划需要做一系列工作，如预测、拟订方案等，这些工作本身都需要投入一定的人力、物力和财力。增加计划的投入虽然可以增加计划的质量，但由于成本的增加，总的边际收益是增加还是降低是不确定的。因此，在计划的制订过程中，不能盲目追求计划的质量，而应在计划质量和计划成本之间进行合理的权衡，保证决策的最优化。

第五，可操作性原则。计划必须切实可行，否则就必须修改。一项可行的计划至少应满足以下几点：不与国家法律相抵触，不严重损害公众利益；有实施计划的资源保证；有足够的实施时间；获得执行计划的有关方面的理解和支持；有备用方案和应变措施。

（4）制订财务战略实施行动计划的步骤

鉴于财务战略实施环境的动态特性、财务战略管理活动的持续发展与变化，以及计划作为行动前的准备，财务战略管理中的计划工作应被视为一个持续循环的过程。有效的行动计划必须具备足够的灵活性，以实现持续的循环和不断的提升。计划工作的程序大体相同，依次包括以下环节：评估机会、设定目标、确定前提条件、拟定可选方案、方案评估、方案选择、制订衍生计划以及将计划转化为数字化预算。

第一，评估机会。在计划工作启动之前，评估机会的工作已经展开，其目的在于评估未来可能出现的机遇，并在全面了解这些机遇的基础上，进行初步的探讨。在评估过程中，企业需明确自身的财务优势与劣势，了解自身的财务状况，同时识别企业面临的不确定因素及其潜在影响。企业应以机会评估为起点，确立可行的目标。

第二，设定目标。基于机会评估，企业需为参与财务战略实施的部门或下属单位设定计划工作的目标。计划工作的目标指明了组织在特定时期内应实现的财务成果。它不仅指示了需要完成的工作内容和重点，还明确了计划工作的策略、政策、程序、规划、预算和方案所应达成的具体任务。

第三，确定前提条件。计划工作的前提条件即计划执行时所预期的环境。预期环境应基于广泛的预测得出。鉴于财务战略实施环境的复杂多变性，在确定计划前提时，企业应具备前瞻性战略视角，从而把握事物的主要矛盾。

第四，拟定可选方案。在计划工作的第四阶段，企业需调查和探讨可供选择的行为过程，即各种方案。一个行动计划通常包含多个可选方案，在此阶段，企业需运用优化决策的理念，通过全面考量，在满足基本决策要求的基础上，提出可行的备选方案。

第五，方案评估。在本环节，企业需根据前提条件和目标权衡各种因素，对各个方案进行评估。备选方案可能包括多种，有的方案可能利润较高但资金支出较大，回收期较长；有的方案可能利润较低，但风险较小；有的方案可能对企业的长期发展和财务状况有益；有的方案可能对企业的当前财务工作更为有利。企业应根据具体的财务管理目标，对方案进行适当的评估。

第六，方案选择。即确定行为过程，并正式采纳方案。方案选择是决策过程中的关键环节。值得注意的是，选择行为过程并不总是互斥的，有时根据需要，可能会同时采用多种方案。

第七，制订衍生计划。衍生计划是总计划下的一项分计划。一旦决策确立，便需着手制订衍生计划。这些衍生计划是基本计划的必要支持，是主体计划的支柱，完成衍生计划是确保主体计划达成的关键。

第八，将计划转化为数字化预算。制订计划的最后一步是把决策和计划数字化为预算，这一过程通过数字化手段大致展现计划的全貌。预算不仅是整合各项计划的工具，也是监控计划进展的关键指标。

7.1.1.4 制订财务战略实施计划的预算保障

在制订财务战略实施计划的过程中，将计划以预算形式数字化转化是一个关键步骤。实际上，开展预算管理并实施预算控制，不仅是财务战略实施计划制订的前提与基础，同时也是确保财务战略得以顺利执行的重要手段和保障。制定预算是企业对选定的财务战略实施计划可行性的实际检验。探索如何有效地整合企业内部各种经济资源，将其转化为强大且有序的集合力，以应对外部市场的无序状态，这不仅是市场竞争的必然要求，更是决定企业竞争结果与经济效益的关键因素。这种有序的管理过程被称为计划管理。当计划被量化表述时，便转化为预算。预算控制是企业内部管理活动或流程，其主要目的是将决策目标及资源配置规划量化，并确保其实现。其核心在于对企业开支的管控，即通过在一年或更短周期内运用定量技术，判断实际支出是否超出预算，并在预算周期结束后，针对偏差及其成因，制定并实施恰当的解决方案与策略。预算控制不仅是一种管理手段，而且是一种管理机制，其本质在于通过预算取代日常管理，使预算本身成为一种自动执行的管理机制。

具体而言，基于财务战略实施计划的预算控制依次包括以下内容：

（1）在科学预测的基础上，合理编制企业预算

为确保预算编制的合理性，企业必须构建一个高效的组织架构，确立相应的政策和程序，并明确预算内容及其编制方法。

首先，预算管理的组织架构包括预算管理委员会、预算专职部门及预算责任网络。预算管理委员会位于该架构的核心，通常由企业高层管理人员和相关部门负责人组成，主要职责有：制定预算管理政策、规范和制度；组织预测以明确企业目标；审议并设定预算目标，制定预算编制的方针和程序；审核部门提交的预算草案，提出改进建议及措施；在预算制定和执行过程中解决部门间的冲突；将审核通过的预算上报董事会，并在获批后发布正式预算；分析预算与实际执行的偏差，提出优化建议，并在必要时审议预算的修改。预算专职部门主要负责预算的日常管理工作，包括对部门预算草案的初审、协调及整合；确保预算方案的全面性和执行的有效性。该部门应直属于预算管理委员会，以确保预算机制的高效运行。预算责任网络根据企业组织结构建立，遵循高效、经济及权责明确的原则，由投资中心、利润中心和成本中心构成，承担预算管理的主要责任。设立责任中心是预算管理的基础，这些中心是管理企业内成本、利润及投资的关键单位，责任人拥有相应的权利以有效地控制其责任范围。

从企业业务单元的角度看，预算管理组织体系由成本中心、利润中心和投资中心构成。成本中心负责成本的发生，通常无收入或仅有少量不定期收入，责任人需控制成本，但不处理收入和投资。成本中心分为标准成本中心和费用中心，前者需掌握单位产品成本，如制造业的工厂、车间；后者适用于难以用财务指标衡量产出的单位，如行政管理部门和部分销售部门。利润中心则同时控制成本和收入，负责利润，具备生产和销售功能，拥有独立的收入来源，可决定产品的生产、销售价格及政策。投资中心控制成本、收入及资产使用，通常是一个独立经营的常规企业。投资中心具有相对较高的独立性和自主权，作为企业内部最高管理层，负责资金的分配和投资决策，

其业绩通常通过盈利增长与投资比率的提升来评估。

其次，预算制定的策略与流程是其核心组成部分。大型企业通过定期发布及更新预算制度，确立了明确的预算策略与流程，中型企业也应采取书面方式来实行预算流程。在实际操作中，许多小型企业缺乏预算政策与程序，特别是以书面形式的阐述，这成为当前小型企业管理中的一个弱点。然而，这也恰恰体现了小型企业适应市场变动的迅速性及持续自我优化的需求，它们往往难以或不必采用书面形式来执行预算管理。总的来说，小型企业应当借鉴大型及中型企业的经验，在条件许可的前提下，制定适当的预算策略与流程，以促进其逐步成长和扩张。

预算政策通常是通过制度形式向企业经理人员和其他员工严格约定的，预算管理是企业经理人员的工作职责之一，同时，他们的预算管理能力也应被纳入绩效考核。为了提升预算的效能，对预算成效表现好的部门应该予以相应的奖励。

预算程序主要是由文字说明、表格、时间三大项构成。预算程序要能够指导预算管理和编制人员编制预算、填写必要的表格，并说明差异产生的原因。通过建立适合企业实际经营管理情况的表格体系，可以将企业经营目标量化为表格形式，为预算管理提供载体。而文字说明部分，一方面约定预算管理中遵循的原则、相应的组织机构、预算政策等事项；另一方面也约定了预算表格体系中各表格及各项目的范围、内容，确保预算数据的相互勾稽与平衡。预算程序中的时间项目，主要约定企业预算的时间流程，使企业预算管理行为在统一的时间约束中进行。关于预算内容及如何使用预算表格来进行预算编制，都应在预算制度中讲明。

最后，预算的内容及其编制方法。预算的内容包括业务预算、专门决策预算、总预算。这三种预算，分别包括了不同的预算内容，由于企业经营范围和发展规划的不同，各企业的预算内容也不相同。预算的内容具体通过不同的预算报表反映，这些预算报表之间彼此联系，构成反映预算管理思想的预算报表体系。在各预算报表中共同的因素是时间、预算数据、实际数据、预算与实际的差异数据，必要时还有差异原因说明。有的企业预算报表体系包含企业策略规划的说明，如企业未来三年发展规划等，此部分各企业均有所不同，故只作简要说明。业务预算（operating budget）是企业对计划期间日常经营的财务蓝图，涵括销售、生产、直接材料采购、直接人工、制造费用、单位生产成本、行销及管理费用等关键板块。专门决策预算（special decision budget）则涉及企业面向不常发生的长短期投资决策或特定业务活动所设定的预算。在资本支出预算（capital budget）方面，投资细分为股权投资与债权投资，并包含对固定资产的购置预算。值得一提的是，固定资产的重大维修费用也被纳入资本支出预算。专项一次性业务预算主要涉及企业在确定资本结构之后，对资金筹集、投放、股息分配及税务缴纳等特定财务活动的预算规划。总预算（master budget）为企业在计划期内关于现金流、经营成果及财务状况的全面财务规划。它将业务预算与专门决策预算的所有方面综合起来，形成企业经营及决策的总体计划。总预算的关键组成部分包含预计资产负债表、预计利润表及预计现金流量表等。

预算编制的方法根据其表现形式、假定基准以及预算周期的区别，主要分为固定预算与弹性预算、增量预算与零基预算、年度预算与滚动预算。

一是固定预算与弹性预算。固定预算与弹性预算都是预算编制的重要方法。固定预算，亦称为静态预算，是在特定时间内确定项目预算金额的传统方法。此预算方法在实际操作中可能遇到挑战，因企业运营环境、市场状况及季节性因素的变化，企业业务量可能发生显著波动，从而导致预算与实际情况的可比性降低。为了解决这一问题，在预算管理中进行预算与实际的比较是控制和评估的核心。若比较过程变得困难，可通过系统性分析识别环境变化因素，并在预算控制与评估中加以考虑；同时，在预算编制初期，应预测未来环境变化。为了克服固定预算在适应环境变化和及时调整方面的不足，企业可采用弹性预算。弹性预算在编制过程中会考虑计划期间可能的环境变化、市场演变、产销季节性波动以及投资成本与收益的潜在变动，构建一套能适应环境变化的预算体系。例如，根据业务量的变动（通常以5%或10%的区间调整），来编制不同的收入和费用预算；在资本支出预算中，根据投资成本的不同制定预算。弹性预算因能根据环境变化灵活调整而得名。在费用预算编制时，需要考虑变动费用和固定费用的不同影响，如制造费用、销售费用、管理费用等，根据成本性质，固定费用通常不随业务量变动而改变。因此，在编制弹性预算时，只需根据业务量的变动调整变动成本部分（若费用项目中含有混合成本，则需先进行分解）。

弹性预算在环境适应性方面具有明显的优势，但也存在一些不足。首先，弹性预算是在编制预算时，将适用于固定预算的一种假设前提改为多种弹性的前提，这无疑将增大企业的纸面工作量和数据分析量；其次，由于假设了多种前提，在预算控制和评价时，部门经理出于维护部门利益的考虑，可能会过分强调环境变化因素，忽略部门努力因素，而弹性预算为部门经理提供了量化的基础，可能降低预算控制和评价效果。销售预算、成本预算、资本支出预算、筹资预算、资金投放预算等均可以按照不同情况灵活地编制，因此企业难以形成具有方向性的总预算，这使得企业经营管理陷入数字的海洋，难以明确预算期的目标。为了解决上述问题，有的学者将弹性预算局限在费用预算范围内，只在编制费用预算时采用，但实际情况是费用支出与业务量有直接的关系，而业务量又影响着企业收入、价格等因素，仅仅就费用进行弹性预算的编制，显然是不合理的。弹性预算的使用在理论上是可行的，但当企业将预算管理与控制、评价、激励等机制结合起来考虑时，企业尚需要结合企业的实际需求及管理基础等实际情况来决定是否有采用弹性预算的必要，而不应为了追求新潮的管理模式盲目采用。

二是增量预算与零基预算。增量预算（incremental budgeting），也称为增量式预算编制，即基于前一期间的预算或实际业绩，通过增加特定内容来制定新的预算。此方法的假设是：企业现有的业务活动已被认为是合理且必要的，无需调整；当前的开支水平也被视为合理，且在预算周期内保持稳定；基于企业目前的运营状况及活动支出水平，确定各项活动在预算周期内的预算额。这种方法的优点是预算编制工作量较小，相对容易操作，缺点是没有考虑经营条件和经营情况的变化。为了克服增量预算方法的不足，产生了零基预算方法。零基预算（zero based budgeting）是在新的预算期内，不受以往预算的约束，忽略过去的预算和财务状况，从零开始制定预算。在实施零基预算时，必须实事求是地检视新预算期内的业务项目及其花费标准，重新评估各部门的需求和成本，并在企业的财务能力允许范围内，基于全面均衡的原则编制预算。

三是年度预算与滚动预算。根据预算的时间跨度，预算可以分为短期预算、长期预算以及滚动预算。滚动预算在假设基础、预算周期、预算控制及评价等多个方面与其他类型预算存在显著差异，因此它被单独分类并对其进行详细阐述。短期预算通常不超过一年，主要用于日常运营的财务管理。相对而言，长期预算的期限超过一年，常见于资本支出的预算安排。企业在面对特定的长期战略或问题时，也会制定长期预算，如以现金流为核心的企业可能会制定为期 3 年至 5 年，甚至更长时间的现金流量预算，这有助于合理规划资金并支持重大的决策制定。在实际的预算管理实践中，年度预算是最常见的一种形式，这种形式一方面符合人们的生产生活习惯，另一方面又与会计期间相一致，既有利于对预算进行评价，又有利于将预算管理与企业其他管理（如激励管理）相结合，在现实的经济活动中发挥其重要作用。但年度预算也有其不足之处，主要是年度预算限制了企业管理层和员工对企业持续经营的思考，尤其在预算评价中，年度预算只对预算年度的执行、控制情况进行评价，容易造成部门经理、子公司负责人盲目追求短期效益。此外，"完成预算即可"观念的存在，使得部门经理或子公司负责人在编制预算和执行预算中留有余地，从而导致企业经营管理僵化，使企业在一定程度上丧失了对环境变化的敏感性，降低了企业的活力，这与企业追求价值最大化的理财目标是相悖的。这也是杰克·韦尔奇认为"年度预算是美国企业的坟墓"的原因。对于年度预算的这些不足，虽然从理论上说，适时调整预算以弥补不足是可行的，但频繁的调整可能会削弱预算的严肃性，因此不宜频繁采用。目前，西方企业广泛采用的滚动预算（rolling budget）在很大程度上弥补了年度预算的不足。滚动预算的核心原则是保持预算的持续期限为 12 个月或 4 个季度。在实际操作中，每个月或每个季度结束后，都会对未来的 12 个月或 4 个季度重新编制预算，以确保预算范围始终覆盖一年时间。因此，滚动预算也被称作连续预算。这种预算编制方式使得企业各层级的管理人员能够不断对未来一年进行深入思考和规划，同时在每个财务期末根据外部环境的变化做出必要的调整。这样，企业不仅能维持经营活动的连续性和稳定性，还能实时更新其业务战略，从而最大化预算的实际效用。对滚动预算进行评价的方法有两种：第一，将与会计年度相符的那套预算作为评价预算的主要依据；第二，对企业各月或各季度的预算进行评价，在会计期末，对各月或各季度的评价结果进行加总评价。企业在滚动预算下，各月或各季度有可能调整预算，所以，上述评价方法中后者更加科学，但后者工作量较大，企业具体采用何种评价方式需要结合自身需求和管理基础来决定。滚动预算的最大缺点是工作量较大，这往往会使企业员工投入过多的精力在纸面工作上；该方法的使用需要良好的管理基础和信息自动化基础，这是目前该方法未能得到广泛实行的重要原因。在企业预算管理的实际操作中，常见多种预算编制技术的应用。例如，对于业务较为稳定的公司，其销售预算往往采用增量预算法；而费用支出预算则倾向于采用零基预算法；资本支出预算通常使用弹性预算法，并给予弹性因素一定的权重。在将这些预算整合为总体预算时，资本支出预算数据需经过加权处理。在使用不同的预算编制方法制定企业预算的过程中，保证数据之间的一致性与对应是关键，这是为了防止在总体预算的编制、执行及评价过程中出现混乱。

（2）在预算通过的基础上，严格执行预算

企业在完成预算的编制、审核与批准过程之后，便进入预算的严格执行阶段。在此阶段，各预算单位需根据预算内容逐级细化工作，确保各责任中心、部门或个人明确其在预算执行中的职责，以符合预算的具体要求进行生产与经营活动，从而保证预算的有效实施。企业在预算编制过程中需进行经营环境的变化预测、基本假设设定、预算数据构建及审核，并进行预算控制与评价，这些活动均需占用一定时间。因此，企业应根据自身特点，在预算管理流程中制定合适的时间规划。企业在明确了具体的指示与标准之后，应严格按照这些方向执行预算各阶段的任务，预算编制部门、预算汇总部门及预算审核部门负责具体执行。预算时间表会根据所采用的预算编制方法不同而有所不同，如年度预算与滚动预算的时间表就有明显差别。年度预算的时间计划通常按照各环节所需时间来安排，而滚动预算则根据其特性设定各期的预算编制、控制与评价的时间。此外，采用零基预算法的预算，因工作量较大，其所需的时间往往长于增量预算法所需的时间。

（3）及时对比预算与实际的差异，进行预算控制

预算控制分为直接预算控制和间接预算控制两种模式。直接预算控制主要是预算执行者在日常工作中的直接操作；间接预算控制则大多由上级管理人员执行，其中预算评价与考核也属于间接预算控制的范围。在预算的审批与执行阶段，企业需要对按年度分割的 12 个月或 4 个季度的预算进行监控。监控的主要方式是通过对比前期实际数据、当前预算数据与当前实际数据，来发现问题、改善流程，并促进预算目标的实现。预算监控通常按月、季、半年和年度等时间节点执行。

月度预算的监控由预算管理部门负责，需要出具月度预算执行报告。这些报告一般包括资产负债表、利润表、现金流量表和部门预算报表，附带对业务预算和财务预算执行情况的详细说明及主要差异的原因分析，并可能包括特定的异常报告。季度预算的审查类似于一个缩小版的预算编制，需要通过比较上期数据、本期预算和实际数据来进行分析。这一过程在管理和组织上与年度预算编制相似，但规模较小。在季度审查中，管理层需要投入更多的精力解决审查过程中的问题。半年预算审查方法与季度预算审查方法相似，但执行年度预算体系的企业通常基于半年审查结果重新评估年度预算假设的变化，并根据企业经营环境的变化进行预算调整。预算调整本质上是一个全新的预算编制过程，需要企业各部门的协作与协调。年度预算审查是对上一期预算执行情况的全面评价，通过此评价企业可在激励机制中作出相应调整，奖励表现优异的同时惩罚表现不足的部分，并通过深入分析预算管理的基本假设、组织效率、指标的合理性、报表的实用性及电算化系统的改进需求等多方面，提高企业的整体经营管理水平。

7.1.2　组织结构优化及业务流程再造

作为企业财务战略实施的基础和先导工作，企业须对组织结构和业务流程进行详尽的规划，即优化和重构企业的组织结构及业务流程，以保障企业财务战略能够顺畅推行。

7.1.2.1　企业内部环境的差异性

在财务战略计划转化为具体业绩之前，高层管理者需要确保企业拥有适宜的组织架构和充足的人力资源来执行行动计划，并确保有有助于实现既定目标的机制。企业财务战略的有效实施依赖于合适的组织结构和必需的专业技能，因此，管理者需密切监控企业的组织架构以支撑财务战略。在此基础上，管理者还要思考并回答以下问题：企业完成工作的方式是否需要做出改变？有些活动是否需要进行重新整合？进行关键决策的权利是集中在总部还是分散到各个区域？企业是按照许多规定和要求实施严格的管理，还是通过少量规定和控制实施宽松的管理？企业是采用多层结构，设立多层经理，每个经理管理狭窄的范围（管理少量员工），以实现对下属的较好控制，还是实行扁平化结构，每个经理控制较大的范围（管理更多下属），从而给他们更多自由？这些问题都是企业在实施财务战略之前必须思考并有效解决的。

根据钱德勒的观点，企业组织结构调整过程是一个效率引导过程，该过程是一个由环境推动的过程而非自我主动的过程。该过程实现的基本程序如下：第一，企业制定新的战略；第二，环境条件改变导致新管理问题出现；第三，新的管理问题阻滞企业发展，进而导致其经济绩效下降；第四，企业被迫创造合适的新组织结构以解决阻滞企业发展的这些新问题；第五，问题的解决使企业的利润恢复到原有水平或超过原有水平。上述作用过程如图 7-2 所示。

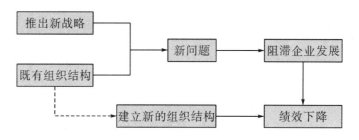

图 7-2　战略引导结构调整的动力机制

钱德勒发现，杜邦等大企业在早期发展阶段就倾向于采用中央集权的职能式组织结构，这种结构能很好地适应有限产品的生产和销售。随着新产品的增加，这些企业纷纷要求建立自己的采购渠道和分销网络，这种新要求对企业高度集权的组织结构提出了巨大挑战。为了取得成功，这些企业的组织结构需要向权力分散的结构转变，即建立若干具有较大自主权的分部。通用汽车前首席执行官阿尔弗雷德·斯隆详细阐述了通用汽车在 20 世纪 20 年代如何实施结构变化以适应公司的财务战略。他把结构的分散看成政策决定的分散以及与之相伴的运作管理的分散。在高层管理者制定了企业的整个财务战略后，雪弗莱、别克等分部可以自由选择如何实施自己的财务战略。按照杜邦公司的模式来组织之后，通用汽车发现，分散的多分部结构能够非常有效地给予各分部较大的自由度，以进行产品开发，从而为整个企业的财务战略服务。他们用投资回报率作为财务控制工具产生了良好的效果。

（1）组织结构发展模式

组织结构构成了企业实现共同目标所需的分工与协调体系。该体系旨在企业内部实现专业化与整合的平衡，并采用集权与分权策略来管理和控制企业的日常运营。各行业及规模的企业通常展现出各自独特的组织结构形态，其核心要素为分工与整合。

分工主要是指企业为创造价值将人力资源与其他资源进行有效配置的过程。通常，企业内部的职能部门或事业部越多，其分工越细致。而整合则指为实现既定目标，协调人力资源和职能部门的策略。为确保企业战略的顺利实施，企业必须建立一种组织结构，来整合和协调不同职能部门和事业部的运作。例如，在新产品开发中，企业可能需要建立跨职能团队，以实现部门间的协作，这体现了整合的实际应用。

总的来说，分工是企业内部职能和事业部分化的过程，而整合则是将企业内不同部门融合统一的过程。

企业的组织分工涵盖了两个维度：纵向分工和横向分工。纵向分工是指企业高层管理者为了有效实施企业战略，选择合适的管理层次和控制范围，并确立企业各管理层、工作及职能之间的联系。横向分工是指企业内部不同部门或团队之间按照功能、任务或业务领域进行分工，以便更有效地利用资源和完成整体组织的目标。下面以横向分工结构为例介绍常见的组织结构类型。

第一，创业型组织结构是许多小型企业采用的典型组织框架。在这种结构下，企业所有者或管理者直接领导几名下属，这些下属负责执行日常任务。企业的战略规划（如有）由核心团队制定，同时该团队也负责所有重要的经营决策。这种组织结构灵活性较差，专业分工并不突出，其成败很大程度上取决于核心团队成员的个体能力强弱。这样的简约结构通常适用于小规模的企业运营。

从某种角度来看，简约结构几乎可以被视为结构的缺失，至少是缺乏正规化的组织结构。在此结构中，职责描述通常不明确，所有成员都可能参与各种进行中的任务。然而，随着企业规模的扩大，单一管理者承担所有管理职责变得日益艰难，因此，为了企业的长远发展，企业应考虑向更为正规的职能制或其他类型的组织结构过渡。举例来说，假设一家书店在本地区有多家分店，且都由创始人单独管理。每个分店的几名员工也都是由创始人直接招募，并协助处理店面的日常运营，这属于典型的创业型组织结构。而后，该书店获得一名投资者的青睐，获得资金支持，在全国范围内开设了80多家连锁书店。随着企业规模的扩大，更多复杂的流程和一体化机制的引入，促使该连锁书店实现了从简单结构向职能制或事业部制组织结构的转变。

第二，职能制组织结构普遍被视为组织结构的经典形式，标志着组织向规范化与专业化的重要进展。企业随着经营规模的扩大与业务领域的扩张，需要将职权与责任划分至专门的管理部门。在这种模式下，核心领导，即首席执行官的职责变得更加明确，这体现了其在协调各职能部门及聚焦战略性问题上的角色。此组织结构特别适合专注单一业务领域的企业。

如图7-3所示，各部门承担各自的业务职能：营销部负责推广产品；生产部负责制造并销售产品给客户；财务部负责记录所有财务交易并管理相关经费。理论上，各部门独立操作，然而在实际中，部门间常常会有相互作用与影响。

图 7-3　职能制组织结构

第三，事业部制组织结构为应对企业发展壮大的需求而形成。当企业具有多个产品线、市场需求急剧扩展或需要跨区域运营时，企业的协调和管理便面临重大挑战。在这种情况下，总经理可能会在经营活动的指挥中出现疏漏，为此，事业部制组织结构得以实施。该结构按产品、服务、市场或地区将员工划分到各个事业部，总部承担规划、协调和资源配置的任务，每个事业部负责其运营和战略规划。这表明策略的制定不仅限于高层管理者，业务和职能层的管理者也参与其中。

一般而言，事业部制组织结构可根据产品、服务、市场或地区细分。

区域事业部制组织结构。该组织结构适用于企业在不同地理区域的业务。这种方式根据特定地理位置分类企业的业务和人员，适用于地方和国家级别的区分。例如，企业可以按北美、东南亚及中东等区域进行管理，负责该地区的所有业务、产品和客户关系。如图 7-4 所示，这种结构显示了地区划分的明确性和实用性。

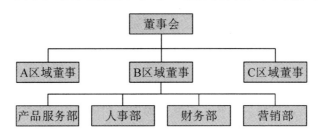

图 7-4　区域事业部制组织结构

产品/品牌事业部制组织结构。该组织结构适用于拥有多条生产线的企业。其核心在于依据企业产品的类别设立多个产品部门，而非基于职能或地域进行划分（如图 7-5 所示）。此结构能够将企业的整体业务细分为若干个独立的事业部。如果按照产品线进行工作分配，那么单一的事业部将全面负责与特定产品相关的所有环节，包括产品开发、生产、营销等。

客户细分事业部制组织结构。该组织结构与销售部门紧密相关，常见于批销企业或分包企业，其中管理者承担与主要客户的联络职责。另一种结构是依据客户类型对市场进行细分，如企业客户、零售客户和个人客户等不同市场领域，这一结构为市场细分事业部制组织结构。

图 7-6 是某银行集团按市场细分事业部制组织结构来管理的示例。其中，公司与投资银行部负责大中型企业客户业务，私人客户与资产管理部负责小型企业客户业务和个人业务。

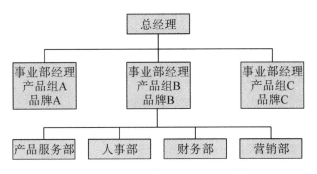

图 7-5　产品/品牌事业部制组织结构

图 7-6　某银行集团市场细分事业部制组织结构

M 型组织架构。随着产品线的拓展，企业将持续实现增长。伴随企业规模的扩大，上述事业部制组织结构就会演变为更复杂的 M 型组织结构。在 M 型组织结构中，原来的事业部一般被拥有更大经营权的公司所替代；每个公司比以前的事业部负责更多的产品线；有的公司下设若干事业部分别管理不同的产品生产线。

图 7-7 为某公司（A 公司）的 M 型组织结构。A 公司原本的组织结构极为简洁，仅设有三个产品事业部，分别负责燃气系列、洗衣系列以及电子系列产品的研发与生产。然而，随着对 B 公司（一家专注于空调、冰箱和火炉生产的企业）和 C 公司（一家小型家电制造商）的并购，A 公司逐步扩展了其产品线，最终转型为具有 M 型组织结构的公司。

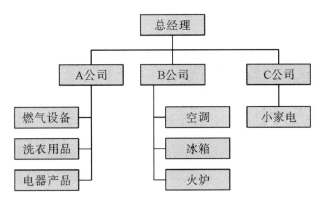

图 7-7　M 型组织结构

战略业务单位组织结构。该组织结构是企业成长过程中的一种组织结构安排。在这一结构下，企业将相关产品线整合为事业部，并进一步将这些事业部划归至战略业务单位，从而形成事业部制组织结构，亦 M 型组织结构。战略业务单位组织结构与 M 型组织结构在本质上并无差异，其区别主要体现在对下属各生产线的集中管理与统一协调职责上，即战略业务单位组织结构承担了更为广泛的职责。该组织结构特别适用于规模庞大且业务多元化的公司，如图 7-8 所示。

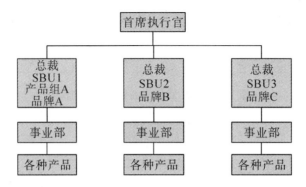

图 7-8 战略业务单位组织结构

矩阵式组织结构。该组织结构主要解决复杂项目管理中的控制问题。此结构形成了职能与产品或项目之间的连接，员工需同时向两位上级报告，其中一位负责产品或服务管理，另一位则管理职能活动，如图 7-9 所示。在矩阵式组织结构下，负责研发和生产产品 C 的员工既要向产品 C 的经理汇报，也要向各职能经理汇报。矩阵式组织结构旨在最大化利用企业内部的专业技术资源，这一点是传统层级结构难以达成的。矩阵式组织结构通过将个人或单元横向整合为小组，并由这些小组处理当前的战略事务，实现了其目标。这种混合型组织结构努力保留了职能制组织结构和 M 型组织结构的优势。简而言之，矩阵式组织结构是一种具有双重或多重指挥链的结构，它包含两条预算权力线、两个绩效和奖励体系。

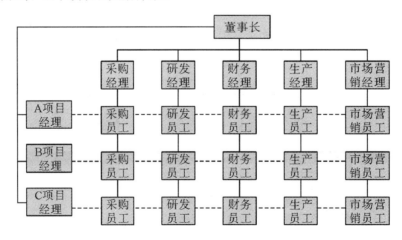

图 7-9 矩阵式组织结构

H 型组织结构。该组织结构为控股企业或控股集团的组织结构，是企业为适应多元化战略在持续发展过程中采纳的一种组织模式。随着企业业务的扩展、覆盖多个领域甚至进入全球市场，企业可能设立控股公司，其下的子公司拥有独立的法人身份。控股公司主要作为长期投资特定企业的实体，其核心职能通常是进行买卖业务。在特定情形下，控股公司本质上与投资公司无异，仅持有多个相互独立且无关联的企业股份，并对这些企业具有较小控制力或无控制力。此外，控股公司也可能运营自有的独立业务单元。尽管这些业务单元属于母公司的一部分，但它们各自独立运作，并可能保留原有的企业名称。母公司在这种结构中的作用主要是作出购买或出售这些企业的决策，很少介入它们的产品或市场战略。

在 H 型组织结构中，控股公司的员工规模和服务范围可能相对有限。控股公司与其他公司的主要区别在于其业务单元的自主性，特别是业务单元在战略决策上的自主权。由于母公司的员工数量可能较少，企业无需承担高昂的管理费用，业务单元能够自负盈亏，并从母公司获得较为优惠的投资成本。在某些国家，若将这些企业视为一个整体，业务单元还可能享受到税收优惠。控股企业能够将风险分散至多个企业，但同时也易于撤销对某些企业的投资。

国际化经营企业的组织结构。前面阐述了七种企业组织结构的基本类型，国际化经营企业的组织结构也包括在这七种类型之中，只不过其范围扩展至国际市场甚至全球市场。

企业国际化经营战略基本上有四种类型，即国际战略、多国本土化战略、全球化战略与跨国战略，而这些战略所依托的组织结构如图 7-10 所示。

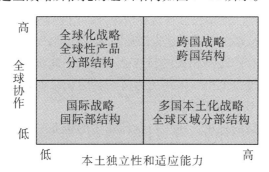

图 7-10 国际化经营战略类型及其相对应的组织结构

（2）组织结构与战略的关系

组织结构的主要功能是促进分工与协调，它构成了实施战略的基础框架。通过明确的组织结构，企业能够将战略目标分解为具体的操作系统和程序，这些系统和程序被整合到企业的日常运作中，起到指导和协调的作用，从而确保战略目标的顺利实现。

艾尔弗雷德·D. 钱德勒在其开创性著作《战略和结构》中，首次阐述了组织结构应随战略变化的观点。该书通过分析杜邦、通用汽车、新泽西标准石油（后更名为埃克森）和西尔斯等公司的组织结构变迁，深入探讨了战略与结构之间的相互影响。研究发现，每当企业采用新的战略后，由于管理层在现有组织结构中拥有既得利益，或对管理问题以外的状况缺乏了解，或对变革组织结构的必要性认识不足，现行组织结构不能及时为适应新战略而发生改变。只有当行政管理出现困境，企业效益开始下滑时，企业才会将组织结构的变革提上议事日程。组织结构变革后，不仅确保了战略的有效实施，企业的盈利能力也显著提升。

通用电气公司的发展历程验证了钱德勒理论的正确性。20 世纪 50 年代末，通用电气公司实行的是简单的事业部制组织结构，但其已经开始实施多元化经营战略。进入 20 世纪 60 年代，公司销售额大幅增长，但行政管理未能跟上步伐，这导致多元化经营失控，影响了利润增长。至 20 世纪 70 年代初，通用电气公司对组织结构进行了重新设计，采用了战略业务单位组织结构，有效解决了行政管理滞后的问题，合理控制了多元化经营，进而提升了利润。

钱德勒关于组织结构应跟随战略变化的理论，是基于对企业发展阶段与组织结构关系的研究，其认为企业发展到一定阶段，企业的规模、产品和市场均会发生变化。此时，企业会采用适当的战略，并要求组织结构作出相应的调整。从前面章节阐述的发展战略类型中，可以观察到企业发展阶段及组织结构的变化。

首先，市场渗透战略。企业在初创阶段，通常专注于单一产品的开发，并试图通过较强的营销手段来扩大市场份额。此时，企业只需采用简单的创业型组织结构。

其次，市场开发战略。随着企业的发展，企业需要将产品或服务扩展到其他地区。为了实现产品和服务的标准化、专业化，企业需要建立职能制组织结构。

再次，纵向一体化战略。企业进一步发展后，拥有了多个产品线，销售市场迅速扩张，企业需要增强管理协调能力。同时，企业为了提高竞争力，需要拥有一部分原材料的生产能力或销售产品的渠道。在这种情况下，企业适宜采用事业部制组织结构。

最后，多元化经营战略。企业高速发展后进入成熟期，为了避免投资或经营风险，企业需要开发与企业原有产品不相关的新产品系列。在此阶段，企业应依据其经营规模、业务架构以及市场覆盖范围，采用更为复杂的组织结构，如战略业务单位组织结构、矩阵式组织结构或 H 型组织结构。

组织结构随战略调整的理论，在参与全球竞争的企业中得到了广泛运用。随着企业国内业务的多元化扩张，它们开始进军海外市场，并初步成立了国际部来管理海外业务。但是，随着时间的推移，海外业务的协调显示出局限性，企业逐渐采用多国化战略，进行组织结构的重组，即在不同国家建立独立的运营部门。

7.1.2.2　企业的业务流程再造

（1）业务流程再造的提出背景

业务流程再造的理论起源与历史背景深深植根于经济学和管理学的发展之中。1776 年，英国经济学家亚当·斯密在其经典之作《国富论》中首次阐述了劳动分工的原则。此原则指出，固定化生产活动，不仅能提高劳动者的专业技能与效率，还能减少任务转换所浪费的时间。一个多世纪后，泰勒、法约尔、福特及斯隆等人对这一理论进行了深化和完善。泰勒倡导用科学化的管理方法替代传统的经验管理；法约尔则将管理职能合理划分，确保其与生产活动的分离；福特通过改进汽车装配线的分工，推动了流水线生产方式的诞生，极大提高了生产效率；斯隆创立了分权管理的事业部制度，这种管理模式至今依然是多数大企业采用的主流模式。分工理论的形成与当时商品供不应求的生产力水平密切相关。不论是斯密的分工原理还是其继承者们的实践与发展，其核心都在于促进劳动生产效率的提升。然而，随着标志性的第三次技术革命——信息技术的崛起，企业面对的市场环境发生了翻天覆地的变化。企业内部基于分工的组织结构和业务流程受到以客户需求、市场竞争和变化（市场3C）以及信息技术为特征的外部挑战。市场的迅速演变要求企业具备快速响应的能力，但企业规模的扩大使得组织结构层次加深，从而导致业务流程链日益延长，难以适应市场变化。同时，信息技术的进步也对业务流程提出了重构的要求。计算机和网络技术的普及不仅简化了复杂的工作，提升了工作效率，还促使企业重新规划业务流程。企业对信息技术的运用不仅揭示了其潜在的巨大效益，也促使企业构建与之相匹配的内部组织结构。在如此激烈的竞争环境中，单靠技术革新已难以从根本提升企业竞争力，企业迫切需要新的现代管理策略。因此，业务流程再造的概念应时而生。

（2）业务流程再造的内涵和特征

1990年，迈克尔·哈默在《哈佛商业评论》上发表文章，提出业务流程再造概念，随后迈克尔·哈默与詹姆斯·钱皮在《重塑公司》一书中共同定义了这一概念。业务流程再造旨在根本性地改善企业流程，使企业适应现代企业经营环境。其核心在于以业务流程为中心，进行彻底的反思和重新设计，以实现企业绩效的显著提升。

业务流程再造的实质是企业利用现代科学技术，特别是信息技术和先进制造技术，以客户满意为目标，建立灵活高效的企业组织结构，革除传统官僚体系弊端。业务流程再造的特点包括：以客户需求为核心，采用以业务流程为主线的方法，进行根本性的反思与重新设计，旨在实现企业性能的突破性进展，同时高效地利用信息技术。

业务流程再造要求企业彻底抛弃传统工业时代的生产流程组织模式，构建以客户满意为目标的新型组织结构，并以团队或小组作为生产的基础单位，以实现流程的横向协同和有效管理。通过对流程进行根本性的设计，企业能够有效地管理和控制流程，直接响应客户需求，提升客户满意度，同时借助信息技术加快流程再造的速度，提升流程的运行效率。

（3）业务流程再造的具体过程

业务流程再造是一项极为复杂的系统工程，它通常会对企业文化、管理理念、组织结构及业务流程等多个层面进行综合变革。因此，实施此项工程需要分步骤、有目标、有计划地进行，以确保业务流程再造的成功。通常，业务流程再造的实施包括项目规划、流程建模、流程优化、系统实施及项目评价五个主要阶段（如图7-11所示）。

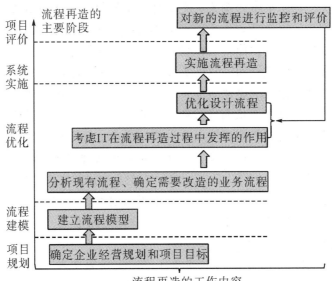

图 7-11　业务流程再造的实施过程

第一，项目规划阶段。业务流程再造的实施成功与否，很大程度上依赖项目规划阶段的质量好坏。此阶段的核心任务是确立企业的经营战略，其涵盖短期与长期的发展目标，以及业务流程再造的具体目标和组织结构的搭建。业务流程再造的本质是打破部门壁垒，并对企业流程进行根本重构，因此，企业的高层领导必须制定出相应的战略，以确保项目得到高层的有效推动。同时，领导层需要就流程再造的必要性与重要性达成共识，明确再造的具体目标。通常，企业希望通过流程再造降低生产成本、缩短生产周期、提升产品与服务质量，提升客户满意度。在明确了企业的经营战略和流程再造目标之后，企业还需要建立相应的组织结构，包括组建专门的再造团队、营造适宜的再造环境、培养员工的危机意识，减小在再造过程中遇到的阻力。

第二，流程建模阶段。此阶段的核心任务是精确地描述企业当前的业务流程，并运用流程图等工具建立业务流程模型。流程建模实际上是对企业流程的抽象表示，它为后续的流程分析及优化设计奠定了基础。目前，市面上存在众多流程建模方法和工具，包括 CIM-OSA、GIM-GRA、PURDUE、IDEFX 等，这些方法和工具对企业分析和描述业务流程极为有益。

第三，流程优化阶段。流程优化阶段是业务流程再造的关键环节，其主要任务是在现有业务流程的基础上进行分析与优化。流程优化可以分为流程分析、流程诊断和流程再设计三个部分：首先，进行流程分析，即应用需求与准备分析图、重要性矩阵、标杆瞄准等技术方法来识别企业流程中的关键环节，并对需再造的流程进行诊断，以发现影响流程效率的关键因素。其次，信息技术在业务流程再造中发挥重要作用，信息技术不仅能提高业务流程的效率，还能促进业务流程再造的实施。信息技术已广泛应用于企业运营的多个层面，如办公自动化和客户服务等。企业越来越需要灵活的、基于团队合作和通信的协同工作能力以更好地满足客户需求和提升产品输出效率。信息技术成为 21 世纪企业降低组织间协调难度、改变企业行为模式的重要工具。因此，企业在实施业务流程再造前，必须充分利用信息技术，并选用合适的技术应用于新流程。最后，根据再造的深度与广度，流程优化的方法可分为系统化再造法和全新设计法。系统化再造法基于现有流程进行精简或创造新流程，风险相对较低，但成效也可能有限；而全新设计法则是从零开始，重新考虑产品或服务的提供方式，虽风险较高，但有可能实现绩效的显著提升。企业需根据自身实际情况，综合分析收益与风险，选择合适的再造方法。

第四，系统实施阶段。该阶段的核心职责是根据优化后的业务流程模型，在企业内部构建相应的信息系统，并对现有的业务流程进行改造。该阶段主要包括试点和切换两个关键环节：首先，对特定流程进行试点，降低新流程的学习曲线，并将试点期间积累的经验教训应用于其他部门的流程优化。其次，试点成功后，通过制订计划让组织内其他部门加入再造项目。企业切换顺序需权衡风险与收益，优先选择高收益、低风险的流程。

第五，项目评价阶段。即对新流程的监控与评估阶段。该阶段对于流程再造而言是一个持续的动态环节。在系统部署完成后，企业必须不断对新流程进行监控和评估，以确保能够及时发现并解决问题。此外，根据实际运行情况，如有需要，企业应对流程进行适当的优化。这一环节对于确保流程再造的效果和持续改进至关重要。

7.1.3　营造财务战略实施的文化环境

组织结构优化及业务流程再造是企业财务战略实施的显性基础准备工作，但光有显性准备是不够的，企业还必须有相应的隐性准备，那就是营造财务战略实施的文化环境。

7.1.3.1　企业文化的层级结构

目前为止，各国学者对企业文化的定义存在着很大的分歧，且没有两个企业的文化是完全相同的，但一般沿用两种分类标准，分别是查尔斯·汉迪在 1976 年提出的关于企业文化的分类和按照文化的层次进行分类，这两种分类标准至今仍具有相当重要的参考价值。

查尔斯·汉迪将组织文化理论上划分为四种类型，即权力导向型、角色导向型、任务导向型和人员导向型。

（1）权力导向型。在此类型中，企业领导者倾向于对员工施加绝对控制，其组织结构呈现传统形态；企业决策过程快速，其质量依赖于管理层的能力；企业变革通常由核心权力层面推动。这种文化类型多见于私营企业和家族企业，尤其是在其创业初期。然而，这种文化可能因忽视员工价值而导致员工士气低落、流失率较高。

（2）角色导向型。角色导向型文化普遍存在于国有企业和政府机构中。这类企业文化强调理性和秩序，重视法规遵守、员工忠诚及员工责任感。这种文化建立在严格的规章制度之上，以逻辑和理性为导向。变革在这种文化中往往是渐进的，因此其非常适合环境相对稳定的组织，如国有企业和政府部门。

（3）任务导向型。在此类型中，管理者重视问题解决和目标实现，其组织结构常为矩阵式；企业强调速度和灵活性；企业适应性强，在变化环境中表现良好，但成本高昂，多见于新兴产业和科技企业。

（4）人员导向型。该类型企业文化以员工需求为中心，组织为员工服务；职权相对次要，强调共识和个性发展；但管理难度大，常见于俱乐部、专业团体和咨询公司。

虽然汉迪关于企业文化的分类不可能囊括所有的文化类型，而且一个企业内部可能还存在着不同的亚文化群，但这四种分类较好地总结了大多数企业的文化状况，可以作为研究企业文化与战略关系的分析基础。

按照文化的层次进行分类，文化可分为物质文化、行为文化、制度文化和精神文化四个层次（如图 7-12 所示）。

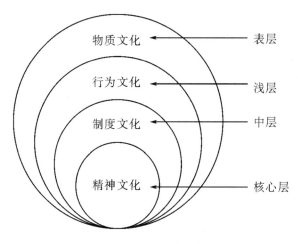

图 7-12　企业文化的层次结构

（1）处于表层的物质文化

物质文化是指由企业员工所创造的产品和各种物质设施所构成的器物文化，其涉及企业名称、标志、标准字体、标准色彩、公司外观、产品的结构与设计、劳动及娱乐环境、文化设施和文化传播网络等多个领域。作为企业文化的表层，物质文化直接展现了企业员工的理想、价值观与精神状态。虽然它属于企业文化的外围，但它集中反映了现代企业在社会中的形象。因此，物质文化常常是社会对企业进行评价的起点。

物质文化的表现形式是那些使物质文化得以表现和发挥作用的具体物质形态。它主要表现在生产资料、企业产品、企业名称、企业象征物以及企业对员工素质塑造的实体手段上。企业所生产的产品和提供的服务展示了其经营成果，并构成企业物质文化的核心。在企业文化的框架下，产品文化分为三个层次：首先，产品的整体形象；其次，产品的质量文化；最后，产品设计中体现的文化元素。企业名称和标志性象征作为企业文化的可视化标识，有效地体现了企业的文化特质。它们是企业文化、智慧、进步的结晶，是向社会各界展示企业文化风格的重要载体。

（2）处于浅层的行为文化

企业行为文化，亦称企业行为层文化，指员工在日常工作、学习和娱乐中所表现出的文化现象。这包括企业的经营活动、教育宣传、人际交往以及文化体育活动等多个方面。企业行为文化不仅是企业经营风格和精神风貌的动态展示，也是企业核心精神和价值观的体现。

从人员构成的角度来看，企业行为文化可进一步分为企业家的行为和普通员工的行为。企业家的特质在很大程度上决定了企业的性质和文化。企业家的主要职责在于塑造和强化企业文化。企业文化是企业创始人、领导者、制度建设者以及员工等社会建筑师共同创造的成果。

企业家文化占据企业文化的核心位置，企业家的人格魅力、信念以及知识构成了其职业追求的驱动力。企业家的核心职责是创立和维护企业文化，其个人言行对企业的良性文化具有显著的正向效应。企业家文化主要通过企业家的专业能力、思想道德、个性魅力、创新能力及理想追求等方面展现。企业家对企业文化的深刻理解和行为抉择，映射出其领导力和能力水平。历览众多成功的企业，卓越的企业领导者始终致力于创立、推广、塑造及维护具有深远影响的卓越企业文化，并持续通过自己的行为对员工及企业施加积极的影响。

企业员工是企业的主体，是推动企业文明进步的关键力量。因此，企业员工的集体行为决定了企业的整体精神面貌，而对员工群体行为的塑造是企业文化建设中不可或缺的重要环节。

（3）处于中层的制度文化

企业制度文化居于企业文化结构的中心层次，囊括了反映企业文化特征的各类规章制度、道德规范及员工行为准则。众所周知，没有规矩不成方圆，每个组织都需要建立相应的行为规范。企业制度的构建目的在于调整生产行为、规范企业活动，并提高工作效率。制度的核心属性在于其强制性。而构建企业制度氛围，则涉及制订与执行各类规章制度，加强企业成员的行为规范，通过引导与教育员工，确立企业倡导的一致价值观，激励员工从大局考虑，自觉遵从企业的整体利益。

企业的规章制度主要包括领导制度、人事制度、劳动制度和奖惩制度。领导制度明确了企业领导的权责和执行策略，是企业基础制度的核心；人事制度涉及用工和晋升制度，关系到企业人力资源的充足性、运用效率、员工素质，是关键制度之一；劳动制度则包括安全规定、工作时间和劳动纪律，保证企业生产的顺利进行；奖惩制度作为引导员工行为的机制，通过奖励与惩罚明确企业所倡导和禁止的行为，从而规范员工的行为模式。

在企业文化中，企业制度文化是企业为实现既定目标对员工行为设定的限制性文化表现。它不仅体现了企业的严格行为规范，也反映了人的意识与观念形态的形成，并由具体的物质形态所支撑。作为规范性的文化表现，它约束着企业及员工的行为，使企业能在竞争激烈的市场环境中维持良好的运行状态，确保目标的达成，并有效融合柔性与刚性管理。

（4）处于核心层的精神文化

精神文化是企业的核心，涵盖企业精神、企业价值观、企业理念和企业伦理。企业精神是群体意识，能够激发员工积极性，是通过领导引导和员工参与形成的。价值观是企业主体对价值的理解和评价，共同价值观是企业行为准则的基础。企业理念反映企业的使命和追求，是企业文化的灵魂。其对外展示企业身份，对内统一意志。企业伦理是道德规范，影响员工心理，调节员工行为，是企业文化的重要组成部分。成功企业强调理念的重要性，认为它是企业生命力和创造力的体现，是名牌战略的起点。企业在建设企业文化时，企业伦理建设不可或缺。

7.1.3.2 为财务战略实施营造良好文化环境的必要性

任何财务战略都必须依靠特定的组织和人员实施。对于这些组织和人员，可以通过刚性制度要求其在战略实施过程中承担一定的责任或义务，但是，由于战略环境具有复杂性和不确定性，再加上人的行为具有机会主义倾向，仅仅通过刚性制度是无法达到良好效果的。因此，在刚性制度之外，企业必须营造良好的文化环境，使企业财务战略的实施达到最佳效果。

事实上，建立良好的文化环境至关重要，因为它能为战略执行提供必要的柔性支持。企业在实施财务战略时，必须制定相应的规章制度。这些制度，作为约束财务战略行为主体及其利益相关者的法律、法规、准则与惯例的集合，本质上为各利益方设置了明确的行为边界。它们规定参与者必须严格遵守这些界限，违背规定将面临相应的惩罚或承担相应的后果。毫无疑问，制度的刚性约束和强制性规范对确保人类生产活动的顺畅进行和维护交易行为的有效性起着至关重要的作用。然而，我们也不能忽视制度所固有的刚性缺陷，同时，我们必须客观看待优秀文化的柔性特质，这些特质能有效弥补由制度刚性缺陷引发的不足。

（1）通过文化建设弥补企业制度的不完备性

与企业财务战略相关的制度，旨在通过一系列明确的规定来指导和规范行为主体的行为。然而，财务战略所涉及的事项极为广泛，制度无法详尽列举所有实施细节并加以规定，因此，与财务战略相关的制度本质上存在不完整性。若此问题未能得到妥善处理，财务战略的参与者可能会出现行为偏差，妨碍财务战略目标的达成。唯有借助先进的企业文化，对个体进行潜移默化的影响和熏陶，才能在显性制度约束之外，构筑起一道隐性的自我约束机制。

（2）通过文化建设弥补企业制度的时滞性

环境的复杂性和不确定性决定了企业制度在一定程度上可能滞后于企业的财务实践活动，然而作为制度，它又必须具备一定的稳定性。纵观企业财务管理实践，因不合时宜的制度妨碍甚至阻滞财务战略目标实现的案例不胜枚举。每遇到这种情况，能够解除制度束缚的重要因素就是企业文化。企业文化具有动态性、发展性和时代性，因此其能够在不断变化的环境中保持适应性。也就是说，如果企业文化的构建与发展能够与生产经营环境的变化同步，那么它就能有效地对财务战略参与者实施柔性约束和规范，从而弥补制度因时效性问题而产生的不足。

（3）通过文化建设弥补制度的统一性

企业制度的统一性确保了企业对主要矛盾和关键问题的把握，这对于规范多数行为主体的行为是不可或缺的。然而，财务战略活动实际上涉及行为主体在特定的经济业务环境下进行策略博弈，其中人的多样性、业务的复杂性、环境的不确定性以及信息的不对称性均增加了财务战略实施的复杂性。不同的单位面临的主要财务问题和关键问题亦不尽相同，同一会计主体在不同时间段内遇到的财务问题也会有显著的差异。因此，统一的制度虽然能够为普遍财务问题提供原则性指导，但对特定单位的特定业务缺乏足够的具体针对性。这种普遍性与特定针对性之间的矛盾体现了制度的固有局限。在维护企业制度统一性的同时，如何提升财务战略活动的具体针对性成了关键问题。而解决方案在于企业文化。作为一种开放且可扩展的系统，企业文化在坚持核心理念的基础上，能够对特定的财务战略问题进行适应性的拓展和深化，提供针对具体战略问题的个性化指导，并辅助财务战略实施主体形成系统化的解决方案。显然，原则性的财务战略问题规范依赖于制度，而具体性财务战略实施问题的解决则依赖于企业文化（尤其是财务文化）。

综上所述，制度具有刚性，而文化具有柔性。柔性文化能够有效弥补刚性制度的不足，如不完备性、滞后性以及统一性，从而实现企业财务战略实施工作的刚柔并济，达到和谐之美。

7.1.3.3　为财务战略实施营造良好文化环境的举措

（1）企业可以在表层物质文化中大量注入财务战略元素

企业可以在显要位置设置财务战略实施进程表，可以在产品包装上添加战略愿景要素，还可以在相关徽标上注入战略图案。即通过表层的物质文化给企业员工相应的视觉冲击，从而起到战略强化的效果。

（2）企业可以通过浅层的行为文化来贯彻其财务战略理念

企业可以通过有意识地培养和塑造具备战略思维的企业文化，对不同层级的领导者加强专业素养、思想道德、人格风貌、创新能力及理想追求的培训和强调。这样做旨在培养他们实施相关财务战略的坚定意愿和充足能力。同时，企业应持续向员工传达积极向上的信息，以塑造一种开拓创新、勇于进取的企业精神。

（3）企业可以通过中层的制度设计和持续完善确保财务战略行动计划的有效执行

具体而言，中层管理制度涵盖了领导制度、人事制度、劳动制度以及奖惩制度。企业的领导制度明确了企业领导者的职权范围、责任义务以及具体执行方法，构成了企业运营的基础框架；人事制度涉及招聘制度和晋升机制，它对确保企业人力资源的充分性、使用效率以及员工素质具有决定性影响，是企业核心制度之一；劳动制度包括安全规程、工作时间安排以及劳动纪律，是确保企业生产活动顺畅进行的关键保障；奖惩制度作为企业员工行为的引导工具，通过奖励与惩罚机制明确传达企业的价值取向和行为规范，并以此规范员工的行为举止。

（4）企业可以通过核心层的精神塑造来强化其财务战略思想

任何企业都有其企业精神、企业价值观和企业伦理。这是企业文化的最高境界，它不仅可以激发企业员工的积极性和创造性，而且还能增强企业的凝聚力和战斗力。毫无疑问，企业核心层的精神文化是企业软实力的重要体现。因此，企业可以通过塑造核心层的精神文化来培育自己的财务战略思想体系。具体而言，企业应在如下几个方面积极作为：首先，在企业形成财务战略思想自由探索的氛围；其次，在员工中形成广泛的财务战略竞争意识和主人翁意识；再次，培育具有广泛认同度的员工和企业财务战略整合意识；最后，树立为实现财务战略目标顽强拼搏的实干导向。

总而言之，作为财务战略实施的前导性工作，企业不仅需要制订切实可行的财务战略实施计划，而且还需要对既有的企业组织结构（尤其财务组织结构）进行优化，对原有业务流程进行战略适应性改造，另外，它还必须为财务战略的顺利实施营造良好的文化环境。

7.2　财务战略实施的过程控制

确立财务战略并完成其基础性准备工作仅是实现战略成功的必要条件，并不足以保障战略目标的必然达成。这主要是因为：首先，如果企业在战略制定与实施期间遇到内外环境的显著变化，那么可能导致企业财务战略目标及其基础发生部分或全面的调整，而那时即便财务战略设计周全、措施得力，也难以适应新的战略环境；其次，财务战略的实施过程复杂且长，任何战略单元达不到预期目标或效果都可能使整个战略实施过程延长或彻底失败；再次，若未对战略实施过程中出现的不利变化或误差进行适当的纠正和应急处理，企业可能遭受难以挽回的损失；最后，实施者与制定者之间可能存在意图偏差，从而导致阶段性成果与战略预期偏离，影响战略绩效。因此，在财务战略实施的关键环节，企业必须有效控制实施过程。这包括：密切监控财务战略环境的变化并评估其对战略基础的影响；定期比对战略实施进度、绩效与预期结果，准确掌握实施情况与目标的偏离；对超出预警的偏离因素采取纠偏或应急措施，确保战略实施能回归预定轨道。

7.2.1　财务战略实施过程控制理论

7.2.1.1　财务控制的含义和特征

（1）财务控制的含义

财务控制是指财务人员或相关部门根据财经法规、财务制度、财务定额以及财务计划目标，对资金流动、日常财务操作和现金流转进行指导、组织、监督和约束的管理活动，其旨在确保财务计划目标的实现。此过程确保企业与财务相关的战略得以落实。财务战略与财务控制的结合，形成了财务战略控制，即企业根据财务战略目标对财务战略实施过程进行控制。

对于财务控制的认识，可以从四个维度展开：首先，财务控制不仅局限于财务部门，也不仅是企业经营者的责任，而是在整个管理体系中多个组织结构共同参与的活动。一个完善的企业财务控制系统实际上反映了健全的法人治理结构。在控制主体方面，财务控制分为出资者、经营者以及财务部门的财务控制；在控制对象方面，它涵盖了各责任中心的财务控制。其次，财务控制旨在实现企业财务价值的最大化，追求代理成本与财务收益之间的平衡，同时实现企业当前的低成本与未来高收益的统一，而非仅限于控制财务活动的传统合规性与有效性。再次，财务控制的客体先涉及人员（如经营者、财务经理、其他管理人员和员工）及其形成的内外部财务关系，然后是企业的各种财务资源（包括资金、技术、人力、信息）及现金流。最后，实现财务控制应通过一系列激励与约束措施的统一。为了降低成本并实现财务目标，单靠制度建设是不够的，因此制定一套完备的激励和约束机制变得尤为重要。

（2）财务控制的特征

财务控制的特征可概括如下：第一，采用价值控制手段。财务控制的主要目标是确保财务预算的实现，而财务预算包括现金预算、预计利润表、预计资产负债表等，其均以价值形式呈现，因此价值控制是实施财务控制的必要手段。第二，针对综合经济业务进行控制。财务控制以价值为手段，能够整合不同岗位、部门和层次的业务活动，实现对综合经济业务的有效管理。第三，以现金流量为日常控制焦点。日常财务活动主要表现为对现金流量的控制，因此，现金流量控制构成了日常财务控制的核心内容。

7.2.1.2 财务控制的基础

（1）组织保障

财务控制涉及控制主体和被控制对象两个方面。控制主体应建立有效的组织架构，支持财务控制的实施。例如，确立财务预算需要成立决策和预算编制机构；组织和执行日常财务控制需设有监督、协调和仲裁机构；而为了便于预算评估，应设立预算执行结果的考评机构。在被控制对象方面，基于将财务预算具体化并在企业内部的各部门、层级和岗位中执行的原则，企业应构建各类执行预算的责任中心，每个责任中心既具有控制权，又承担相应的责任。

（2）制度保障

内部控制制度包括组织机构设计及企业内部所有协调一致的方法和措施。其旨在保护企业资产，确保会计信息的准确性和可靠性，提高经营效率，并促进员工遵守管理制度。

（3）预算目标

财务控制应建立完善的财务预算，作为控制企业经济活动的基础。该预算应细化至各责任中心，为控制经济活动提供依据。预算控制主要针对企业费用，即通过定量方法比较一定周期内的实际费用与计划支出，并在比较结束后针对预算执行偏差及原因制定适当的解决措施和对策。其重点是企业内部经营。若财务预算与实际情况严重不符，将难以实现预算目标。

（4）会计信息

所有控制活动都依赖于真实和准确的信息，财务控制也不例外。其主要包括两个方面：一是财务预算总目标的执行情况应通过企业的会计核算资料反映，并以此资料分析执行情况、存在的差异及原因，提出纠正措施；二是各责任中心及岗位的预算目标执行情况也应通过其会计核算资料体现，作为改进和考核的依据。

（5）信息反馈系统

财务控制是一个动态的过程，确保财务预算的贯彻实施需要对各责任中心执行预算的情况进行持续监控，并调整执行过程中的偏差。因此，建立信息反馈系统是必要的。

（6）奖惩制度

财务控制的效率和权威性依赖于可行的奖惩制度以及这一制度的严格执行。即使财务预算合理，但未严格执行奖惩制度也可能导致财务控制难以实现预期目标。

7.2.1.3 财务控制的原则

（1）控制适度性原则

控制既不能太多，也不能太少。该原则要求管理者能合理把握控制的"度"，在确保控制效果的基础上，尽可能少地运用控制信息和尽可能少地实施控制活动。控制太多，容易造成控制混淆或重复控制的现象。这不但会因为控制活动投入的人力、物力和财力的增加，造成资源的浪费；而且，战略的实施者因为要投入相应的精力来应付那些重复的控制，所以降低和分散了他们在关键和有效的控制活动上的精力，最终得到的结果反而是对企业的控制效果造成负面影响。相反，如果控制不足，就会使控制存在真空或者漏洞，有损企业财务战略目标的实现。

（2）控制应该讲求重点

控制应该将主要精力集中于有意义的重点活动和结果，即使这样做会遇到很多困难。比如，如果分部之间的合作对企业的战略业绩很重要，那么企业就应该建立一些定性或定量的测评来监测它们之间的合作。

（3）控制应该及时

控制是否及时是评价控制是否有效的一个基本尺度。控制应该强调事前发现问题，将问题尽可能解决在萌芽状态。在控制体系的设计中，企业应该实施导向控制，即及时监测或测评那些影响业绩的因素，从而使企业的战略实施过程能够因势利导。

（4）注重控制的长短期结合

控制的长短期结合要求企业在设计控制体系时，协调好长期控制预案与短期控制预案的关系。如果只强调短期控制，那么就可能出现短期管理导向，将企业引入短视的误区；如果过度地强调长期控制，那么就有可能使企业的控制考虑不周全或缺乏可操作性。

（5）控制不能忽视例外情况

只有那些落在预定可接受范围之外的活动或结果才需要采取措施，因此，控制也应该针对这些活动或结果展开。

（6）控制应采用正激励原则

控制应该奖励达到或超过标准的单位、部门或个人，而不是惩罚没有达到标准的单位、部门或个人，即控制应该采用正激励，而不是采用负激励。实践证明，大量惩罚会导致控制的失败，它们一般会引起目标错位，使得管理人员捏造报告，并游说降低控制标准，以逃避惩罚。

7.2.1.4　财务战略实施过程控制的基本原理

财务战略的实施通常是一个负反馈过程，其原理如图7-13所示。

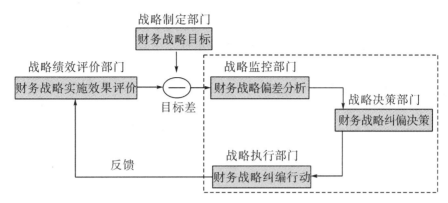

图7-13　财务战略实施过程控制的基本原理

由图7-13可以看出：第一，企业财务战略实施过程控制是一项系统性工程，它需要若干战略部门进行协调配合。具体而言，财务战略的实施通常涉及战略制定部门、战略绩效评价部门、战略监控部门、战略决策部门、战略执行部门，其中有些部门可能是合二为一的，比如在很多企业，战略制定部门和战略决策部门就是同一个部门。第二，财务战略实施过程控制由四个核心环节构成，依次为财务战略实施效果评价、财务战略偏差分析、财务战略纠偏决策、财务战略纠偏行动，上述过程构成了一个闭路循环系统。第三，财务战略实施过程的控制始终以战略目标为导向，它是一个动态反馈修正过程，财务战略实施过程的控制并非单次性工作；相反，它是一个动态循环过程，该过程伴随财务战略实施的始终。换言之，只要财务战略还处于实施状态，相关的控制活动就不会停止。第四，财务战略实施过程控制的目的并非要杜绝所有偏差；相反，它允许偏差在一定范围内存在，其目的在于通过合适的控制手段将偏差限定在可控范围内或让其处于可以接受的状态之中。

7.2.2　财务战略实施过程控制方法

财务战略实施过程控制要求通过恰当的方法将财务战略实施效果引导到预设的目标状态。成功的控制方法能使战略实施者及时发现并准确评估战略偏差，进而采取恰当的方法对战略实施进程进行适度干预，从而确保战略目标最终实现。正因如此，财务战略实施过程控制方法的选择和运用就具有特别重要的价值和意义。一般而言，财务战略实施过程控制方法主要有以下三种：

7.2.2.1　区分不同战略层次进行控制

财务战略控制可能发生在三个层次：战略层、管理层、执行层。根据财务战略内容的不同，其战略控制涉及的层次也会有差异。例如，涉及海外并购的举措需在战略层面加以管控，其主要通过总体预算来实现控制；而关于产品多样化的行动，则主要在管理层层面进行管控，其主要通过财务预测进行把握；有关成本降低的行动主要在执行层进行控制，其主要通过成本预算予以落实。正因如此，有关财务战略实施过程控制的第一种方法，就是实行分层控制，即先对控制客体进行认真研究与分析，确定其是属于哪个层次的控制问题，并以此为基础，有针对性地制定个性化的控制方案。

在分层控制模式下，企业、分支机构及各职能单位均需拟定自身的长期发展目标。长期发展目标乃评估财务战略执行成效的关键指标。一般而言，长期目标和年度目标的占比因战略单元层次的不同而不同。根据目前主流战略管理学的实践情况，本书推荐的战略目标构成如表 7-1 所示。

表 7-1　分层控制模式下财务战略目标的构成情况

财务战略的层次	推荐长期目标占比/%	推荐年度目标占比/%
公司层	75	25
分公司层	50	50
职能部门层	25	75

前文已经谈到，财务战略实施过程中控制的成效，最终取决于切实可行的奖惩机制。一般情况下，应该用"奖"而不用"罚"，即采用正激励。事实上，区分层次的控制方法更有利于这样一种激励机制的建立，表 7-1 给我们的深刻启示是明确战略控制是属于组织哪个层次的控制问题非常重要。企业唯有明确控制所处的层级，方能洞悉组织对其长期目标与年度目标的不同要求，进而合理地分配这两种目标的权重。基于此，企业才能制定出切实可行的奖惩制度与激励机制。

7.2.2.2　按照责任中心进行分类控制

在财务战略环境中，由于其复杂性，通常需要在组织的不同层级实施控制。这些较小的层级单位被称为责任中心。当选择责任中心时，企业必须确保其与组织内部的分权程度相匹配。

责任中心的划分方法有多种，比如，按照财务管理的对象不同，企业通常可以被分为筹资中心、投资中心、运营中心、收益分配中心；按照利润形成过程的不同，企业可以被分为投资中心、收入中心、成本中心、利润中心四种类型；按照业务范围不同，企业可以被分为研发中心、生产中心、销售中心。

企业究竟应该采用何种标准来划分责任中心并无统一的模式，这主要取决于企业的财务战略目标以及围绕该目标所要控制的主要问题是什么。如是企业财务战略目标是均衡提升各业务单元的品质，那么就宜采用第三种标准（按照业务范围）来划分责任中心；如果企业财务战略目标是最大限度地提高利润，那么就宜采用第二种标准（按照利润形成过程）来划分责任中心。绝大部分企业财务战略的制定属于利润导向型，因此，按照利润形成过程划分责任中心是财务战略实施过程控制的主流范式。按照这种责任中心划分模式，其控制对象、控制关键和控制方法如表 7-2 所示。

表7-2　按照责任中心进行分类控制的要点

责任中心	控制对象	控制关键	控制方法
投资中心	战略部门	投资方向和投资额度	可行性论证、决策审批制度
收入中心	销售部门	收入	销售目标考核、激励兑现
成本中心	生产部门	料、工、费	成本预算、激励兑现
利润中心	分公司	利润额度与质量	全面预算管理、利润目标考核

7.2.2.3　跟踪战略实施状况并及时纠偏

图7-13揭示了财务战略的实施本质上是一个动态的监控与适时调整过程。在这一过程中，企业将使用严格的方法评估战略的实际成效，并将其与财务战略管理的目标相比较，以确定实际成效与目标之间的偏差。一旦识别出偏差超出可接受范围，企业将迅速且精确地采取纠正措施，确保其实际表现与预定目标一致。具体而言，监控战略实施情况并适时进行调整的措施主要包括：

（1）实施战略激励计划

战略激励计划旨在防止偏差的发生。在财务战略执行的过程中，偏差通常源于管理者的短期行为。这些行为主要表现在：首先，管理者可能过于专注日常运营，忽略长期战略的重要性；其次，管理者可能偏向于评估短期目标的完成情况或短期财务结果，而对实现长期目标的可能性缺乏足够关注；最后，管理者可能倾向于作出短期战术性投资决策，对长期战略性投资持保守态度，特别是在面对长周期的投资回报时尤为明显。

实际上，这些短期行为的产生，是因为企业绩效评价标准及其激励机制不够科学。因此，作为控制企业财务战略执行过程的关键辅助措施，企业必须建立能够克服管理者短期行为的评价标准和激励机制。这种评价和激励体系不仅应与企业短期业绩（如销售额和利润）相关联，还应与长期业绩（如投资回报率、市场份额）紧密结合；对分厂和分公司的评价应同时考虑其自身表现以及其对整体企业战略目标的贡献，即建立一个科学且有效的战略激励计划。具体实施战略激励计划的方法主要有两种：

第一种是加权因素法。此法主要适用于对分厂、财务部门及战略经营单元（以下统称为战略单元）进行评价与激励。各企业的战略单元在重要性和战略目标上存在差异。通常情况下，一家规模较大的企业会包括三种不同类型的战略单元：一是高增长型战略单元，该类型应以市场占有率、销售增长率、战略投资项目进度等指标评估其战略执行效果；二是低增长型战略单元，该类型应以投资收益率、现金（利润）收入等指标衡量其战略表现；三是中增长型战略单元，其战略表现则需综合以上指标进行评价。总之，企业对高、中、低增长型战略单元应采用差异化的评价办法和激励措施，只有这样，才可能达到满意的战略激励效果，进而将战略实施偏差控制在预定范围之内。

需要说明的是，目前对高、中、低增长型战略单元需要控制哪些因素以及不同因素的权重确定问题，学术界并无严格标准。根据既有文献，本书推荐以下战略控制因素及其权重分配方案（如表7-3所示），供读者参考。

表7-3　企业财务战略控制因素及其权重分配

战略单元	投资部门		财务部门	
	战略控制因素	推荐权重/%	战略控制因素	推荐权重/%
高增长型	投资报酬率	5	筹资额	45
	现金收入	5	资本成本	35
	战略投资计划	45	资本结构	10
	市场份额的增加	45	负债结构	10
中增长型	投资报酬率	25	筹资额	40
	现金收入	25	资本成本	30
	战略投资计划	25	资本结构	15
	市场份额的增加	25	负债结构	15
低增长型	投资报酬率	40	筹资额	35
	现金收入	40	资本成本	25
	战略投资计划	10	资本结构	20
	市场份额的增加	10	负债结构	20

第二种是业绩激励评价法。该方法适用于激励管理层致力于实现三年或更长期的战略目标。此方法依据企业长期业绩向管理层授予一定数额的股票或股票期权。例如，董事会可设定一个具体目标，要求在五年内实现股票价格的特定增长幅度，若管理层在既定期间内成功使股票价格增长到此目标，则可获得相应的奖励，即企业按照事先的约定奖励其一定数量的该公司股票（或给予其按照较低的价格认购该公司股份的权利）。如果到时其未达到这一目标或中途离开企业，那么其仅能得到基本的工资收入。实践证明，运用这种战略激励计划，可以有效激励和约束企业的管理者，从而确保企业财务战略目标的顺利实现。

（2）准备应急计划

无论企业财务战略的制定、执行与评估过程如何严谨和周密，企业财务战略实施过程都会面临很多不确定性。比如原材料涨价、政府出台新规定、通胀恶化等问题都会给企业财务战略的实施带来直接挑战，并且这些因素是企业无法控制的。为了减少这些不利因素的影响，作为企业财务战略实施过程控制的必要组成部分，企业必须准备相应的应急计划。

应急计划是指在某些突发事情出现或核心环境因素发生变化，给企业既有战略安排带来直接挑战进而危及战略目标的实现时，企业用以替换原有计划的后备行动方案。一般而言，应急计划仅适用于可能对组织造成重大损害的意外事件。执行应急计划的优势如下：首先，它能够提升战略管理者根据环境变化迅速作出反应的能力，应急计划不仅能够降低甚至规避不利事件对组织的负面影响，而且能够使组织充分利用外部环境变化所带来的机遇；其次，它能够加强组织高层管理者对内外环境变化的关注，提高他们对环境变化的敏感度和适应能力。

通常情况下，企业战略部门在制订应急计划时遵循以下步骤：第一步，明确可能对企业发展战略产生正面或负面影响的事件及变量；第二步，评估各种突发事件可能带来的后果，预测其潜在的益处或弊端；第三步，根据不同的因素制订相应的应急计划，该计划必须与现行战略保持一致，并确保其实施的可行性；第四步，为影响战略的相关因素设置预警信号；第五步，模拟突发事件或不利因素发生的场景，并在此基础上确定应急计划启动的提前期；第六步，确定应急计划启用的具体标准。

7.2.3　财务战略实施过程控制需要注意的问题

7.2.3.1　财务战略实施过程控制的配套准备工作

（1）建立有效的组织机构

建立高效的组织机构是确保财务战略执行过程控制成功的关键前提。若缺乏有效的组织机构进行管理与协调，财务战略的执行过程控制将陷入孤立无援的困境，甚至会导致整个局势失控。在财务战略实施过程中若纯粹按照被控制对象进行机构设置，比如，为确保财务预算的准确性，特设立监督协调及仲裁机构；为简化内部结算流程，特设立内部结算组织；为评估预算执行成效，特设考评机构，那么可能导致机构设置冗余，人员配置过剩，且各部门间协调合作难度增大，这显然会对财务战略实施过程中的控制工作构成不利影响。因此，作为财务战略实施过程控制的关键配套措施，企业应依据控制主体的类别及任务量，遵循职能整合、机构精简的原则，构建高效能的组织机构。

（2）健全和完善内部控制制度

构建高效的组织机构对于明确责任主体至关重要，其主要目的是便于协调与管理。然而，高效的协调与管理并不能完全依赖人为治理，必须依托于相应的制度来实现。在企业财务战略的执行过程中，企业必须依赖健全的内部控制体系。内部控制体系涵盖了组织机构间的相互监督与制约机制，以及企业内部各部门与员工之间的平衡关系配置。一个完善的内部控制体系能够确保企业资产的保值与增值，提升企业会计信息的精确度与可信度，降低企业内部机构及个人的机会主义行为倾向，并为企业的战略规划顺利实施提供制度上的保障。企业内部控制体系的健全与完善，必须基于广泛的研究与调查，并在实践中不断进行修订，唯有如此，才能确保内部控制体系的实用性和可操作性。

（3）构建敏捷的信息反馈机制

实施财务战略的过程控制是一个动态持续的过程。为了保证财务战略计划的有效执行，企业需要对战略目标的实施情况进行持续的跟踪和监控，及时发现并纠正执行过程中的偏差。因此，建立一个反应灵敏的信息反馈系统显得尤为关键。可以肯定地说，拥有一个敏捷的信息反馈系统是确保财务战略成功实施的基础。通常，一个高效的信息反馈系统应具备以下特征：首先，能够实现信息的双向流动，不仅能自下而上地提供关于财务战略目标执行的反馈，而且能自上而下地传达战略调整的指示；其次，该系统应保证信息传递的速度和便捷性，同时确保信息的真实性和可靠性。基于这些要求，一个敏捷的信息反馈系统必须配备相应的信息审核机构。

（4）制定并严格执行科学的奖惩制度

在财务战略的执行过程中，能否实现最终效率取决于是否建立了一个有效的奖惩机制，以及该机制是否被严格执行。构建奖惩机制应与责任中心的预算责任目标紧密结合，以确保其公平、合理与有效。奖惩机制的执行依赖于精确的评估体系，评估的准确性则直接影响奖惩机制的有效性。为了确保奖惩制度的有效执行，企业必须建立一个完善的评估体系，包括成立评估机构、制定评估流程、审核评估数据、按制度进行评估以及执行评估结果等一系列步骤。奖惩的目的是有效实施财务控制，而财务控制本身是一个持续的过程，因此，奖惩方式需多样化。奖惩可以是即时的，也可以是定期的，还可以是结合两者制定的。即时奖惩是指企业在财务控制过程中，随时根据责任目标的完成情况进行评估并立即执行奖惩；定期奖惩则是指企业在一定周期（如季度或年度）结束时，对整体表现进行考核并据此实施奖惩。

（5）正确处理好各责任中心之间的关系

在企业财务战略管理中，实施过程控制虽为一重要环节，但其影响范围远超财务部门本身，实际上涉及企业内部的多个方面。由于各部门所承担的职责不同，它们在履行义务时存在差异。正因如此，在具体责任的承担上，组织机构间容易产生冲突，而这些冲突可能会严重妨碍财务战略的有效执行。因此，妥善处理各组织机构间的关系变得至关重要。财务部门作为实施过程控制的主导和核心，承担着协调各组织机构间关系的责任。在这一过程中，财务部门应首先确保获得主管领导的充分关注；其次，应广泛开展宣传和阐释工作，确保其他部门及责任中心深刻理解财务战略管理的实施意图，明确各自的职责与任务，从而避免相互推诿的情况发生。当然，财务部门若要真正承担起财务战略实施过程控制与协调的重任，必须提升财会人员的专业素质。

（6）正确处理好控面与控点的关系

严格意义上，财务战略实施过程控制不仅要求对企业的财务战略各个方面进行全面且有效的监管，还必须对财务战略管理的关键领域和重要环节实施重点监管。只有将全面监管与关键点监管相结合，财务战略实施过程控制才能达到预期的良好效果。在此过程中，企业必须精准定位监管的关键点，以便通过对这些关键点的监管实现以点带面的显著效果。总体而言，财务战略实施过程控制的方法和技巧多种多样，但无论采取何种方法，其核心目的始终是贯彻和实现既定的财务战略目标。

7.2.3.2 财务战略实施过程控制面临的问题及解决办法

现实中，企业财务战略实施过程控制可能面临以下问题：①财务战略实施活动的参与者可能重短期效益而忽视长期效益；②财务战略实施过程控制可能增加战略参与者的工作压力和工作强度，甚至使他们产生一种厌烦和抵触情绪；③财务战略实施过程控制可能沦为简单的奖惩工具，而不是针对战略实施过程中的问题进行纠偏的手段；

④企业管理层往往倾向于将控制的焦点集中在那些可以量化或具有明确指标的活动上，然而，这种做法可能与企业的财务战略目标相悖；⑤在财务战略的实施过程中，若控制标准选择不当，则可能导致各个分厂或部门片面追求局部效用最大化，忽视了对整个企业战略效果的优化。

对于财务战略实施过程可能面临的上述问题，企业应当从以下几个方面予以化解：第一，对战略实施效果的激励应该适当增大远期激励。换言之，企业要力求将战略活动参与者的收益和企业的远期战略绩效挂钩。第二，财务战略实施过程控制应该不断优化和完善，一方面使控制不断增强，另一方面通过优化控制流程尽量降低控制过程的劳动强度。第三，确立财务战略实施过程控制的关键是纠偏。换言之，企业应在财务战略实施过程控制活动中，将测偏和纠偏当成第一要务。第四，构建定性指标与定量指标相结合的控制指标体系，并在此过程中，高度重视指标体系的现实可操作性。第五，通过制度和管理方法创新，整合各责任中心与企业的整体利益，使各分厂或战略单元的利益目标与企业的整体利益目标保持一致。

7.3　财务战略实施效果评价

财务战略实施过程控制为财务战略目标的实现提供了充分保障，但是，由于主客观环境具有差异性，企业财务战略实施的效果并不必然相同，在有些情况下，同样的战略产生的效果可能会存在显著差异。因此，作为财务战略实施活动的第三个环节，企业必须做好财务战略实施效果的评价工作。

7.3.1　财务战略实施效果评价的基本问题

7.3.1.1　财务战略实施效果评价的含义

财务战略实施效果又称为财务战略实施绩效，因此，财务战略实施效果评价又称为财务战略实施绩效评价。

所谓财务战略实施绩效评价，是指通过一定的评价手段和方法，对企业财务战略实施所产生的后果和经济影响进行全面分析，进而就其结果与预期一致性作出判断的过程。

7.3.1.2　财务战略实施效果评价系统的构成要素

通常情况下，企业财务战略实施绩效评价系统包括以下必备要素：评价主体、评价客体、评价指标、评价标准、评价方法和分析报告。

（1）评价主体

评价主体通常指那些与评价对象有紧密利益联系且对其绩效表现持关注的利益相关者。目前在绩效评价的理论中，主要流行以下两种观点：

第一，单一主体观。这一观点认为企业根本上是出资人的财产，因此绩效评价的主体应当是出资人。出资人评价绩效的基本目的是最大化自身的利益。依照此观点，企业绩效评价的中心逻辑是企业绩效评价的决定权在于出资人；评价的方式和指标的选择应满足出资人的需求；出资人将根据评价结果对管理者进行奖惩。绩效评价结果直接影响管理者的利益与声誉，因此该评价机制能够有效地对管理者进行监督和控制。

第二，多元主体观。该观点主张企业绩效评价的主体应涵盖企业的利益相关者。据此，企业绩效评价的主体可细分如下：首先是出资人，他们是企业绩效评价的核心主体。在这个群体中，股东承担剩余风险并享有剩余权益，其利益与企业业绩紧密相关，因而他们对企业的绩效表现极为关注。其次是管理者及职员，他们的个人资本价值实现和薪酬水平在很大程度上取决于企业的经营成果。在新经济时代，企业无形资产价值的显著增长使得知识与智力资本在企业价值创造中变得日益重要，使得管理者及职员在承担与企业经营业绩相关的风险方面与股东站在同一战线。再次是债权人，尽管他们通过合同条款来保护自己的利益，但在企业破产或倒闭的情况下，他们也可能遭受损失。最后是政府相关职能部门，它们出于对企业社会责任履行情况的监督，也需要对企业绩效进行评估。

综上所述，在理论层面，多元主体观视角下的企业各种利益相关者都会对企业财务战略实施绩效进行评价，但是，在上述利益相关者中，企业的财务战略部门及其管理者无疑是财务战略实施绩效评价的关键性主体。鉴于此，本书将财务战略实施绩效评价主体定位于企业财务战略部门及其管理者，对于其他评价主体不予讨论。

（2）评价客体

评价客体指的是评价活动所针对的具体事物。任何客体均是相对于特定主体而言的，区分业绩评价的具体客体应该由评价主体根据需要决定。本书将评价主体定位为企业财务战略部门及其管理者，因此，与之相对应，财务战略实施绩效评价的客体应该是财务战略实施所带来的经济后果及其影响。

（3）评价指标

评价指标通常包括财务衡量指标和非财务衡量指标，其具体情况如下：

首先，财务衡量指标。衡量企业业绩常用的财务指标都表现为某种比率，其主要从四个方面的比率来衡量、评价企业的业绩，具体见表7-4。

表7-4 财务指标

指标类型	指标	计算公式
盈利能力和回报率	毛利率与净利润率	毛利率=（营业收入-销售成本）/营业收入]×100% 净利润率=[（营业收入-销售成本-期间费用）/营业收入]×100%
	已动用资本报酬率	（息税前利润/当期平均已动用资本）×100%
股东投资	每股盈余、每股股利和市净率	每股盈余=净利润/股票数量 每股股利=股利/股票数量 市净率=每股市价/每股净资产
	股息率	每股股利/每股市价×100%
	市盈率	每股市价/每股盈余×100%

表7-4（续）

指标类型	指标	计算公式
流动性	偿债能力	流动比率＝流动资产/流动负债×100% 速动比率＝（流动资产－存货）/流动负债×100%
	营运能力	存货周转期＝存货×365/销售成本 应收账款周转期＝应收账款借方余额×365/销售收入 应付账款周转期＝应付账款贷方余额×365/购买成本
综合负债和资金杠杆	负债率	有息负债/股东权益×100%
	现金流量比率	经营现金净流量/（流动负债＋非流动负债）×100%

其次，非财务衡量指标。非财务衡量指标是基于非财务信息的业绩衡量指标，具体见表7-5。

表 7-5　非财务指标

评价的领域	业绩计量
服务	诉讼数量；客户等待时间
人力资源	员工周转率；旷工时间；每个员工的培训时间
市场营销	销量增长；市场份额；客户数量
生产	工艺、流程先进性；质量标准
研发	技术专利数量和等级；设计创新能力
物流	设备利用能力；服务水平
广告	属性等级；成本水平
管理信息	及时性；准确度

（4）评价标准

绩效评价标准是构建企业绩效评估基准框架的核心，为衡量评价对象绩效提供了参考点。这些标准常基于数理统计方法，并经过严格的测试与调整以确保其科学性和准确性。它们的形成基于特定前提条件，且与评价的目标紧密相连。在应用过程中，所选用的评价标准需与评价对象保持高度一致。随着社会的持续发展和经济的不断进步，以及外部环境的变化，评价的目标、范围和起点也需作相应的调整，使得绩效标准展现出动态适应的特性。尽管需要适应这些变化，但在特定的时间和空间内，绩效评价标准还是需要保持一定的稳定性。绩效评价标准的选择对评价结果具有决定性影响，对于同一个评价对象采用不同评价标准所得出的评价结论可能大相径庭。现实中的评价标准众多，通常的评价标准选用方法有以下几种：

第一，同业标准法。同业标准法是以同行业平均水平作为评价的标准。采用同业标准法的好处在于：首先，参照系具有高度可比性，此举有助于推动企业绩效的提升；其次，当业绩评估指标受到共同客观因素的影响时，该方法有助于排除这些因素的干扰，从而使评价结论更加客观公允。但是，同业标准法也存在两方面的问题：一方面，具有可比性的同行企业可能不容易找到，因此，采用该标准的可操作性可能存在问题；

另一方面，即使存在可供参考的同业企业，但由于同业企业之间往往具有竞争关系，想要获取参照系的真实数据可能会有相当的难度。

第二，标杆瞄准法。标杆瞄准法实为同业比较法的一种特殊形式，其核心在于选取同行业中最先进且享有盛誉的企业作为评价的基准。标杆瞄准法的优点在于：首先，该方法明确了企业努力的方向，有助于企业制定宏伟目标，并努力寻求实现这一目标的手段和工具；其次，标杆瞄准评价活动中所确立的目标是行业的领先企业，其数据往往是公开的，因而该方法具有较强的可操作性；再次，该方法有助于企业不断追踪把握外部环境的变化，进而尽力满足最终用户的要求；最后，该方法有助于企业内部达成一致意见，既然标杆企业能达到这样的绩效水平，那么本企业理应存在实现这种绩效的可能性，故标杆瞄准法有助于引导企业在经营中达到优秀的竞争绩效，安排和调动各种经营力量，以使其绩效水平向行业标杆靠近。

第三，历史数据序列分析法。历史数据序列分析法以本企业的历史数据作为评价基准，其优势体现在：首先，该基准具有极强的可比性，且运用此基准能够精准地反映企业自身的发展状况；其次，对于新进入行业的企业而言，相较于行业标准，时间序列标准更为适宜。

需要说明的是，现实中企业在确定评价标准时，往往是将上述标准结合使用，只有这样才能最大限度地避免"无功受禄"和"鞭打快牛"的现象发生。对于企业财务战略实施效果的评价，本书认为应该以历史数据序列分析法为主，同时结合运用其他评价标准。

（5）评价方法

绩效评价方法是实现评价目标的关键工具。缺少科学且合理的评价方法，将使评价指标和评价标准变成孤立无效的元素，从而失去其本应有的价值，导致评价结果无法达到准确和公正的标准。每一个评价指标都旨在从特定的视角对企业绩效进行精准评估，因此，作为评价工作核心环节的一部分，企业必须采用适当的方法对所有评价指标值进行综合考量。结合表7-1和表7-3的数据，本书认为企业财务战略实施绩效评价宜采用指标赋权的评价方法。

（6）分析报告

分析报告是绩效评价系统的信息输出成果，是代表系统的结论性文件。绩效评价人员以评价对象为基准，利用会计信息和其他信息系统搜集相关数据。这些数据在被加工和整理后，用于计算绩效指标的数值。然后，这些数值会与事先设定的评价标准进行比较，并通过差异分析揭示造成绩效差异的原因、责任归属以及影响效应。最终，这些分析帮助形成关于评价对象绩效水平的结论性看法，并据此编制绩效评价报告。事实上，绩效评价报告是企业财务战略实施绩效评价的最终结论，也是企业财务战略管理部门（尤其是战略决策部门）作出战略调整决策的重要依据。

7.3.1.3　财务战略实施效果评价的特点

与一般性业绩评价相比，财务战略实施效果评价面对的是更为复杂多变的环境。这就决定了财务战略实施效果评价必然具有自身特点，这主要表现在以下几个方面：

（1）战略相关性

显而易见，财务战略的实施效果评价始终聚焦于战略议题，其核心目的在于通过绩效评估来紧密监督和控制财务战略的执行过程。由于始终有明确的战略目标作为指导，财务战略实施效果评价的结果将有助于企业财务战略的贯彻执行，避免战略参与者产生短期行为。同时，财务战略实施效果评价的指标并非固定不变的，它们源自财务战略，并随着企业财务战略的调整而相应变化，同时其也会根据实际情况进行调整，确保评价过程与战略目标保持一致。

（2）全面性

在通常的绩效评价实践中，往往过度强调企业财务业绩的评价方法和指标（多为可直接量化的因素），而忽略了那些不易直接量化的非财务指标。相对而言，财务战略实施的绩效评价指标体系更为全面，它不仅涵盖了财务指标，还包括了非财务指标；它不仅对易于量化的指标进行评估，也对难以量化的指标进行衡量。这种做法有效弥补了传统绩效管理的缺陷，并适应了管理焦点向战略层面转移的趋势。在这一新的指标体系中，除了财务指标外，利益相关者的战略满意度、财务竞争力等要素也被纳入评价体系。

（3）前瞻性

在制定旨在创造未来财务价值的战略行动时，传统的评价方法无法提供足够的行动指导。而财务战略实施过程中的绩效评价，在充分考虑企业财务战略目标的前提下，着重对企业长期发展潜力进行评价。该评价侧重于衡量企业的长期利益以及驱动未来业绩的因素。因此，财务战略实施效果评价具有很强的前瞻性。

（4）协调性

在财务战略管理的框架下，各部门不再孤立运作，而是共同致力于实现企业的财务战略目标。因此，部门间的团结与协作显得尤为重要。财务战略实施效果的评估价本质上充当了部门间以及不同层级间沟通的桥梁，促进了信息的交流，确保了财务战略的全面贯彻执行。

（5）外向性

在评价财务战略的实施效果时，不仅需关注企业内部的管理流程，还应将视野扩展至企业外部的利益相关者以及企业所处的宏观环境。财务战略的评价工作要求密切关注外部政治、经济、法律等环境因素的变动，以及同行业竞争者的发展态势。其核心在于审视企业在竞争中的相对地位变化，同时，需关注如何增强顾客吸引力、满足股东期望、获取政府支持以及赢得公众的正面评价。这种要求决定了财务战略实施效果评价必然具有外向性特点。

7.3.1.4 财务战略实施效果评价的意义

财务战略实施效果评价作为财务战略管理的重要环节，是企业财务战略制定和实施的基础，因此，财务战略实施效果评价是财务战略管理的重要使命，也是企业绩效评价应该具备的基本功能。财务战略实施效果评价的意义主要表现在以下几个方面：

（1）有助于确定实现财务战略目标的关键成功因素

关键成功因素与特定企业及其所处时期紧密相关。每个企业的关键成功因素均具有其独特性，且随着竞争态势及其他环境因素的演变，各企业在不同发展阶段的关键成功因素会有所差异。通过财务战略实施效果评价，企业可以采用逐层分解法引出影响财务战略目标实现的各种因素及影响这些因素的子因素，并根据企业现状对各成功因素进行评价，从而确定其中的关键因素。

（2）有助于企业准确了解财务战略目标的实现状况

目标是一切工作的核心，确保目标按期实现是绩效评价系统的中心工作。绩效评价系统将运用一些主要指标将企业财务战略目标具体化。企业在实现财务战略目标的进程中，需要将反映完成目标情况的主要指标与各种评价标准进行比较，提供不同方位的信息。事实上，财务战略实施效果评价的出发点就是通过专业的评价方法准确反映企业财务战略实施情况与其预设目标的吻合程度。

（3）可以为企业提供各种协调性信息

成功的企业财务战略应当对外部环境因素和内部环境因素发生的关键变化作出适应性反应。当企业财务战略与环境因素的变化不相适应时，企业财务战略的实施势必会导致人力、时间、资产、资本等资源使用效率低下甚至浪费，或者遭遇未曾预期的困难和障碍。财务战略实施效果评价系统应通过度量和评价战略绩效，找出企业财务战略中与环境因素不相协调的地方，进而为财务战略调整提供依据。

（4）可以为企业提供战略成本管理方面的信息

不管企业采取什么样的财务战略，成本始终是企业保持竞争优势的重要因素。企业应当在注重成本管理的同时关注企业在竞争中的地位，使企业更有效地适应持续变化的外部环境。在越来越激烈的市场竞争中，获取低成本优势越来越成为企业财务战略竞争的着力点。财务战略实施效果评价可以充分反映企业战略成本管理实效，企业只需将这方面的评价结果与主要竞争对手的资料进行对比，便可发现本企业在成本管理方面的优势与劣势，进而使其成本管理与战略管理实现有机统一。

（5）可以为财务战略的后续优化提供控制性信息

财务战略实施效果评价不仅应对财务战略的制定和实施的结果进行评价，而且应在财务战略实施过程中为战略管理提供控制性信息，以保证企业财务战略目标的实现。财务战略实施效果评价系统所产生的反馈信息，能使管理者随时掌握其责任范围内的工作状况，以尽早发现问题，使管理者在战略实施过程中通过调整日常运营和管理方式来影响战略实施的结果。尤其对重大差异的揭示和分析更应及时，以便管理者进行例外管理。从这个角度看，财务战略实施效果评价系统可以为企业财务战略的后续优化提供重要的控制性信息，进而使财务战略的持续推进过程具有螺旋运动和动态优化特点。

7.3.2　财务战略实施效果评价方法

作为财务战略实施的重要环节，企业必须做好财务战略实施效果评价工作。目前，较为成熟的财务战略实施效果评价方法主要有如下几种：

7.3.2.1　业绩金字塔法

克罗斯（Kelvin Cross）与林奇（Richard Lynch）提出了将企业财务战略与财务及

非财务信息相融合的财务战略业绩评价体系。为了强调战略性业绩评价中财务战略与财务业绩指标之间的关键联系，他们构建了财务战略业绩金字塔（见图7-14）。

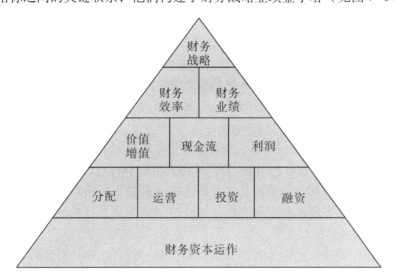

图7-14　财务战略业绩金字塔

在财务战略业绩金字塔中，企业财务战略位于最高层，由此产生企业的具体财务战略目标，并向企业组织逐级传递执行，直到最基层的作业中心。制定了科学的财务战略目标，作业中心就可以开始建立合理的财务绩效指标，以满足财务战略目标的要求，然后，这些指标再反馈给企业高层管理人员，作为企业制定未来财务战略目标的基础。

通过财务战略业绩金字塔可以看出，财务战略目标的传递过程是多级瀑布式的，它先传递给直属下级单位，由此产生财务业绩和财务效率两方面的指标。财务战略目标再继续向下传给企业的财务业务执行系统，由此产生的指标有利润、现金流、价值增值等。利润、现金流共同构成企业的财务规模目标，价值增值则构成企业的财务价值创造目标。最后，财务战略目标传递到作业中心层面，它们由融资、投资、运营、分配构成，而这也是企业基本的财务业务领域（或业务单元）。

财务战略业绩金字塔法所提供的"将企业财务战略目标进行自上而下逐级分解，将与财务战略目标相对应的战略实施效果评价指标进行自下而上的逆向归总"的业绩评价思想，为企业提供了一种全新的财务战略实施效果评价思路。它将财务战略目标和财务业绩评价指标进行了很好的对应，从而保证了业绩评价对实现财务战略目标的指导作用，同时，该方法所设计的评价指标体系也具有精练、完整的特点。

7.3.2.2　经济增加值法

自"剩余收益"这一概念被提出后，相继延伸出了多种业绩评价指标，其中经济增加值（economic value added，EVA）尤为突出。这一指标由美国的斯特恩斯图尔特管理咨询公司开发，并于20世纪90年代中后期推广。自2010年起，国务院国有资产监督管理委员会开始对中央企业负责人实施基于经济增加值的考核，并持续优化该方法。

2019 年 3 月 1 日，该委员会发布了第 40 号令，规定自 2019 年 4 月 1 日起执行《中央企业负责人经营业绩考核办法》。此外，财政部在 2017 年 9 月 29 日颁布了《管理会计应用指引第 602 号——经济增加值法》。

（1）经济增加值的理论框架

经济增加值指从税后净营业利润中，扣除所有投入资本成本后得到的剩余收益。这一指标用于评价经营者如何有效利用资本并为企业增值。当经济增加值为正时，表明经营者成功为企业创造价值；若为负，则说明经营者未能为企业带来预期的价值增长。经济增加值的计算方法如下式所示。

经济增加值=税后净营业利润−调整后平均资本占用×加权平均资本成本

=税后净营业利润−（加权平均资本成本×投资资本总额）

其中：税后净营业利润衡量的是企业的经营盈利情况；平均资本占用反映的是企业持续投入的各种债务资本和股权资本；加权平均资本成本反映的是企业各种资本的平均资本成本率。

经济增加值与剩余收益主要在两方面存在差异：首先，在计算经济增加值的过程中，必须对财务会计数据执行一系列调整，这些调整涉及税后净营业利润以及资本占用。其次，经济增加值的计算需要依据资本市场的机会成本来确定资本成本，从而确保与资本市场的紧密对接。相比之下，剩余收益的计算依据投资所需的回报率，该回报率可因管理需求不同而有所不同，因此具有一定的主观性。

尽管经济增加值的定义相对简洁，但其实际计算过程却颇为繁复。计算经济增加值需解决经营利润、资本成本以及所使用资本数额的计量问题。不同的解决方案使得经济增加值具有多样性。接下来，将简要阐述国务院国有资产监督管理委员会关于经济增加值计算的相关规定。

经济增加值是指经核定的企业税后净营业利润减去资本成本后的余额。

经济增加值=税后净营业利润−资本成本

=税后净营业利润−调整后资本×平均资本成本率

税后净营业利润=净利润+（利息支出+研究开发费用调整项）×（1−25%）

调整后资本=平均所有者权益+平均带息负债−平均在建工程

$$平均资本成本率=债权资本成本率×\frac{平均带息负债}{平均带息负债+平均所有者权益}×（1-25\%）+$$

$$股权资本成本率×\frac{平均所有者权益}{平均带息负债+平均所有者权益}$$

（2）经济增加值法评价的优点

经济增加值的优势在于其全面考虑了资本成本，精确反映了企业的价值创造潜力。此指标有效整合了企业利益、管理层及员工的共同目标，促使他们努力实现更高的价值增长。为避免企业仅为追求盈利总额和增长率而盲目扩张，经济增加值引导企业关注核心价值创造。此外，经济增加值不仅用于业绩评估，其还构建了一个包括财务管理和薪酬激励在内的全面体系。与传统的净现值、内部收益率、权益资本回报率、每股收益等指标相比，经济增加值与资本预算、业绩评估与激励报酬结合得更为紧密。

在以经济增加值为中心的管理体系中，其经营目标定位于增加经济增加值，资本预算决策基于经济增加值的折现率，而奖金发放则根据达成的经济增加值目标进行。这一体系简化了管理流程，确保了决策的统一性和协调性。经济增加值作为薪酬激励体系的核心，有效地将管理层利益与股东利益对齐，激励管理层从股东角度出发进行决策。作为一种内部控制机制，经济增加值法促进了全体员工的协作与业绩追求，向投资者明确展示了公司目标与成就，同时为股票分析师提供了一个强大的分析工具。

（3）经济增加值法评价的缺点

首先，经济增加值适用于评估企业在当前至未来1~3年内的价值创造，但对衡量企业长远的战略规划价值创造能力尚显不足。其次，经济增加值的计算主要基于财务数据，因此在全面评估企业的运营效率与成效方面存在局限。再次，由于行业差异、发展阶段和企业规模的不同，会计调整项及加权平均资本成本的多样性使得经济增加值计算过程更为复杂，影响了不同指标之间的比较性。最后，作为一个绝对数值指标，经济增加值在比较不同规模公司的业绩时不够便捷。经济增加值也可能误导使用者，如处于成长阶段的公司可能显示较低的经济增加值，而处于衰退期的公司经济增加值可能偏高。在确定经济增加值时，关于净利润的调整及资本成本的确定存在广泛争议，这些争议阻碍了统一标准的形成。这种缺乏统一性的业绩评价指标，主要适用于对公司进行历史性分析和内部评价。

7.3.2.3　平衡计分卡法

（1）平衡计分卡的内涵

卡普兰（Kaplan）和诺顿（Norton）于20世纪90年代提出的平衡计分卡是一种将组织战略从财务、顾客、内部流程、创新与学习四个维度转化为可操作的评估指标和目标值的工具，是保证组织战略得到有效实施和控制的一种绩效管理体系。图7-15是平衡计分卡的应用实例。

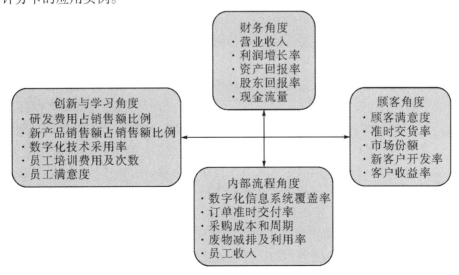

图7-15　平衡计分卡应用实例

第一，财务指标。财务指标能够反映企业战略及其实施对提升企业盈利能力与股东价值的贡献。这些指标通常包括营业收入、销售增长率、利润增长率、资产回报率、股东回报率、现金流量以及经济增加值等。前文在企业业绩衡量部分阐述的财务衡量指标，都可作为平衡计分卡财务指标内容的选取对象。

第二，顾客指标。顾客指标旨在评估和体现企业在满足顾客需求、提升顾客价值方面的成效。这些指标的设定与选取，需依据企业对目标市场的价值定位而定。常见的顾客指标包括顾客满意度、顾客投诉率、投诉处理效率、准时交货率、市场份额、客户忠诚度、新客户开发率以及客户收益率等。

第三，内部流程指标。内部流程指标主要用于评价企业在不同业务流程的表现，并识别需加强或改善的流程，以保证战略的顺利执行。这些指标通常涵盖数字化信息系统的覆盖率、计划制定的准确性、设备使用的效率、订单的准时交付率、采购的成本与周期、项目的进展及完成状况、废物减排及利用率、安全事故的发生频率、接待客户的时间与次数、对客户需求的响应速度，以及员工建议的接纳比例和收入水平等。内部流程指标大多为驱动性或动因性指标，其改善和提升能够直接使得企业在财务、客户等业务领域改进并产生积极成果。

第四，创新与学习指标。平衡计分卡的前三类指标展示了企业的实际能力及其与企业实现业绩增长和成功实施战略所必需的能力之间的差距。弥补这个差距的关键是通过提高员工素质和能力以及改善企业组织文化推进企业创新。创新与学习指标是评估企业在人力资源管理及培育创新型、学习型组织和文化成就的关键工具。这些指标包括研发费用占销售额的比例、新产品销售额占销售额的比例、专利级别及数量、数字化技术的采用率、员工流动性、员工培训费用及次数、员工满意度等。创新与学习指标驱动企业经营活动达到平衡计分卡其他三类指标的要求，使财务、客户、流程等方面得到持续改善并成为企业战略和企业长远成长的坚固支撑。

（2）平衡计分卡的特点

与企业传统的业绩衡量体系和方法比较，平衡计分卡具有如下特点：

第一，平衡计分卡采用全面反映战略目标的四项指标体系，取代了单一的财务指标，为战略执行提供了坚实的支持。

第二，平衡计分卡的四项指标体系实现了五个维度的平衡：一是财务与非财务指标之间的平衡；二是长期目标（如创新与学习指标）与短期目标（如财务指标）之间的平衡；三是结果性指标（如财务指标）与驱动性指标（如内部流程指标、创新与学习指标）之间的平衡；四是企业内部利益相关者（员工）与外部利益相关者（股东、顾客）之间的平衡；五是领先指标（预测性指标）与滞后指标（结果性指标）之间的平衡。这些平衡有效避免了企业业绩衡量和考核中的片面性、表面性和间断性，使企业业绩衡量和考核科学化、系统化、长期化，企业战略控制更加可靠、有效。

第三，平衡计分卡四项指标的内容之间紧密联系、相互支持、彼此加强。例如，财务指标的内容既为其他指标内容的选择和设定确立了量化目标和标准，又作为其他指标内容完成的结果对企业业绩起着综合评价作用。有的目标内容之间相互交叉，如销售增长率既可作为一项财务指标，也可纳入顾客指标；数字化信息系统覆盖率可同时列入内部流程指标和创新与学习指标等。

第四，每个企业的平衡计分卡都具有其独特性。企业应根据自身战略及其实施情况、产品和服务的性质、企业规模和成长阶段、生产技术和组织形式、员工构成和文化特色以及所处行业的竞争格局和行业成功关键因素等，合理选择和确定平衡计分卡四个角度指标的具体内容。

7.3.3 基于效果评价的财务战略实施反馈控制

财务战略实施效果评价旨在精确掌握企业财务战略实施的实际成效，从而判断企业财务战略实施成果与战略预期的匹配程度。此举有助于及时采取针对性措施，对财务战略实施体系进行动态调整和修正，确保财务战略实施的实际成效与战略目标相一致。换言之，财务战略实施效果评价的目的之一是测量实际结果与战略目标之间的偏差。企业财务战略实施绩效（效果）之所以会和战略目标存在不同程度的偏差，其常见原因在于：①财务战略实施的目标制定不科学（或者说不切实际）；②为实现财务战略目标而选择的战略模式不恰当；③用以实施财务战略的组织结构与战略模式或环境不匹配；④主管人员或作业人员不称职或玩忽职守；⑤财务战略管理过程的信息沟通或激励机制缺失；⑥企业财务战略实施的内外部环境发生了重大变化。

事实上，基于财务战略实施效果评价的测偏和纠偏过程本质上是一个反馈控制过程（如图 7-16 所示）。

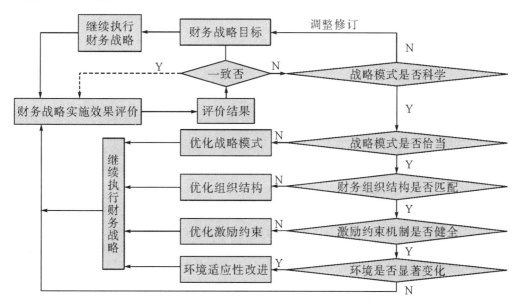

图 7-16 基于效果评价的财务战略实施反馈控制过程

图 7-16 表明，基于效果评价的财务战略实施反馈控制过程将测偏和纠偏两种战略实施行为有机融合在一起。或者说，反馈控制的目的在于测量战略实施的偏差并进行动态纠偏。该反馈控制过程始于财务战略实施效果评价，之后其将评价结果与财务战略目标进行一致性比较，如果两者一致，那么就进行第一次自行反馈，如果两者不一

致，那么就做战略目标的科学性检测，如果检测结果为"否"，那么就调整修订财务战略目标，进而通过继续执行财务战略实现反馈循环。

如果战略目标的科学性检测结果为"是"，那么就依次检测财务战略模式的恰当性、财务战略组织结构与财务战略模式的匹配性、激励约束机制的健全性。对于这些检测，如果检测的结果为"否"，那么就做相应的优化工作，然后继续执行财务战略并重新进行财务战略实施效果评价，由此构建起相应的反馈控制闭路循环系统。如果激励约束机制健全性检测结果为"是"，那么就进行财务战略环境变化的显著性检测，如果该项检测结果为"是"，那么就对财务战略系统做环境适应性改进，并继续执行财务战略，从而实现反馈控制系统闭路循环，如果该项检测结果为"否"，那么就转入财务战略实施效果评价环节进而实现反馈循环。

深层次看，基于效果评价的反馈控制是一种战略绩效评估控制。战略绩效评估控制系统包括战略执行评估控制系统和传统绩效评估控制系统。战略执行评估控制系统属于传统意义上的战略控制，它的整个过程是一个反馈控制系统；传统绩效评估控制系统则属于战术层次上的反馈控制。值得注意的是，战略层面的控制并不能替代战术意义上的控制。因为任何战略的贯彻执行，最终都要由具体的、以短期目标为主的战术安排来落实和体现。

所有财务战略归根结底要通过财务战略绩效评估控制系统得以贯彻实施，战略反馈控制和战术反馈控制相结合的战略绩效评估控制系统是连接财务战略制定与财务战略实施的纽带和桥梁，它是财务战略目标能够最终实现的重要保障。

【本章小结】

本章小结具体见表7-6。

表7-6　本章小结

财务战略实施的基础性准备	核心：制订财务战略实施计划是企业实施财务战略必须要做好的基础性准备工作。其主要包含计划实施的时间、实施机构及参与人员以及财务战略实施的行动计划三项要素
财务战略实施的过程控制	核心：战略控制是将企业战略执行过程中产生的实际效果与预定的目标和评价标准进行比较，发现偏差，采取措施，以达到预期的战略目标。 财务控制是指财务人员（部门）通过财经法规、财务制度、财务定额、财务计划目标等对资金运动（或日常财务活动、现金流转）进行指导、组织、监督和约束，确保财务计划（目标）实现的管理活动。财务控制是确保企业与财务有关的战略得以实现的过程

表7-6(续)

财务战略 实施效果评价	核心：财务战略实施绩效评价是指通过一定的评价手段和方法，对企业财务战略实施所产生的后果和经济影响进行全面分析，进而就其结果与预期一致性做出判断的过程。 业绩衡量指标： ●财务衡量指标 ●非财务衡量指标 ●效果评价方法： ●业绩金字塔法 ●经济增加值法 ●平衡计分卡法

【本章内容在历年 CPA 考试中涉及的考点】

敲黑板：
1. 8 种横向分工结构
2. 战略的关系
3. 公司战略与企业文化
4. 业绩评价

【技能训练】

一、单选题

1. 华海建筑公司设有财务部、设计部、规划部、工程部、物资部、行政部这 6 个主要部门。当公司承接一个建设项目时，由这 6 个部门各抽调人员组成项目小组进行项目开发和实施等工作。华海建筑公司所采取的组织结构为（   ）。

扫一扫，对答案

  A. M 型组织结构

  B. 职能制组织结构

  C. 矩阵制组织结构

  D. 事业部制组织结构

2. 北汽集团控股公司拥有多家各自独立经营的子公司，这些子公司具有独立的法人资格，可以自主作出战略决策。该公司的横向分工结构为（   ）。

  A. M 型组织结构

  B. H 型组织结构

  C. 矩阵制组织结构

  D. 战略业务单位组织结构

3. 王先生在 20 世纪 80 年代创办了鹿城儿童玩具厂。该玩具厂秉承以血缘关系或者族人的价值观为核心的家族文化，在玩具厂创业初期有过许多积极的意义。但后来王先生独断专行，盲目投资矿产，导致资金链条断裂，鹿城儿童玩具厂在 2009 年突然"坍塌"。根据上述信息可以判断，鹿城儿童玩具厂的企业文化类型属于（　　）。

  A. 人员导向型

  B. 任务导向型

  C. 权力导向型

  D. 角色导向型

4. 甲公司是一家专注于高科技移动领域的互联网公司。该公司没有森严的等级制度，强调员工平等，崇尚创新。在处理多样化的问题时，公司鼓励员工跨部门合作，在工作中发挥自己的专长和创意，努力打造客户需要的产品。甲公司的企业文化类型属于（　　）。

  A. 角色导向型

  B. 权力导向型

  C. 任务导向型

  D. 人员导向型

5. GA 足球俱乐部是国内比较成功的足球俱乐部之一，在平时工作中，俱乐部非常强调球员的价值，并为球员提供最好的保障。GA 足球俱乐部的企业文化类型属于（　　）。

  A. 人员导向型

  B. 任务导向型

  C. 权力导向型

  D. 角色导向型

6. 甲公司是一家集团企业，一直采用增量预算的方式进行管理。2023 年下半年，该公司通过并购将一家肉联厂纳入旗下，并进行重组。在编制 2024 年预算时，为了促进更为有效的资源分配，甲公司要求该肉联厂以零为基点编制预算。根据上述信息判断，该肉联厂 2024 年应编制的预算类型是（　　）。

  A. 零基预算

  B. 增量预算

  C. 滚动预算

  D. 责任预算

二、多选题

1. 美国通用电气公司曾经把它的经营范围划分为 49 种，并设立了战略业务单位层级。与其他组织结构相比较，战略业务单位组织结构的优点有（　　）。

  A. 降低了企业总部的控制跨度

  B. 使企业总部与事业部和产品层的关系更密切

  C. 有利于具有类似战略的产品、市场和技术之间实现更好的协调和配合

  D. 易于监控、评估每个战略业务单位的绩效

2.2023 年年底，建龙集团完成了对黑龙江伊春西林钢铁 100% 股权的收购，并延续了西林钢铁的经营业务。建龙集团对各子公司实行预算管理，并一直要求各子公司以实际业绩为预算编制基础。当建龙集团启动 2024 年预算编审工作时，其子公司西林钢铁采用的预算编制方法的优点有（　　　）。

A. 比较容易对预算进行协调

B. 鼓励企业管理层和部门经理根据环境变化进行创新

C. 增加预算的科学性和透明度，提高预算管理水平

D. 预算变动较小且循序渐进，能为各部门经营活动提供一个相对稳定的基础

3.“莓问题”公司的主营业务为电力电子变换和控制设备的研发、生产与销售，主要产品包括精密测试电源、特种电源和电能质量控制设备。该公司所取得的下列各项业绩中，属于经营性业绩的有（　　　）。

A. 资产回报率稳步提升

B. 连续多年获得最具市场竞争力的企业称号

C. 净利润额处于行业领先水平

D. 公司特种电源的关键技术取得重大创新，获得国家科技进步二等奖

4. 凯蒂公司采用流动比率、资产负债率、存货周转期、净资产收益率等财务衡量指标进行绩效评价。该公司上述做法的局限性有（　　　）。

A. 难以避免外部环境中某些因素的变化，从而造成不能客观、真实地衡量和反映企业业绩的问题

B. 有时体现的是被扭曲的结果

C. 信息的使用存在局限性

D. 激励、控制的人员范围有限

5. 海底捞成立于 1994 年，是国内一家以经营川味火锅为主、融汇各地火锅特色于一体的大型直营餐饮品牌火锅店。为了提高企业竞争力，海底捞决定运用平衡计分卡衡量公司绩效并选取了经济增加值、采购成本和周期、客户回头率、员工学习培训力度等作为绩效衡量指标。海底捞选取的绩效衡量指标涵盖的角度有（　　　）。

A. 财务角度

B. 内部流程角度

C. 创新与学习角度

D. 顾客角度

6. 甲公司主要从事纺织产品生产。该公司通过乙公司提供的云计算平台对其近期收集的大量信息进行分析，并从中挑选出新产品产值率、数字化部门领导者地位、数据可视化率指标作为此次公司价值链活动优化的重要评价依据。依据数字化战略转型的主要方面，上述指标涉及的方面有（　　　）。

A. 战略变革

B. 技术变革

C. 组织变革

D. 管理变革

三、简答题

1. 战略业务单位组织结构和 H 型组织结构都适用于大型的多元化经营企业，二者如何辨析？

2. 请简述制订财务战略实施计划的基本步骤。

3. 请简述财务战略实施效果评价的方法有哪些。

【案例演练】西山集团财务战略实施方案

1. 公司简介

山西焦煤西山煤电集团有限责任公司（简称"西山集团"），作为国内领先的炼焦煤生产基地，属于特大型煤炭企业，是山西焦煤集团的核心成员。同时，西山集团是国家首批循环经济试点单位之一，拥有国内最大的燃用中煤电厂。西山集团总部距太原市中心仅 11.5 千米，交通网络四通八达。

西山集团负责开采西山、河东、霍西三大煤田，总面积 1 237.12 平方千米，煤炭资源达 151.5 亿吨。其煤种多样，包括焦煤、肥煤、1/3 焦煤、气煤、瘦煤、贫瘦煤等，主要产品有炼焦精煤、喷吹煤、电精煤、筛混煤、焦炭等。炼焦精煤以其低灰分、中低硫分、低磷含量、高黏结指数和强结焦性而著称。焦煤和肥煤是世界稀缺资源，不仅能提升焦炭的冷热强度，还能显著降低炼焦成本，成为冶金行业首选原料。电煤产品品质稳定，适用于贫瘦煤电厂。

西山集团已与宝钢、鞍钢、华能国际等知名企业建立战略合作伙伴关系。其煤炭产品不仅在国内 20 多个省（区、市）广受欢迎，而且出口至日本、韩国、德国、印度、巴西、西班牙、比利时等国家。

2. 构建财务战略体系

①确立财务治理战略，构建与企业多元化发展相适应的财务管理架构。西山集团，作为一个跨行业、跨区域且层级多样的企业，其拥有众多内部层次和冗长的管理链条，各子公司构成了相对独立的管理循环，通常与其他成员单位形成一个相对封闭且完整的产业链。近年来，通过并购重组和战略联盟等手段，西山集团快速成长和扩张，展现出产权关系复杂、财务主体多样化、决策层级多元化、投资领域广泛、关联交易普遍以及集团公司职能多重化等特点。财务治理作为企业治理的核心组成部分，要求集团总部在巩固其主导地位的同时，充分考虑不同产业、地区和管理层次的具体情况，合理分配财务权利。因此，建立一个与企业多元化发展相适应的财务管理架构显得尤为重要。这不仅可以充分发挥总部的财务调控职能，激发各子公司的积极性与创造力，还能实现资源的有效配置、价值提升及风险控制，确保企业总体战略的顺利实施。

②确立控制管理战略，以降低风险并提升企业价值。控制管理战略的核心任务是探索和优化企业资源配置过程中的控制与管理技术。这包括但不限于预算管理、成本控制、内部控制与风险管理，以及财务在业务循环中的参与。控制管理职能在资源配置过程中对财务控制起着至关重要的作用。

第一，通过建立并实施预算管理战略，加强协同效应以推动企业价值增长。建构一个全面的预算管理系统，能够实现其功能——全面反映、综合平衡和实时监控。此系统整合了业务、资金、信息及人力资源，明确了适当的分权授权和基于战略的绩效评估，从而实现了资源的优化配置。该预算管理战略不仅全面展示了企业的当前状况，而且为作业协同、战略执行、经营状态及价值增长等关键决策提供了坚实的支持。此外，探索引入经济增加值作为价值管理的核心理念，有助于统一集团的经营哲学与管理目标，增强运营策略与战略决策的协同效应，促进企业价值的提升、风险管理及持续发展。

第二，通过确立并落实成本管理战略，激发企业全员参与，从而增强企业的核心竞争力。构筑一个全方位的成本管理体系，旨在优化整个企业的成本结构，从整体价值流程出发，采用宏观视角，提升员工的积极性，执行全面、系统的成本控制。其成本管理战略主要包括完善成本管理的责任与制度体系，明确各部门职责，最大化成本管理系统的功能；强化基础成本控制措施，包括物料的计量、验收、领用及盘点，有效封堵管理上的漏洞；加强预算执行力度，细化并执行具体指标，严格遏制超预算支出；推进资源回收利用、旧物修复及成本节约和效率提升活动，以降低产品成本；建立全面的成本考核与评价机制，强化激励与约束，增强全体员工对成本控制的认识和参与度。

第三，通过制定并实施财务风险管理战略，建立全面的风险预警管理机制。在战略层面，引入全面风险管理的理念，完善财务风险预警体系，识别、测量、分析并评估企业生产经营过程中的各类财务风险。在执行层面，及时采取有效的防范和控制措施，以经济、合理、可行的方法处理，确保企业生产安全的正常运行，实现企业的发展战略。一是成立专门的财务风险管理组织，负责监管企业的财务风险管理活动，定期进行财务风险的识别和评估，并生成风险评估报告。集团应对潜在的重大财务风险制定相应的预案，以最大限度地预防和降低风险，减少不必要的损失。二是强化内部控制流程，明确内部控制的各个流程，确立各流程的负责部门，建立关键控制点及其标准。同时，内审系统需要加强对企业内控制度和风险管理的审核，确保其有效性。三是建立财务风险预警系统，持续捕捉和监控各种微小的信号变化，以便及时预防并采取适当的对策。此外，集团需建立一个完善的信息管理系统，确保其一旦发现财务风险信号，就能够迅速且准确地传递至主要决策者，防止问题扩散。同时，定期进行风险预警，生成和更新风险预警报告。

③确立会计管理战略，确保财务战略的顺畅执行。会计管理战略的核心在于对财务会计的基础工作进行重新规划，优化财务管理结构，构建财务信息化平台，培养财务管理专业人才，并提升财务管理文化，从而构筑支持财务战略的体系。

第一，通过执行会计组织战略，提高财务管理效率。该战略涉及对财务管理架构进行战略性设计，其目的是加强财务工作的管理、风险控制及公司管控功能。其关键在于建立总会计师制度，实现集团总部财务管理与会计核算功能的分离，确立财务转型的方向，并成立集团财务中心，以提升财务管理的集中度和效率。

第二，通过执行财务人才战略，塑造现代化财务管理团队。强化人才培养和引进，优化财务会计人才结构，构建涵盖会计、财务管理、税务、金融及资本运作等多方面的专业人才框架，培养具有财务领导力的核心团队，以塑造现代财务管理团队。

第三，通过实施财务信息化战略，推动企业信息一体化进程。该战略旨在构建现代化的信息化平台，推进财务系统与供应、生产、销售等业务系统的信息化整合，实现生产经营全流程的信息流、物流、资金流的集成及数据共享，为企业管理、决策控制和经济运行提供全面、多维的信息资源，满足企业各级管理层及外部对财务信息的需求。

第四，通过实施财务文化战略，提升财务价值观。财务文化战略主要根据企业战略目标提炼出经营思想和理念，提高财务价值观、变革观和使命观，形成持久的文化优势，加速财务文化的转型，引导和推动财务管理工作向更高水平发展。

3. 财务战略业绩评价与调整

①集团在财务战略业绩评价中采用财务与非财务指标相结合的综合绩效评价法，此法以战略和价值为导向，动态衡量集团财务战略目标的达成情况，并提供即时的信息反馈。平衡计分卡作为目前企业财务战略管理业绩评价的首选方法，将业绩评价整合至管理流程，以企业设定的目标为评估的起点及管理的基础。这一方法不仅涵盖了财务指标，而且融合了客户、内部业务流程、学习与成长三个维度的指标，确保了目标与战略与企业日常运营活动的一致性。

②财务战略调整指在执行财务战略过程中，若发现实际成效与预设目标之间有显著偏差，或原定财务战略与现实情况不再匹配时，对策略方案进行必要的修改。财务战略调整的首要任务是比较集团各层级的计划与实际执行结果，随后识别造成这些差异的原因，并在综合评价各层面差异后对策略进行修正。这种调整是一个持续的过程，对制定新的财务战略提供了重要的反馈。

4. 流程再造

企业财务流程再造涉及对财务管理过程与决策体系的系统重构，其目的是提高财务操作的效率，并在成本、质量、服务与速度等关键经营指标上取得显著进步，从而提升财务管理的响应速度、决策能力和有效控制。因此，财务流程再造已成为实施财务战略管理的一种重要工具。在推进财务流程再造的过程中，需特别强调以下四个关键任务：

①优化集团价值链管理。企业的价值链是一个集成创造价值的综合体系，其中财务活动与生产、营销等其他业务部门紧密联动。因此，优化财务管理流程必须涵盖整个企业的经营活动。在财务流程再造中，应将价值链优化作为基础任务，确保其建立在有效的价值链管理之上，实现企业物流与价值流的协同。

②提升财务管理流程的科学性。在财务管理业务流程的重新设计中，首先应根据流程再造的原则进行深入思考和彻底重构，建立科学先进的财务管理流程。其次，需要对现行流程进行归纳分析，识别并解决存在的问题，进而进行相应的改进和完善。财务管理流程的文档化和标准化是必不可少的，要确保每一项财务管理业务流程都配备清晰的流程图和必要的文件支持。

③增强财务流程与业务流程的耦合度。在企业价值链中，财务管理与生产、营销

等其他业务部门存在密切的联系。在财务流程再造过程中，应摒弃仅从财务角度出发的传统思维模式，将财务管理流程整合到企业的总体业务流程中，确保财务与其他业务流程的紧密结合。这不仅需要突出财务管理的特性，还要综合考虑其他业务部门的需求，以达到整体业务的和谐统一。

④财务管理流程的关键在于对财务活动的控制。财务流程再造在本质上是对企业内部财务控制系统的完善，而内部财务控制是企业内部控制体系的重要组成部分。因此，建立的财务控制系统应与企业的内部控制体系相协调。

【思考题】

1. 结合案例，分析为确保财务战略的顺利实施，企业需要做哪些基础性准备工作。

2. 结合本案例分析企业应该如何进行财务流程再造。

3. 为了使财务战略目标能顺利实现，西山集团采取了哪些控制措施？

扫一扫，对答案

8 企业财务战略的风险管理

【学习目标】

> 1. 掌握：企业财务战略风险管理的定义与特征。
> 2. 理解：企业财务战略风险的识别、风险分析与评价等方法。
> 3. 了解：企业财务战略风险的应对及策略。

【课程思政】

课程思政目标：

1. 通过分析国内外企业在财务管理和风险控制中的成功与失败案例，引导学生形成正确的风险管理观念和企业责任感。

2. 将思想政治教育有效融入企业财务战略风险管理课程，增强学生的社会责任感和职业道德。

融入点：

1. 鼓励学生探索和研究国家在特定历史时期对企业财务风险管理的政策变化及其社会效果。

2. 组织学生课堂讨论，通过辩论、角色扮演等形式，激发学生对财务决策中道德、法律和经济效益之间冲突的深入思考。

【思维导图】

本章思维导图如图 8-1 所示。

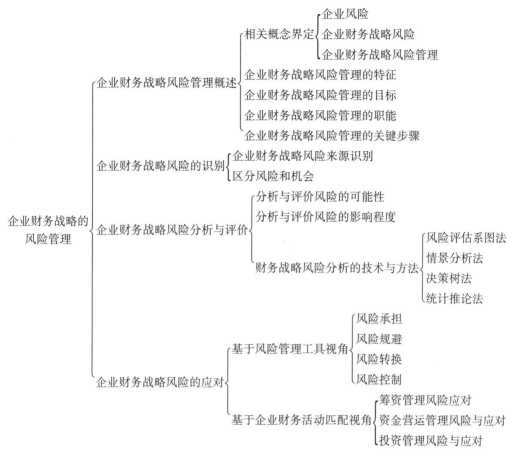

图 8-1 本章思维导图

【导入案例】瑞士信贷陷破产危机，究竟发生了什么？

瑞士信贷总部设于瑞士苏黎世，其自 1856 年成立以来，历经百年沧桑，已发展成为国际知名的跨国银行巨头。最初，该银行主要满足欧洲铁路及电力系统的融资需求。进入 20 世纪 90 年代，伴随着金融自由化的浪潮，瑞士信贷通过系列并购活动实现了业务拓展，此举包括收购了第一波士顿银行等。其并购名单中还有瑞士美国证券公司（SASI）、列岛银行（Bank Leu）、瑞士人民银行（Swiss Volksbank）和温特图尔集团（Winterthur Group），这一系列并购使其成为涵盖全球约 60 个国家和地区的国际银行集团，在投资银行和财富管理领域占有重要地位。作为瑞士的第二大银行，瑞士信贷被金融稳定委员会（FSB）认定为全球系统重要性银行，与摩根士丹利、富国银行齐名，在国际金融市场中具有显著影响力。截至 2022 年年底，瑞士信贷的资产总额为 5 314 亿瑞士法郎，净收入达到 149 亿瑞士法郎，其经济实力使之位列《财富》世界 500 强第 494 名。

但后期，瑞士信贷面临持续的负面报道，财务亏损与声誉风险累积导致其五年期信用违约互换（CDS）价格不断攀升，逐渐削弱了市场投资者对其的信心，成为欧洲大型银行中的脆弱环节。截至 2022 年 10 月底，其五年期 CDS 价格达到自 2008 年全球金融危机以来的最高点，广泛流传的市场传言指出该行可能面临破产风险。2023 年 3 月 14 日，瑞士信贷发布了 2022 年年度报告，披露了其内部控制存在的显著缺陷，这主要关联到财务报表风险评估流程。普华永道随后对该行的财务报告内部控制有效性发表了否定意见，引起了投资者的广泛关注。翌日，即 2023 年 3 月 15 日，瑞士信贷的最大股东沙特国家银行的董事长表示，由于受到监管限制，不打算增持瑞士信贷投资，这一表态进一步加重了市场的不安情绪；同一天，瑞士信贷的股价剧烈下跌 30%，其五年期 CDS 价格激增至 1 082 基点，创下历史新高，市场普遍预测其违约或破产的风险极大。随着危机的深化，瑞士信贷不得不向瑞士国家银行申请紧急贷款，以防流动性枯竭和潜在的破产风险。2023 年 3 月 19 日，在瑞士国家银行注资 500 亿瑞士法郎后，瑞银集团宣布以 30 亿瑞士法郎收购瑞士信贷。此举不仅标志着瑞士信贷独立运营的结束，也预示着全球银行业格局的重大调整。瑞士信贷危机是由多种因素造成的，包括筹资失误、投资决策失误以及对股利政策的调整失误。

1. 筹资方面

瑞士信贷作为一个历史悠久的银行，一直想要通过扩大市场份额来提高其在全球金融市场的地位。为了实现这一目标，瑞士信贷开始采取更激进的资金筹集策略，大量依赖短期融资来资助其长期投资。然而，在 2022 年，全球金融市场经历了剧烈波动。随着利率的急剧上升，瑞士信贷的短期借款成本飙升，其资金链开始出现裂痕。市场对瑞士信贷的信任开始动摇，其资金成本上升，再融资变得越来越困难。

2. 投资方面

瑞士信贷想要通过投资高风险、高收益的资产来提高总体收益。这种投资策略在市场稳定时表现良好，但它也埋下了隐患。2021 年，当 Archegos Capital Management 因无法满足保证金要求而被迫清算其庞大的杠杆持仓时，瑞士信贷作为其主要的经纪商之一，遭受了巨大损失。这场事故不仅导致瑞士信贷损失了近 50 亿美元，更重要的是，它暴露了瑞士信贷在风险管理和内部控制方面的严重缺陷。

3. 股利分配方面

面对流动性压力和资本充足率的下降，瑞士信贷的管理层决定削减股利，以保留现金和稳固资本基础。这一决策虽然在财务上是必要的，但它进一步影响了投资者的信心，导致股价持续下跌。股利的削减，加上一连串的投资失误，使得瑞士信贷的股东们感到极度不满，他们认为管理层未能有效管理风险和维护投资者的利益。此外，股价的下跌反过来加剧了瑞士信贷的资金压力，形成了一个恶性循环。

8.1　企业财务战略风险管理概述

8.1.1　相关概念界定

8.1.1.1　企业风险的定义

企业风险是指企业战略及经营目标实现的不确定性，通常通过事件的后果与发生概率的结合来描述。企业风险至少包括以下四个方面的内涵：

（1）企业风险与企业战略及绩效息息相关。即影响企业达到战略目标的各类因素与事项构成企业风险。当战略目标不同，企业面对的风险亦有所不同。

（2）风险代表一系列潜在的结果，而不仅仅是最有可能的结果，风险的潜在结果是多元的，因此在理解与评估风险时，必须考虑"范围"这一概念，以应对多种不确定性。

（3）风险既有其客观性也有其主观性。风险源于事件的不确定性，具体情况下的风险可以通过人的主观判断进行不同的选择。

（4）风险与机遇往往共存。风险事件的不确定性意味着其结果可能是积极的或消极的。虽然多数情况下人们只关注风险的负面影响，如竞争失败、经营中断、法律诉讼、商业欺诈、无效开支、资产损失及决策失误等，但风险并非总是消极的。在诸多情况下，风险也代表着潜在的机遇，这是创造价值的基础，因此企业应当学会利用可能由风险带来的机遇。

8.1.1.2　企业财务战略风险的定义

企业财务战略风险是指企业在运用各类资源与能力（如融资活动、投资活动、股利分配）追求发展的过程中，因宏观经济、监管政策等外部环境因素或企业战略目标、管控模式、企业文化等内部因素导致企业财务相关管理活动偏离财务战略目标的不确定性。

理解企业财务战略风险的含义需要把握两个要点：第一，企业财务战略风险基于未发生的各种不确定性事件，已经发生的确定性事件不属于企业财务战略风险的考虑范围。第二，虽然影响企业财务战略的因素很多，但并不是每个可能性事件都会构成财务战略风险。只有当某个事件的偶然发生影响到财务战略目标实现时，它才会成为企业财务战略风险。

8.1.1.3　企业财务战略风险管理的定义

企业财务战略风险管理是指企业为实现财务战略目标，其具体的组织（如风险管理单位）对风险进行有效识别、评估和应对等管理活动的过程。也就是说，财务战略风险管理是在一个风险确定的环境中把财务战略风险降至最低的管理过程。因此，财务战略风险管理的本质就是通过有效的技术手段去控制风险事件所带来的不利影响，从而将组织可能蒙受的损失降到最低，并致力于为组织保持和创造更大的价值。

企业财务战略风险管理的独特内涵主要体现在以下几个方面：

（1）协同企业可承受的风险容忍度与战略

企业财务战略风险管理应在以下环节考虑其可承受的风险容忍度：第一，在制定财务战略的过程中；第二，在设定与财务战略相协调的目标过程中；第三，在构建管理相关风险机制的过程中。

（2）财务战略风险管理的核心是减少损失并致力于价值创造

财务战略风险管理的核心任务是在风险事件发生前采取预防措施，预见并防范将来可能出现的损失，或者在风险事件发生后实施，旨在减少损失并保持及创造价值。在风险管理流程中，每个环节都致力于减少损失：风险识别旨在降低风险事件的发生概率；风险分析目的是预测风险事件可能带来的损失，并提前做好减损准备；风险应对则是减轻已经发生的风险事件带来的损失，并利用机遇保持及增加价值。

（3）财务战略风险管理过程是决策和控制的过程

财务战略风险识别、风险分析与评价、风险应对是为了认识、评价财务战略的风险状况，处理财务战略管理中面临的风险问题，最终作出风险管理决策。从这一角度来看，财务战略风险管理过程实际上是一个财务战略管理决策和控制的过程，其本质是通过合理和科学的财务战略决策为组织实现价值保持和创造。

8.1.2 企业财务战略风险管理的特征

作为企业财务战略的重要组成部分，企业财务战略风险管理具有如下特征：

8.1.2.1 战略性

企业财务战略风险管理要支持企业的战略和价值创造。在财务层面整合和管理企业业务层面风险是企业财务战略风险管理的意义所在，财务战略风险管理要融入企业日常经营管理。

8.1.2.2 可控性

在一定程度上，风险损失成本与风险管理成本具有可替代性。也就是说，在成本效益合理的情况下，较高的风险管理成本往往预示着较低的风险损失成本；相反，若风险管理成本较低，则风险损失成本可能相对较高。这一现象揭示了财务战略风险的可控本质，即它们是可预测、可降低、可分散及可转移的。此外，风险的固有性质决定了风险成本的不可避免性，且风险成本与风险程度成正比。虽然风险无法完全消除，但预防和控制风险是可行的，同时分散和转移风险成本也是可行的。企业可以运用专业技术与方法，在风险发生前或发生时，有效避免或降低风险损失成本，增加风险收益。

8.1.2.3 全员性

企业财务战略风险管理是一个涉及企业治理层、管理层及所有员工的全面过程，旨在将风险控制在可承受的范围内，以提升企业价值。财务战略风险管理本质上不是一个单一的成果，而是达成成果的手段。在这一过程中，企业必须将风险意识转化为全员的共识和自觉行动，这是确保财务战略风险管理目标得以实现的关键。

8.1.2.4　专业性

企业较强的财务战略风险管理能力，意味着企业可以作出更明智的财务战略决策、实现更好的目标、创造更大的价值，这就要求企业负责财务战略风险管理的专业人才实施专业化管理，从而形成企业可持续发展的核心竞争力。

8.1.2.5　二重性

风险具有二重性，且总是伴随着机遇存在，即其既可能导致损失，也可能带来盈利的可能性。企业财务战略风险管理的商业使命包括最小化损失、管理不确定性、优化财务战略。在风险损失无法避免的情况下，企业财务战略风险管理应力求将损失降至最低；当风险损失的发生尚未确定时，企业应通过有效措施减小风险的发生概率。因此，当风险预示着机遇时，企业财务战略风险管理应将其转化为增进企业价值的机会。

8.1.3　企业财务战略风险管理的目标

企业财务战略风险管理目标的确立，是财务战略风险识别、财务战略风险分析与评价、财务战略风险应对的前提。企业财务战略风险管理目标的设置应符合以下原则：

第一，一致性原则。即风险管理目标与企业财务战略目标一致。

第二，现实性原则。即风险管理目标要具有客观可能性。

第三，明晰性原则。即风险管理目标要明确，要能够在有效实施后进行效果评价。

第四，层次性原则。即根据层级、主次、职能等，将财务战略风险管理目标进行有效的划分，权责相应，从而提升风险管理的效果。

在不同的经济和社会环境、不同的经营理念和不同的风险管理方案下，制定的财务战略风险管理目标也是不同的。依据目标的层次，企业财务战略风险管理的目标可分为基本目标、核心目标及支撑目标等。

8.1.3.1　基本目标

企业财务战略风险管理的基本目标在于确保企业及其成员的生存与发展。这意味着企业在面对各种风险和突发事件时，能持续生存并寻求发展。在设定风险管理目标时，企业首先需遵守相关法律法规，确保其在可能遭受损失的情况下仍可持续发展。

8.1.3.2　核心目标

企业财务战略风险管理的核心目标是确保风险管理与财务战略及整体战略目标保持一致，控制风险在财务战略和整体战略目标的可承受范围内，以最大化企业价值。影响企业总体战略目标和财务战略的不确定因素有很多，对这些不确定因素进行充分的评估，做好风险的防范与控制，对保障企业财务战略目标与实现价值创造具有重要意义。

8.1.3.3 支撑目标

加强企业文化建设是企业财务战略风险管理的支撑目标。即企业通过提升员工风险管理意识、构建专门的风险管理组织、完善管理制度和流程，将财务战略风险管理深度融入企业文化中。这样做可以促进企业建立符合现代经济社会发展需求的文化价值体系，从而保障企业的持续发展。

8.1.4 企业财务战略风险管理的职能

8.1.4.1 计划职能

企业财务战略风险管理的计划职能是指通过对企业财务战略风险的识别、评估和选择风险应对的手段，设计管理方案，并制订财务战略风险应对的实施计划。

8.1.4.2 组织职能

企业财务战略风险管理的组织职能是指根据财务战略风险管理计划，对企业融资活动、投资活动、股利分配的活动及其生产要素进行的分派和组合。财务战略风险管理的组织职能意味着创造为达到财务战略风险管理目标和应对财务战略风险计划所必需的人、财、物的结合。

8.1.4.3 指导职能

企业财务战略风险管理的指导职能是指对财务战略风险应对计划进行解释、判断，传达计划方案，交流信息和指挥活动，也就是组织该企业的成员去实现财务战略风险管理计划。

8.1.4.4 控制职能

企业财务战略风险管理的控制职能是指对财务战略风险应对计划执行情况的检查、监督、分析和评价。具体来说，其是依据预设的标准，对财务战略计划的实际执行情况进行测定、评估和分析，并对计划与实际不符的部分进行必要的纠正。控制职能的关键包括：确保风险识别的准确性与全面性、评估风险的正确性、选择有效的风险应对技术并组合这些技术的最佳方式，以及使用控制技术来防止或减少风险的出现。

8.1.5 企业财务战略风险管理的关键步骤

企业财务战略风险管理与企业其他风险管理流程类似，主要包括风险识别、风险分析与评价、风险应对三大关键步骤。

8.1.5.1 企业财务战略风险识别

企业财务战略风险识别是企业识别可能会对企业财务战略产生影响的潜在事件，并确定其是机会还是可能影响财务战略风险管理目标实现的内外部风险因素和风险事项。

8.1.5.2 企业财务战略风险分析与评价

企业财务战略风险分析与评价是指企业在风险识别的基础上，对风险成因和特征、风险之间的相互关系进行分析，评估这些风险对企业财务战略目标的影响程度，以及它们发生的可能性，从而为制定风险应对策略提供依据。

8.1.5.3 企业财务战略风险应对

企业财务战略风险应对是企业对已发生的财务战略风险或已超过监测预警临界值的财务战略风险制定应对策略。这些应对策略包括风险承受、风险规避、风险分担和风险降低。风险应对策略的选择应基于风险组合视角，即综合考虑企业战略和财务战略的组合。在制定风险应对策略时，管理层需考虑以下几点：首先是不同策略对风险应对的潜在有效性及其对企业财务表现（如可用利润、每股收益等）的影响，以及其与企业的风险容忍度的匹配程度；其次是不同策略的成本与效益比；最后是这些策略实现企业目标的潜在机会。在考虑应对方案时，管理层应全面考虑每种方案的固有风险和剩余风险。

8.2 企业财务战略风险的识别

企业财务战略风险的识别应聚焦于财务战略目标。这一过程需要企业全面评估可能对企业财务战略实施产生积极或消极影响的内部与外部因素，并在此基础上分析各因素的重要性，以便进一步确定风险的来源。

8.2.1 企业财务战略风险来源识别

企业财务战略风险来源识别主要是分析影响企业实现战略目标的外部因素和内部因素。一般来说，外部因素主要包括经济、自然环境、政治、社会等，内部因素主要包括基础结构、人员、流程、技术等。在分析内、外部因素的同时，需要分析其与企业相关的事项以及导致的结果。例如，经济因素及其相关事项：价格变动、资本可获得性、竞争性准入的障碍，会导致资本成本变动并引入新的竞争者；自然环境及其相关事项：洪水、火灾或地震，会导致工厂及建筑物损失；流程及其相关事项：外包业务的客户送达缺乏监督流程，会导致客户不满、市场份额下降。

表 8-1 为内部因素和外部因素的主要归类。

表 8-1　财务战略风险来源识别

外部因素	内部因素
经济 ●资本的可利用性 ●信贷发行，违约 ●集中 ●流动性 ●金融市场（利率汇率、股票价格等） ●失业 ●竞争 ●兼并/收购 自然环境 ●排放和废弃流程 ●能源 ●自然灾害 ●可持续发展 政治 ●政府更迭 ●立法 ●公共政策 ●管制 社会 ●人口统计 ●消费者行为 ●公司国籍 ●隐私	基础结构 ●资产的可利用性 ●资产的能力 ●资本的取得来源 ●复杂性 人员 ●员工胜任能力 ●欺诈/舞弊行为 ●健康与安全 ●外包 流程 ●能力 ●设计 ●执行 ●供应商供货连续性 信息系统技术能力 ●数据的可信度 ●数据和系统的有效性 ●系统选择 ●开发 ●调配 ●维护
技术 ●电子商务 ●外部数据 ●新兴技术 市场 ●产品或服务价格及供需变化 ●能源、原材料、配件等物资供应充足性 ●潜在进入者、竞争者、与替代品竞争 产业 ●产业周期阶段 ●产业波动性 ●产业集中程度 法律 ●法律环境 ●市场主体法律意识 ●失信、违约、欺诈等 竞争对手 ●成本优势 ●改变竞争策略	研发能力 ●市场信息反馈与研发的衔接 ●研发投资效果 ●专利保护 财务状况 ●融资能力 ●资本结构 ●盈利能力 ●资产周转能力 ●财务困境 企业声誉 ●品牌 ●质量 市场地位 ●市场份额 ●商业活动效果

8.2.2　区分风险和机会

在财务战略风险来源识别之后，管理层需进一步评估和应对那些可能带来负面影响的事件（风险）。而对于那些可能带来正面影响或能够抵消风险的负面影响的事件（机会），则应将其反馈到管理层财务战略目标的制定过程中，以便他们更有效地抓住这些机会。

在实务中，一个目标的实现通常可能会受到多种风险的影响，在大多数情况下，可使用鱼骨图或潜在事件分类图来区分风险和机会。

【例 8-1】甲公司是国内首屈一指的车用 A 产品（以下简称"A 产品"）生产销售企业，拥有众多连锁店。2023 年，甲公司设定了 A 产品净利润增长 15% 的目标（目前净利润为 6 000 万元）。通过调查问卷、高级研讨会、头脑风暴、召开财务战略风险管理会议等形式，甲公司初步分析了实现该目标所涉及的外部因素、内部因素及其相关事项。这些因素包括：

外部因素：

（1）经济：货币政策适中偏紧，资本成本将有所上升；世界经济受新型冠状病毒感染疫情影响增长缓慢，不确定性增加，汇率波动幅度加大；行业内产业链受新型冠状病毒感染疫情影响重构，兼并与收购机会增加。

（2）自然环境：为适应碳中和、碳减排要求，外部监管日益严格，环保成本持续增加。

（3）技术：竞争对手研发的高端产品成本与公司相近，公司产品和市场销售面临挑战。

（4）市场：经济下行导致产品价格下跌，原料成本降低；汽车厂商加大对电动能源汽车市场的布局，导致 A 产品需求大减；部分客户受新型冠状病毒感染疫情影响，回款难度上升。

内部因素：

（1）基础结构：公司连锁店增加，部分连锁店人员不足，销售和发货未实行不相容岗位分离；部分设备维护不足，有可能导致非计划停工。

（2）人员：员工开展电子商务业务的能力不足，影响客户满意度。

（3）流程：全产业链经营，物资实行集中采购，采购质量、性价比及供货及时性均具有一定优势。

（4）研发能力：市场信息反馈部门与研发机构分设，衔接存在滞后，研发能力受限。

（5）企业声誉：假冒伪劣产品影响品牌形象、销量和价格。

采用鱼骨图（见图 8-2）进行分析，图中将促进战略目标实现的事件用向上的指示箭头标示，而给企业带来负面影响的风险则用向下的指示箭头标示。

值得注意的是，随着信息技术对企业商业模式和管理模式的深刻影响，大数据应用在风险管理中的作用日益显著。企业对这些技术的利用显著提升了企业财务战略风险识别的效率，使其能更有效地筛选出关键的有利或不利因素，减少潜在损失，甚至将不确定性转换为发展机遇。例如，通过电子商务平台，企业能够收集并分析消费者的购买行为、偏好、访问数据、平均停留时间、服务响应速度及满意度等信息，进而洞察市场需求动态；同时，平台还能评估供应商的交货效率、产品质量、技术替换可能性、危机应对能力及支付行为，从而判断供应链的稳定性；此外，设备管理信息系统记录了各类设备的故障部件、故障原因、供应商资料、停机时间以及这些因素对生产效率的负面影响和产生的成本，帮助企业精确计算设备故障带来的经济成本。

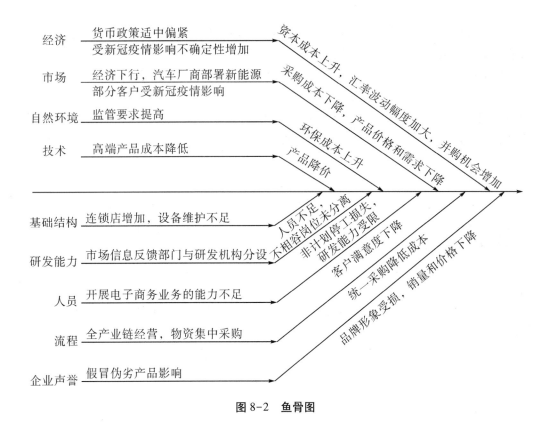

图 8-2　鱼骨图

8.3　企业财务战略风险分析与评价

在明确了潜在的财务战略风险因素之后，企业需进行风险分析与评价，以便确定其可能带来的战略后果或影响，并据此采取恰当的风险应对策略。企业财务战略风险分析关键在于评估各风险事件发生的可能性及其影响程度。

8.3.1　分析与评价风险的可能性

在财务战略风险可能性分析中，可以采用等级排序，该等级可定性描述为"很少""不太可能""可能""很可能""几乎确定"等，也可采用 1、2、3、4、5 等 N 个半定量分值，具体如表 8-2 所示。

表 8-2　财务战略风险可能性的排序和标准

级别	描述符	发生可能性	基本标准
1	很少	非常低	在例外情况下才可能发生
2	不太可能	低	在某些时候不太可能发生
3	可能	中等	在某些时候能够发生
4	很可能	高	在多数情况下很可能发生
5	几乎确定	非常高	在多数情况下会发生

8.3.2　分析与评价风险的影响程度

财务战略风险的影响程度可定性描述为"微小""较小""中等""较大""重大"等，也可采用 1、2、3、4、5 等 M 个半定量分值，具体如表 8-3 所示。

表 8-3　财务战略风险影响程度的排序及标准

程度	描述符	影响程度	基本标准
1	微小	轻微没有伤害	很低的损失
2	较小	较轻的轻微伤害	较小的损失
3	中等	一般中等伤害	中度的损失
4	较大	较重的较大伤害	较重的损失
5	重大	非常严重的较大伤害	严重的损失

8.3.3　财务战略风险分析的技术与方法

由于背景不同、时期不同，且风险分析在企业中是具有持续性和重复性的活动，不同性质、规模、时期的企业，其风险分析的内容有所不同，财务战略风险分析应结合每个企业的特点开展。

在企业财务战略风险分析中，应用的技术和方法是多样的，包括定性分析和定量分析，其主要取决于所选风险识别技术和方法的具体属性。一方面，定性分析往往具有明显的主观性，依赖于分析人员的经验与直觉，或是参照行业标准与常规对风险因子的重要性和严重性进行定级。其表面上看似简单，实则要求分析者具有丰富经验和专业能力，否则可能会由于个人经验和直觉的误差导致分析结果不精确。另一方面，定量分析通过赋予风险的各个组成部分以及潜在损失的水平赋予数值或货币金额，实现了风险分析的量化，确保了分析过程及结果的量化基础。定量分析较为客观，但对数据质量有较高要求，并需要运用数学工具与计算机程序，这增加了操作的复杂性。

在此介绍适合企业财务战略风险分析的四种主要方法，分别为风险评估系图法、情景分析法、决策树法、统计推论法。

8.3.3.1　风险评估系图法

在财务战略风险分析中，风险评估系图法是一种常用的定性分析工具，其也被称作风险矩阵或风险坐标图。该方法通过构建风险评估系图，评估特定风险对企业财务战略的潜在重大影响，并将此影响与风险发生的可能性相结合。此过程为明确企业财务战略风险的优先级提供了清晰的框架。值得注意的是，设定风险等级的方法应与组织的风险偏好一致。

（1）适用范围

该方法适用于对企业财务战略风险进行初步的定性分析。

（2）实施步骤

第一步，根据企业财务战略的实际情况绘制风险评估系图，如图8-3所示。

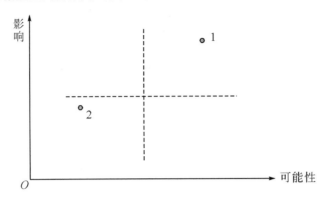

图8-3　风险评估系图

第二步，分析每种风险的重大程度及影响。与影响较小且发生可能性较低的风险（图8-3点2）相比，具有重大影响且发生可能性较高的风险（图8-3点1）更应该被关注。

（3）主要优点和局限性

该方法的主要优点是作为一种简单的定性方法，其为企业判断财务战略风险的重要性等级提供了一种直观且明了的可视化工具。

该方法的局限性主要体现在：第一，该方法依赖于对财务战略风险的重要性等级、发生可能性及其后果的严重程度进行主观评估，这可能影响到结果的精确度。第二，该方法确定的风险重要性等级是基于相互比较得出的，而非通过数学运算计算得出的。第三，如果需要深入探究风险的根本原因，采用此方法可能过于简化，缺乏科学的验证和数据的支持。

例如，一家公司对其面临的9项风险进行了可能性和对目标的影响程度评估，其中风险①表示其发生可能性为"低"，且对目标的影响程度为"极低"、以此类推，直到风险⑨表示其发生可能性为"极低"，但对目标的影响程度为"高"。故在此基础上，绘制风险评估系图如图8-4所示。

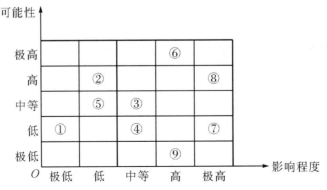

图8-4　某企业财务战略风险评估系图

绘制财务战略风险评估系图旨在通过直观地比较多项风险，明确风险管理的优先序和应对策略，如图 8-5 所示。该图把图 8-4 进一步划分为 A、B、C 三个区域。在 A 区域，企业决定接受所有风险而不增加额外的控制措施；在 B 区域，企业将严格控制风险，并专门增加相应的控制措施；在 C 区域，企业将确保避免和转移风险，并优先采取防范措施。

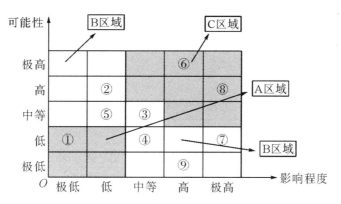

图 8-5　某企业财务战略风险评估系图

8.3.3.2　情景分析法

情景分析法采用自下而上的"如果—那么"分析方式，能够量化单一事件或事件组合对目标的影响。因此，此方法能够预测企业财务战略风险（包括威胁与机遇）的可能发生模式。在数据充足并且分析周期较短的情况下，企业可以基于现有情景推断未来可能的发展。相反，当数据匮乏或分析周期较长时，情景分析法的成效更多依赖于合理的推断与想象。该方法通过识别和分析各种可能情景（如最佳情景、最差情景和期望情景）来探究企业在特定环境中可能发生的事件及其潜在后果，以及这些情景发生的可能性。若积极后果与消极后果之间差异显著，则情景分析法尤显有效。

在对企业财务战略风险进行评估时，情景分析法需深入探讨预期内的变更，其涵盖外部环境的转变（如技术革新）、关键决策即将实施及其潜在结果、利益相关者需求与趋势变化以及宏观环境调整（如监管与人口统计改变）。在这些变更中，有的是不可逆的，有的则充满不确定性。有时，特定变更可能由其他风险驱动，如气候变化所引发的风险可能改变消费者需求，进而影响生产结构。针对这些局部及宏观因素或变化趋势，企业应依据其重要性与不确定性对其进行评估和优先级排列，尤其关注那些最为关键和不确定性极高的因素或趋势。据此，企业可绘制关键因素或趋势图表，清楚标出这些情景可能发生的区域及其存在范围。

（1）适用范围

该方法适用于对企业所面临的财务战略风险进行定性与定量分析。

（2）实施步骤

第一步，组建项目团队并建立有效的沟通机制，明确需分析的问题和事件背景。

第二步，明确预期中可能发生的变化类型。

第三步，研究并预测关键因素和趋势变化的可能性。

（3）主要优点和局限性

该方法的主要优点是在未来变化幅度较小的环境中，其能提供较为精确的模拟结果。

该方法的局限性主要体现在：第一，当面临较大不确定性时，某些模拟的情景可能显得不够切合实际；第二，该方法对数据的有效性及分析师与决策者构建现实情境的能力提出了较高要求；第三，作为决策支持工具，其所依据的情景可能缺乏足够的实证支持，数据可能存在随机性。

例如，一家企业在评估一项投资项目的风险时进行了情景分析，具体如表 8-4 所示。

表 8-4　企业某投资项目的未来情景分析

项目	因素	最佳情景	基准情景	最差情景
影响因素	市场需求	不断提升	不变	下降
	经济增长	增长 5%~10%	增长 < 5%	负增长
发生概率	20%	45%	35%	0
结果		投资项目可在 5 年内达到收支平衡	投资项目可在 10 年~15 年达到收支平衡	不确定

8.3.3.3　决策树法

决策树法是在不确定的情况下，以序列方式表示决策选择和结果的一种方法。类似于事件树法，决策树法始于初始事项或最初决策，之后对可能发生的事件及可能作出的决策的各种路径和结果进行建模。决策树法用于企业财务战略风险管理，有助于企业在不确定的情况下选择最佳的行动步骤。

决策树法始于最初决策。假定企业需要对项目 A 和项目 B 作出投资决策，故随着对假定项目投资条件和效果分析的展开，预计会发生不同的事项，需要企业作出不同的预见性决定，可用树形格式表示。事项发生的可能性可以与路径最终结果的成本或用途一起估算。有关最佳决策路径的信息是富有逻辑性的。考虑各条路径上的条件概率和结果值可以产生最高的期望值。决策树不仅显示采取不同选择的财务战略风险逻辑分析，而且给出每一个可能路径的预期值计算结果。

（1）适用范围

该方法适用于对企业不确定性投资战略期望收益进行定量分析。

（2）实施步骤

如图 8-6 所示，决策树中的方块表示决策节点，其引出的各分支称为方案分支。每一分支都代表一种可能的方案，分支的数量即方案的可能性。圆圈表示状态节点，由此引出的分支为概率分支，每条概率分支标注了相应状态及其出现的概率。概率分支的数量反映了每种方案可能面对的状态数。通过计算概率分支的概率与右侧的损益值，可以得出各方案的期望值，并据此选择期望结果最优的方案。计算完成后，开始对决策树进行剪枝，即在每个决策节点删除最高期望值以外的其他所有分支，最后步步推进至首个决策节点，此时便确定了最佳解决方案。舍弃的方案称为修枝，且用"≠"标记。决策的终点仅保留一条分支，即最优方案。

（3）主要优点和局限性

该方法的主要优点是既能为决策问题提供了清晰的图解说明，又能够精确计算出达到最优状态的路径。

该方法的局限性主要体现在：第一，庞大的决策树结构可能过于复杂，难以进行有效沟通；第二，为适应树状图的表达，可能过度简化实际环境。

【例8-2】甲公司在制定投资战略时，对 A1 和 A2 两种投资方案进行了分析与选择。甲公司对 A1 方案的投资额为 450 万元，对 A2 方案的投资额为 240 万元，预计的经营期限为 5 年，销路好的概率为 0.8，销路差的概率为 0.2。在市场前景佳的情况下，A1 方案的年度利润为 300 万元，而在市场前景不佳的情况下其年度利润为 -60 万元；相应地，A2 方案在市场前景佳和不佳的情况下的年度利润分别为 120 万元和 30 万元。据此，绘制了相应的决策树，如图 8-6 所示。

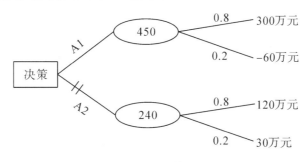

图 8-6　决策树

【答案解析】

A1 的净收益值 = ［300×0.8+（-60）×0.2］×5-450=690（万元）

A2 的净收益值 = （120×0.8+30×0.2）×5-240=210（万元）

选择：因为 A1 的净收益值>A2 的净收益值，所以选择投资战略中的 A1 方案。

剪枝：在 A2 方案枝上标记"≠"，表明舍弃。

8.3.3.4　统计推论法

统计推论法是评估和分析企业财务战略风险的一种十分有效的方法，是根据过去和现在的发展趋势推断未来的一类方法的总称，它可分为前推法、后推法、旁推法三种。

第一，前推法。前推法是应用最为广泛的方法，是通过分析历史数据和经验来预测未来事件的可能性及其潜在后果。这种方法通常沿着时间序列向前推演。当历史数据显示出周期性特征时，可以基于这些周期性来对财务风险进行评估，如利用历史销售数据来估计未来的销售风险。若历史数据中无明显周期性，则可采用各种函数模型来拟合这些数据再进行统计推论。其中，函数有线性函数、指数函数、幂函数、双曲线函数、抛物线函数、生长曲线、包络曲线等。此外，需要注意历史数据的不完整性和主观性问题。

第二，后推法。后推法常用于缺乏历史数据的情况，即通过将假设的未来事件与已知的历史事件关联，推导出未来风险事件的起因，从而对企业财务战略风险作出评估和分析。这种方法在时间序列中是从前向后推进的，尤其适用于那些一次性或无法复现的财务战略评估。

第三，旁推法。旁推法则是通过分析与当前财务战略相似的历史数据来预测可能的风险，如参考其他国家在相似产业中的融资战略，来推测本行业的未来融资风险。在采用此法时，必须充分考虑新环境中的各种因素。这三种方法在企业财务战略的风险评估与分析中均有广泛应用。

（1）适用范围

该方法适合于财务战略的各种风险分析预测。

（2）实施步骤

第一步，收集整理与财务战略风险相关的历史数据；

第二步，筛选适宜的评估指标，并构建数学模型；

第三步，利用数学模型及历史数据，预测未来财务战略风险的发生概率及潜在损失。

（3）主要优点和局限性

该方法的主要优点是在数据完整且可靠的条件下，操作简便，易于实施；应用范围广，涵盖多个领域。

该方法的局限性主要体现在：第一，鉴于历史背景和条件的变迁，过去的事件可能不再适应当前或未来的情境；第二，未充分考虑事件间的因果关系，可能导致推断结果存在显著偏差。为了纠正这些偏差，有时需要融入专家或集体的经验来对历史数据进行处理。

例如，某企业计划投资 A 地区汽车市场的车型项目，运用统计推论法预测 A 地区汽车市场各种车型的销量。第一步，选取构建模型所需的指标。根据历史经验和数据，选择 A 地区人均国内生产总值、运营公交车数量、道路总长、人均可支配收入、汽油年均价五项指标，衡量 A 地区汽车市场的外部环境条件。第二步，搜集历史数据，并构建预测模型。将历年各车型的销量，与所选择的五项外部环境条件指标进行拟合回归，构建线性函数，得出 A 地区各车型销量与外部环境条件指标的拟合关系，预测未来几年外部环境指标大小。第三步，代入线性函数，即可根据模型预测未来几年 A 地区各种车型的销量。

8.4 企业财务战略风险的应对

8.4.1 基于风险管理工具视角的风险应对

《中央企业全面风险管理指引》明确了七种风险应对的策略：风险承担、风险规避、风险转移、风险转换、风险对冲、风险补偿和风险控制。但在一般情况下，对于企业财务战略风险的应对，主要包括风险承担、风险规避、风险转换、风险控制。

8.4.1.1   风险承担

风险承担，又称风险承受、风险保留或风险自留，指企业对面临的风险采取接纳态度，并承担由此产生的后果。企业所面临的风险众多，而能被企业明确识别的仅为全部风险的一小部分。对于未能识别的风险，企业通常由于风险管理能力不足，而不得不选择承担这些风险。而对于已识别的风险，企业可能会出于以下几点原因选择承担风险：

（1）缺乏主动管理的能力，对该部分风险只能选择承担；

（2）缺少其他可行的替代方案；

（3）考虑到成本效益，认为承担风险是最合适的选择。

值得注意的是，通常情况下，对于企业的重大财务战略风险，不建议采用风险承担的策略。

8.4.1.2   风险规避

风险规避指企业主动避开、中断或退出包含特定风险的商业活动或环境，以免成为风险的承担者。例如：

（1）退出某一市场以避免激烈竞争；

（2）出售从事某一业务的子公司；

（3）退出某一亏损且没有发展前途的产品线；

（4）拒绝与信用等级低的交易对手交易；

（5）禁止各业务单位在金融市场进行投机；

（6）停止与一个发生战争的国家开展业务。

8.4.1.3   风险转换

风险转换是指企业通过策略调整等措施，将面临的一种风险转化为另一种风险。这一过程的基本形式涉及在降低某种风险的同时增加另一种风险，但通常这种转换并不直接减少企业的总风险水平。例如，企业可能通过放宽交易客户的信用标准来增加应收账款，从而扩大销售规模。通过这种方法，企业能够在两种或多种风险之间进行权衡，以实现最佳的管理效果。再比如，企业决定降低目前的生产投入，增加研发成本，以期获得高质量产品的技术突破，从而进入高附加值领域。因此，风险转换可以帮助企业在无成本或低成本的情况下达到企业财务战略目标。

8.4.1.4   风险控制

风险控制是指对风险事件发生的动因、环境和条件等进行管理和控制，旨在减轻风险事件发生时的损失或降低其发生的概率。例如，在生产车间建立严格的产品质量检验流程防止次品出厂；合同签订符合法律要求；持续开展员工行为规范培训等。

风险控制对象一般是可控风险，即可以通过控制风险因素中的一个或多个来达到目的，其主要控制的是事前风险事件发生的概率和事后风险带来的损失。企业内部控制系统是风险控制的主要手段。

8.4.2 基于企业财务活动匹配视角的风险应对

与财务活动相关的战略领域主要包含筹资管理、运营管理、投资管理三个具体领域，因此，基于企业财务活动匹配视角的风险应对主要从筹资管理、资金营运管理、投资管理三个方面阐述。

8.4.2.1 筹资管理风险与应对

（1）企业筹资管理的风险表现

企业在筹资管理中面临的风险主要体现在以下方面：

第一，筹资决策失误，可能导致资本结构不合理或融资效率低下，从而引发筹资成本过高或出现债务危机的风险。

第二，未按审批的筹资方案执行筹资活动，擅自改变资金用途，未及时偿还债务或进行股利分配，可能导致企业面临经济纠纷或诉讼。

（2）企业应对筹资管理风险的策略

企业应对筹资管理风险，应重点关注筹资方案可行性论证、筹资方案审批、筹资方案实施与筹资会计系统控制等方面的管控措施。

第一，关于筹资方案可行性论证。企业应依据筹资目标与长远规划，结合年度预算，制定筹资方案，明确筹资金额、筹资形式、利率、筹资期限、资金用途等内容，并组织相关专家对筹资方案进行论证，包括战略评估、经济性评估、风险评估等。对于重点筹资项目，企业应编制可行性研究报告，详尽阐述风险评估结果。

第二，关于筹资方案审批。企业必须对筹资方案施行严格审核，着重考虑资金使用的合理性以及企业的偿债能力。关键筹资项目须遵循已设定的权限及流程，执行集体决策或采用共同签字制度。若筹资方案出现重大变更，必须重新进行可行性分析并严格按照审批流程执行。

第三，关于筹资方案实施。企业应在获批的筹资方案基础上，依照规定严格筹集资金；应细致审查筹资合同和协议，确保明确规定筹资额、期限、利率及违约责任等，避免合同漏洞对企业造成不利影响。若资金用途需要变更，应通过企业相应审批。同时，企业应强化债务偿还与股利支付管理，确保按约定条件及时支付本息，并在股票筹资时制定合理的股利分配政策，经股东大会批准后公开披露。

第四，关于筹资会计系统控制。企业应强化筹资业务的记录、凭证以及账目管理，根据国家会计准则执行核算并监控资金的筹集与偿还过程，妥善保存相关文件。同时，企业应定期与资金提供方进行账目核对，确保筹资活动严格遵循筹资方案的要求。

8.4.2.2 资金营运管理风险与应对

（1）企业资金营运管理的风险表现

企业资金营运活动是一种价值运动。为保证资金价值运动的安全、完整、有效，企业资金营运活动应按照严密的流程进行控制。企业资金营运活动存在的风险主要表现在：

第一，资金调度不当、运转不畅，可能导致企业面临财务压力或资金过剩问题。

第二，资金活动监管不严格，可能导致资金被非法转移、侵占、抽逃或遭遇诈骗。

（2）企业应对资金营运管理风险的策略

对于资金营运管理风险的应对，企业应注重对资金收付、现金管理、银行账户管理、票据与印章管理以及费用报销等方面的控制措施。

第一，关于资金收付。企业须根据业务的实际发生，严格规定资金收支的条件、流程及审批权限，以确保资金收付有据可依。企业在生产经营或其他业务活动中获取的资金，必须及时记入账目，严格禁止设立账外账目或"小金库"，坚决杜绝收入不入账行为。在资金支付业务的执行中，企业应清晰指明支付的目的、金额、预算、限额和支付方式等，且必须附带原始单据或相关证明。企业在通过严格的授权审批流程之后，才可进行资金支出。出纳人员须依据资金收付凭证记录日记账，会计人员应按照相关凭证进行明细分类账的登记，而主管会计则负责记录总分类账，通过完善并严格执行审计、盘点制度，确保账证一致、账账相符、账表相符、账实相符。

第二，关于现金管理。企业应当建立健全现金管理制度，规定库存现金缴存机制、现金开支范围及限额，规定现金业务的授权批准方式、权限、程序、责任和相关控制措施，确保现金交易事项都经适当授权审批，且被准确、完整地记录在适当的会计期间。企业应定期执行库存现金盘点，如发现盘盈、盘亏情况，应及时调查原因，进行账务处理。

第三，关于银行账户管理。企业应明确银行账户开立、变更和撤销的流程，确保相关操作是在完成适当的授权审批后执行的。企业应定期开展银行对账，编制银行存款余额调节表，确保相关收付款交易均被真实、准确、完整地记录在适当的会计期间。同时，企业应定期开展银行账户清理，及时关闭闲置账户。

第四，关于票据与印章管理。企业须严格落实职务不相容原则，防止单一人员独自掌管处理资金支付所需的相关印章及票据。印章和空白票据应进行分开管理，同时，财务专用章与企业法人章需要分别保存。企业必须清楚定义各类票据在购买、保管、领用、背书转让及注销各阶段的职责权限与操作流程，还应设立专用的登记簿来进行详细记录，确保企业开立票据、使用票据及印章的过程均经过恰当的授权审批，以保障企业资金的安全。

第五，关于费用报销。企业应当建立健全费用报销管理制度，明确报销申请审批流程，确保所有费用报销事项经过适当的审批，费用报销金额准确、合理，费用报销原始凭证真实、完整、有效。同时，费用报销业务应及时反映在会计记录中，以保障财务报告的准确、完整。

8.4.2.3 投资管理风险与应对

（1）企业投资管理的风险表现

企业投资管理存在的风险主要表现在：

第一，投资决策的失误可能导致企业无谋的扩张或错失增长机遇，进而引发资金链的断裂或资金利用效率的降低。

第二，未按审批的投资方案执行投资活动，未对投资项目开展有效的后续跟踪和监控，或对投资项目处置不当，可能影响企业投资收益。

（2）企业应对投资管理风险的策略

企业应对投资管理风险，应重点关注投资方案可行性论证、投资方案决策、投资方案实施、投资处置与投资会计系统控制等方面的管控措施。

第一，关于投资方案可行性论证。企业应基于自身的发展战略与规划，综合考虑其资金状况及筹资能力，科学地规划投资项目。企业在拟定投资方案时，需加强对其可行性的研究，客观评估投资的目标、规模、方式、资金来源及风险与收益等关键因素。

第二，关于投资方案决策。企业应当按照规定的权限和程序对投资项目进行决策审批。其中，对于股权类投资项目，应重点审查投资方案是否合理可行，投资项目是否符合国家产业政策及相关法律法规的规定，投资项目是否符合企业整体战略目标和规划，尽调工作是否充分，尽调发现的问题及风险是否可控，投资目标能否达成等；对于期货、债券等金融资产类投资，应重点审查其是否符合企业资产流动性要求，风险等级是否符合企业风险承受能力，其是否具有相应的资金能力，以及其资金回收和预期收益的可实现性。

第三，关于投资方案实施。企业应根据投资计划进度，严格分期，按进度适时投放资金，严格控制资金流量和时间。对于股权类投资，企业应当指定专业机构或人员跟踪管理，定期进行投资效益分析，并在发现异常情况时及时处理。企业应适时对部分重要项目进行后评价，总结经验，提升投资决策和管理水平。

第四，关于投资处置。企业应加强对投资回收和处置的控制，明确投资回收、转让、核销的决策和审批流程。企业应确保投资本金的回收，并在转让投资时，由相关部门合理定价，必要时引入具有资质的机构进行评估。对于无法回收的投资，可在获取相应的法律和证明文件后进行核销。

第五，关于投资会计系统控制。企业应当遵循会计准则，准确处理投资会计事项。企业应根据其对被投资方的影响，选择合适的会计政策，建立详细的投资管理台账，记录投资的各项数据，并妥善保管相关文件。在面对被投资方财务恶化或市价大幅下跌时，企业应合理计提减值准备，确认减值损失。

【本章小结】

本章小结具体见表8-5。

表 8-5　本章小结

	企业风险	即对企业的战略与经营目标实现产生影响的不确定性
相关概念界定	企业财务战略风险	企业在运用各类资源与能力（如融资活动、投资活动、股利分配）追求发展的过程中，因宏观经济、监管政策等外部环境因素或企业战略目标、管控模式、企业文化等内部因素导致企业财务相关管理活动偏离财务战略目标的不确定性
	企业财务战略风险管理	即企业为实现财务战略目标，其具体的组织（如风险管理单位）对风险进行有效识别、评估和应对等管理活动的过程

表8-5(续)

风险的识别	风险来源识别	主要是分析影响企业实现战略目标的外部因素和内部因素： (1) 外部因素主要包括：经济、自然环境、政治、社会等 (2) 内部因素主要包括：基础结构、人员、流程、技术等
	区分风险和机会	应对负面影响的事件（风险）由管理层进一步评估和应对；对于具有正面影响或者抵消风险的负面影响的事件（机会）则反馈到管理层的财务战略或目标制定过程中，以便更好地抓住机会；通常使用鱼骨图来区分风险和机会
风险分析与评价	风险的可能性	可定性描述为"很少""不太可能""可能""很可能""几乎确定"等（也可采用1、2、3、4、5等N个半定量分值）
	风险的影响程度	可定性描述为"微小""较小""中等""较大""重大"等（也才采用1、2、3、4、5等M个半定量分值）
	分析技术与方法	(1) 风险评估系图法。一种常用的定性分析工具，也被称作风险矩阵或风险坐标图。该方法通过构建风险评估系图，帮助分析某一风险对企业财务战略是否可能造成重大影响，并将这种影响与风险发生的可能性相结合 (2) 情景分析法。一种自下而上"如果—那么"的分析方法，可以计量一个事件或事件组合对目标的影响 (3) 决策树法。在不确定的情况下，以序列方式表示决策选择和结果的一种方法 (4) 统计推论法。根据过去和现在的发展趋势推断未来的一类方法的总称，它可分为前推法、后推法、旁推法三种类型
风险的应对	风险承担	又称风险承受、风险保留或风险自留，即企业对面临的风险采取的接纳态度，并承担由此产生的后果
	风险规避	即企业主动避开、中断或退出包含特定风险的商业活动或环境，以免成为风险的承担者
	风险转换	即企业通过策略调整等措施，将面临的一种风险转化为另一种风险
	风险控制	即对风险事件发生的动因、环境和条件等进行管理和控制，旨在减轻风险事件发生时的损失或降低其发生概率

【本章内容在历年CPA考试中涉及的考点】

敲黑板：
1. 风险管理的概念
2. 风险管理的基本流程
3. 风险管理策略工具

【技能训练】

一、单选题

1. 亚星公司是一家生产、销售化工产品的企业。由于各类风险发生的可能性难以预测且风险一旦发生危害巨大，因而该公司实施了极为严格的风险管理制度。亚星公司采取的风险度量方法应是（　　）。

扫一扫，对答案

  A. 最大可能损失　　　　　　　　B. 概率值

  C. 期望值　　　　　　　　　　　D. 在险值

2. 庆云公司是国内一家研发、生产抗癌药品的企业。面对 M 国 F 公司生产的疗效和安全性更高的同类药品被越来越多的患者接受，庆云公司将业务转型为与 F 公司合作研发新一代抗癌药品，并销售 F 公司的产品，取得了比转型前更好的经营业绩。庆云公司采取的风险管理策略是（　　）。

  A. 风险转移　　　　　　　　　　B. 风险规避

  C. 风险补偿　　　　　　　　　　D. 风险转换

3. 龙泉啤酒公司为了应对气候变化对产品销售的影响，对过去 3 年中气温与该公司啤酒销售量的变化进行了统计分析，找出其中气温炎热、温和及寒冷等不同状态下产品销量变动的规律，并依据此规律和气象部门的预测，计算、推测出该公司下一年应实现的产品销售量。龙泉啤酒公司采用的风险管理方法属于（　　）。

  A. 敏感性分析法　　　　　　　　B. 情景分析法

  C. 马尔科夫分析法　　　　　　　D. 统计推论法

4. Mopoint 是专注于文化创意领域的众筹社区平台。该平台致力于帮助创作者募集资金，让新鲜有趣的好创意成为现实（众筹参与者被称为"摩友"）。若众筹成功，摩友有以低于市场价格优先获得众筹标的的权益；若众筹失败，则摩友无法收回已支付的参与众筹的金额。根据上述案例信息，摩友面对参与众筹可能出现的失败，采取的风险管理策略工具是（　　）。

  A. 风险控制　　　　　　　　　　B. 风险承担

  C. 风险规避　　　　　　　　　　D. 风险转换

5. 经测算，在采取相关风险缓释措施后，投资 A 项目的收益仍不能有效覆盖风险，因此甲公司决定放弃投资该项目。据此，该公司采取的风险应对策略为（　　）。

  A. 风险控制　　　　　　　　　　B. 风险承担

  C. 风险规避　　　　　　　　　　D. 风险转换

6. 甲公司是一家生产企业，目前该公司正在研究是否扩大其生产规模，如果扩大生产规模，则需要增加投入，但市场前景存在不确定性，于是甲公司分别对扩大规模和保持现状两种战略方案下几种情景出现的概率和对应的净现金流进行预测，并比较两个方案的投资净现金流期望值，选择现金流较高的方案，以决定是否扩大生产规模。

根据以上分析可知，甲公司采用的风险管理技术与方法是（　　）。

    A. 事件树分析法   B. 马尔科夫分析法

    C. 决策树法   D. 情景分析法

二、多选题

1. 风险来源识别主要是分析影响企业实现战略目标的外部因素和内部因素，下面属于外部因素的是（　　）。

    A. 经济   B. 自然环境

    C. 技术   D. 政治

2. 下列属于企业财务战略风险应对策略的是（　　）。

    A. 风险承担   B. 风险规避

    C. 风险控制   D. 风险对冲

3. 企业风险是指未来的不确定性对企业实现其经营目标的影响。下列关于企业风险的表述中，正确的是（　　）。

    A. 企业风险与企业战略相关

    B. 风险是最有可能的结果

    C. 风险既具有客观性，又具有主观性

    D. 风险往往与机遇并存

4. 下列属于企业财务战略风险分析技术与方法的有（　　）。

    A. 风险评估系图法   B. 决策树法

    C. 情景分析法   D. 统计推论法

【案例演练】达升公司光鲜发展背后的财务隐患

达升公司是一家大型生产制造企业，其客户遍布全球20多个国家和地区。达升公司自2015年上市以来，畅通融资途径，增加研发投入和市场投入，大幅提升公司市场竞争力，发展异常迅猛，但在这光鲜发展背后，却隐藏着不少财务隐患。

（1）2019年，达升公司以非公开发行方式募集资金，经批准的筹资方案中列明筹资用途为向子公司增资和项目建设。2020年，达升公司与A公司签订《设备采购协议》，将募集资金从专户转出并用于向A公司支付设备款，A公司又按照达升公司的要求将收到的资金转付给指定供应商，该支付款项已超出公司年度采购预算，但未经额外审批。达升公司在年度报告中虚假披露募集资金用途为项目建设，且未进行用途变更。

（2）B公司是达升公司的供应商，为了稳定供应渠道，达升公司在2021年10月收购了B公司45%的股权，并将其转换为自己的关联方。达升公司在2021年10月至12月向B公司进行了多次采购，并以银行承兑汇票方式支付货款1 000万元（票据承兑银行为资信较差的地方性银行且票据尚未到期），同时财务会计冲销了应付账款，这不符合金融资产终止确认条件。达升公司未在2021年财务报表中披露与B公司的关联交易信息，导致其披露的 2021 年度财务报表失真。

（3）为了快速获取收益，达升公司持续增加金融资产投资，于 2022 年 2 月买入 5 000 万元的 F 公司可转换债券，到期日为 2025 年 2 月。该笔投资未经充分的评估测算且投资款支付时未经授权审批，造成资金的违规支付。2023 年 12 月，F 公司由于经营不善破产，该笔债券投资无法兑付，导致达升公司遭受巨大亏损。

（4）达升公司 50% 以上业务以境外销售为主，境外销售交易通常采用美元、欧元、日元等外币结算，汇率波动将直接对公司的经营业绩产生影响。2021 年受全球宏观经济波动、贸易摩擦等多种因素叠加的影响，外币汇率有较大波动，而达升公司对汇率波动预估不足，未能及时采取有效措施管控汇率波动风险，造成公司年度汇兑损失高达 1 000 万元。

【思考题】

1. 达升公司的财务战略风险主要表现在哪些方面？

2. 应对上述风险，达升公司应采取什么样的应对策略？

扫一扫，对答案

9 企业碳财务战略与 ESG 战略

【学习目标】

1. 掌握：企业碳财务战略的概念、融资战略、投资战略、利润分配战略及ESG战略。
2. 理解：企业碳财务战略和ESG战略的评价指标体系。
3. 了解：企业碳财务战略模式。

【课程思政】

课程思政目标：

1. 结合国家的碳中和目标，探讨企业如何通过财务战略支持这一目标的实现，培养学生的环保意识、社会责任感。

2. 通过引入ESG战略相关内容，帮助学生理解企业财务战略在实际操作中如何平衡经济效益与社会责任，从而更好地理解和践行社会主义核心价值观。

融入点：

1. 组织学生就企业碳财务战略的实施进行辩论，让学生了解企业如何在实现财务目标的同时，减少环境影响，实现可持续发展。

2. 利用成功或失败的ESG战略实践案例，让学生明确ESG原则在企业财务战略中的应用及其对企业长远发展的影响，强化他们的社会责任感和伦理判断能力。

【思维导图】

本章思维导图如图9-1所示。

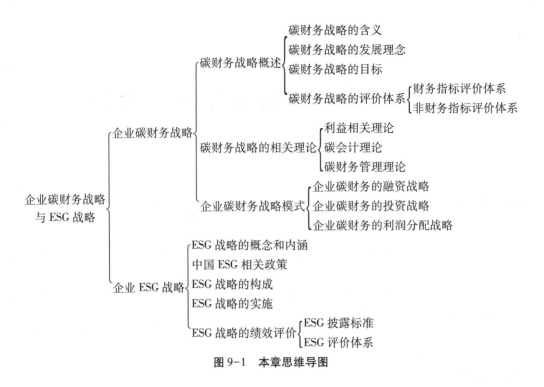

图 9-1　本章思维导图

【导入案例】ESG 浪潮来袭!"四大"开始布局

ESG 规模快速扩大,截至 2020 年年底,全球 ESG 投资规模近 45 万亿美元,成为市场潮流。四大会计师事务所也加入进来,将 ESG 作为审计和资讯业务发展的重点。

据英国《金融时报》报道,四大会计师事务所将 ESG 业务作为发展重点,为其提供两大机会,一是利于审计业务扩大;二是扭转自己的形象,使自己从丑闻缠身的公司转变为专注气候变化、企业多样性的专家,从而赢得客户的信任。

普华永道将发展重点放在 ESG 上,计划扩招 10 万员工,并在 ESG 业务人员招聘、培训、技术和交易方面投资 120 亿美元,旨在争夺 ESG 市场。除此之外,普华永道将在美国和亚洲推出"信任领导力学院",培养客户的商业道德和 ESG 理念。

德勤与世界自然基金会合作,面向 33 万员工,推出"气候学习计划",提高员工对气候危机的认识,包括气候变化的主要原因及其经济、社会和环境影响。

毕马威帮助宜家分析瑞典家具原材料提供商在社会和环境方面的风险情况,同时为印度发行的首只绿色债券提供咨询服务。

安永推出行业内首个采用机器人技术的 ESG 管理平台,为企业提供智能化、一站式的 ESG 解决方案,帮助企业实现 ESG 管理流程优化,助力企业 ESG 管理转型。此外,安永积极尝试提出新的国际准则来衡量企业可持续性发展情况。

9.1 碳财务战略概述

9.1.1 碳财务战略的含义

近年来，随着经济的迅猛发展，大规模的能源消耗使得碳氧化物（如 CO_2、CO）的排放量急剧上升，这已成为全球气候变暖的主要原因之一。这种状况不仅导致了气候灾害和粮食产量减少等问题，还严重威胁到全球的气候安全、粮食安全、能源安全和卫生安全，因而引发了国际社会和各国政府的高度关注。为应对这一问题，世界各国加强了对节能减排和可再生能源的研究，并由此推动了低碳经济浪潮的兴起，这一趋势受到了京都协议书的签订、哥本哈根峰会的召开和环境法规的严格化等事件的推动。

低碳经济（low-carbon economy）是一种建立在低能耗、低污染、低排放基础之上的经济模式。它依赖科技投入，通过技术和制度创新，以及新能源的开发等多种方式，降低生产成本，减少发展对高碳能源如煤炭和石油的依赖，从而推动经济发展，同时减少其对环境的影响，实现经济效益、社会效益与环境效益的和谐统一，促使经济社会发展与生态环境保护实现共赢。

为有效控制温室气体排放的主要源头，全球企业的碳排放（carbon emission）日益受到更多法律和法规的限制，这对企业财务产生了深远的影响。在迈向低碳经济的过程中，企业的各项财务活动均受到碳排放限制的制约。因此，在全球气候变暖的大背景下，企业碳排放及其管理所引发的财务问题愈发显著，已成为环境管理会计领域的研究焦点。

在我国，碳财务战略（carbon finance strategy）这一概念最早由学者玉琳、肖序在 2012 年发表的《碳财务战略理论前沿：一个新的研究视角》中提出。碳财务战略涵盖了碳会计与财务管理的概念范畴，内容广泛且新颖，目前仍是国内外理论研究的前沿领域，但相关的综述性文献较少。到目前为止，国内外学者很少对此进行明确的定义，但可知的是，碳财务战略是财务战略理论在新形势下的应用和发展。因此，碳财务战略既具有一般财务战略的某些普遍性，又具有自己的特殊性和创新性。由此可见，碳财务战略关注的焦点应该是低碳经济背景下企业财务战略的谋划和决策，以实现企业可持续发展，尤其是在全球气候环境复杂多变的情况下，从整体上和长远上实现这一目标。

综合以上的分析以及此前对财务战略概念的认识，我们可以把碳财务战略定义为：为应对全球气候变化，谋求企业综合价值最大化并最终实现企业可持续发展，企业在企业价值链全过程中，以碳理念为指导，加入生态环境因素，并结合碳会计理论体系及其具体内容，对企业财务运作和管理所进行的整体性、长期性和创造性的筹划。

9.1.2 碳财务战略的发展理念

9.1.2.1 保护生态环境的理念

地球是人类的家园，每位公民都负有保护生态环境的责任。碳财务战略强调，在追求经济效益的同时，企业的财务活动应注重生态环境的维护与改善。这意味着在财务决策过程中，企业需全面评估其对生态环境的影响，并在成本效益分析中融入环境因素，实现经济效益与生态效益的双赢。

9.1.2.2 循环经济的理念

碳财务战略倡导企业在生产过程中实施减量（reduce）、再利用（reuse）及再循环（recycle）的"3R"原则。这要求企业在生产中尽量减少原料及能源的使用，从源头上节约资源并降低污染；同时，促进产品及其包装的多次使用；并确保用过的物品在其功能性结束后能转化为再次可用的资源，而非成为废品。

9.1.2.3 绿色经营的理念

碳财务战略要求企业在日常运营中实施绿色经营模式，其涵盖绿色设计、绿色采购、绿色制造、绿色营销及绿色服务等各个方面，其目的在于为企业创造绿色财富。

9.1.2.4 社会责任的理念

碳财务战略基于具有社会责任感的社会主义核心价值观，其不仅仅视企业为追求利润的经济实体，更看待企业为一个承担社会责任、参与环境保护与资源维护的社会经济组织。

9.1.2.5 可持续发展的理念

相较于传统财务战略过分重视企业自身经济利益、可能导致牺牲生态环境的不良行为，碳财务战略强调自然资源与经济活动的协调发展。这种策略不仅有利于保护和恢复自然环境，也促进了企业与社会的整体可持续发展，维护了投资者的长远利益。

9.1.3 碳财务战略的目标

财务战略目标是未来较长时期内财务活动的总体目标，必须适应财务战略思想及企业总体战略要求。不同类型、处于不同发展阶段的企业具有不同的财务战略目标，在以低能耗、低污染、低排放为新特点的经济发展模式下，企业碳财务战略目标是实现碳环境约束下的企业价值最大化，即将企业必须承担的低碳环境责任纳入企业价值最大化的模型中，因此，可以使用碳财务增加值或者碳财务增加值率进行衡量。具体而言，碳财务战略的核心目标是通过合理的财务管理与优化财务政策，确保企业在充分考虑资金的时间价值、风险与回报比例及环境影响的基础上，实现长期稳定发展。此外，碳财务战略还致力于在一定时期内最大化碳财务增加值与低碳加权资本成本之间的比率。具体计算公式如下：

碳财务增加值＝（资本收益率−低碳加权资本成本率）×低碳投入资本

这里的资本收益率是指投入资本的报酬率，计算公式为税前利润减去现金所得税后再除以投入资本；低碳加权资本成本率则是综合债务成本、股权成本及环境成本计算得出的加权资本成本率；低碳投入资本是指总资产减去负债并加上环境资本投入。

$$碳财务增加值率 = 碳财务增加值 / 低碳加权资本成本$$

碳财务增加值率不仅要考虑债务成本和股东权益成本，还必须纳入消耗的环境资本成本。

9.1.4　碳财务战略的评价体系

企业碳财务战略的目标是碳环境约束下的企业价值最大化，因此，碳财务战略的评价体系不仅仅是财务指标和数据，还包括碳环境相关的非财务指标。

9.1.4.1　财务指标评价体系

该评价体系可借鉴传统企业的财务指标，其主要包括盈利能力指标、营运能力指标、偿债能力指标和发展能力指标。这些指标的数据可以直接或间接从会计报表获取。但前提是企业必须单独进行碳会计核算，如表 9-1 所示。

表 9-1　碳财务战略的财务指标评价体系

大类指标	具体指标
盈利能力指标	碳利润、碳财务增加值
	投资报酬率、权益净利率等
营运能力指标	固定资产周转率、存货周转率、应收账款周转率等
偿债能力指标	流动比率、速动比率、资产负债率
发展能力指标	销售增长率、利润增长率、新产品销售比率 资产规模增长指标 资本扩张指标 技术投入比率 经济增加值率、经济增加值的增长率

9.1.4.2　非财务指标评价体系

碳财务战略的非财务指标评价体系，应根据低能耗、低污染、低排放原则设立。其主要包括碳排放指标、碳产出指标和零碳能源产出指标，如表 9-2 所示。

表 9-2　碳财务战略的非财务指标评价体系

大类指标	具体指标
碳排放指标	不可再生能源碳排放指标
碳产出指标	万元生产总值碳排放
	重点产品单位碳排放

表9-2(续)

大类指标	具体指标
零碳能源产出指标	风能产出指标
	核能产出指标
	太阳能产出指标
	地热能产出指标
	生物质能产出指标

注：不可再生资源包括原煤、石油、天然气等。

9.2 碳财务战略的相关理论

关于碳财务战略的理论体系并不成熟，基于现实需求的紧迫性和学术研究领域的空白状态，本书将从利益相关者理论、碳会计理论、碳财务管理理论着手，站在企业节能减排的战略层面，侧面介绍碳财务战略。

9.2.1 利益相关者理论

利益相关者（stakeholder）理论涉及企业管理层综合性地平衡各方需求的活动。此理论包括了股东、债权人、员工、消费者、供应商等商业伙伴，以及政府机构、本地居民、社区、媒体、环保团体等压力群体，甚至包括了自然环境和未来世代等因受企业活动直接或间接影响的实体。这些群体对企业的生存和发展起着关键作用，他们可能承担企业运营风险、支付成本或对企业进行监督和限制。因此，在制定企业财务战略时，必须考虑这些利益相关者的利益和约束。从这个视角出发，企业的存在与发展不再只是一种投资机制的智力和管理的专业化，更依赖于如何有效地满足各方利益相关者的需求，而非仅仅是股东的利益。与传统的股东至上理论不同，利益相关者理论认为，企业的持续发展需要各方的参与和支持，其目标是追求整体利益的最大化，而不只是关注个别主体的利益。

实践显示，仅仅追求企业利润和股东利益最大化的企业很难实现持续发展，因此应推广与低碳发展模式相结合的碳财务战略。企业的碳财务战略应当在提供低碳产品与服务的同时，将利益相关者的均衡发展视为核心价值目标。无论是财务战略的制定和执行，还是财务成效的评估，都应在碳财务战略框架下反映出对所有利益群体的利益，使企业成为友好型和生态型的组织。

9.2.2 碳会计理论

9.2.2.1 碳会计的定义

碳会计是基于能源环境法律及法规，采用货币和实物单位的计量方法或文字描述方式，对企业在履行低碳责任、节能降耗及污染减排方面的活动进行确认、计量、记录和报告。此外，碳会计还涉及对企业自然资源利用效率的报告与评价，同时其披露企业自然资本的效率与社会效益，旨在协助企业实现节能减排目标，并最大化绿色利润。

9.2.2.2　碳会计的特殊原则

碳会计在遵守传统会计的基本要素基础上，融入了一些特定的原则，具体包括：

（1）全局性原则。全局性原则强调，碳会计应当在关注企业自身利益的同时，扩展视野至地区、国家以及全球环境的影响。

（2）政策性原则。碳会计的核算应贯彻国家在环保与节能领域的政策、方针及法律规定。

（3）充分披露原则。碳会计在报告会计信息时，应详细记录碳排放和污染防治支出等关键数据，以便信息接收者能全面理解。

（4）预警性原则。碳会计系统应展现能源的有效使用和清洁能源的应用，及时发现能源利用可能对经济发展带来的限制，并执行预警功能。

9.2.2.3　碳会计要素的确认

（1）碳资产（carbon asset）。即企业在过去的交易或事项中取得，由企业所拥有或控制，能为企业提供低碳处理和保护的资产。其主要内容包括专门为使用清洁能源、节能减排而购置或建造的设备和场所，为低碳生产购买的日常材料或低值易耗品，为低碳管理和保护而获取的专利技术等。

（2）碳负债（carbon liabilities）。即那些满足负债确认条件，并与碳生产直接相关的义务。其主要内容包括为低碳生产和清洁能源使用而产生的长期或短期借款、应付的环保费用、应交的资源税以及环境治理相关的应付账款等。

（3）碳权益（carbon rights）。即企业所拥有的清洁能源、碳资本、收到的环保捐赠、节能基金及从碳损益账户转入的碳收益等。

（4）碳收入（carbon income）。即企业通过节能减排和能源低耗直接获得的非主营业务收入、环境损害的补偿收入及低碳奖励等。

（5）碳成本（carbon cost）。即企业在经济活动中为实现节能减排和低碳生产而发生的支出。其主要内容包括：超出非低碳生产的人工和材料的耗费、环境保护的治理和补偿费用、低碳固定资产的折旧费等。

（6）碳利润（carbon profit）。即从低碳收入中扣除低碳成本和税项后的净额。其反映了企业的低碳效益。

9.2.2.4　碳会计信息的披露

实施碳会计旨在强化社会监督并鼓励企业实行低能耗、低排放的生产模式。在此过程中，碳会计信息的披露尤为重要。目前，我国企业在碳会计信息披露方面尚未达到利害关系人的预期。通过实施碳会计的核算和信息披露，企业及其他组织可以准确地识别和计量与环境资源活动相关的投资及成本，深入理解这些投资和成本带来的经济与社会效益，从而帮助企业获得正当的低碳声誉。

（1）企业应在其财务报表中明确列出与碳相关的财务项目，如在资产负债表中添加"节能投资""低碳固定资产""应交环保费"和"节能基金"等项目；在损益表中加入"碳收入""碳节能奖励""碳成本"和"环保支出"等项目。如有必要，企业应编制附表详尽展示这些科目。

（2）对于难以用货币衡量的实际或潜在碳收益或义务，企业应通过报表附注详述并报告。其应包括利用新型低碳能源的情况、环境法规的遵循情况、企业环境质量、污染物排放以及对环保部门的承诺等情况。如确实需要，企业还应编制一份碳报告，系统全面地描述碳绩效，以便使用者能够进行适当的评估。

9.2.3 碳财务管理理论

9.2.3.1 碳财务管理理论的基本框架

碳财务管理在遵循生态约束的同时，基于传统财务管理理论与方法，融入生态环境因素，追求经济效益与生态、社会效益的协调发展。与传统财务管理的利益最大化和企业价值最大化目标有所区别，碳财务管理致力于经济、社会与环境三者的协调发展。这表明企业不只要追求经济收益，还需注重环境价值，以期在综合价值上实现最大化。在常规的财务活动中，企业致力于降低碳排放，既追求经济效益的提升，同时也重视环境保护，助力可持续发展。碳财务管理的理论架构主要包括：

（1）基本理论。该理论主要聚焦于低碳环境中企业的运营成本与环境保护成本间的相互作用，并明确碳财务管理的目标、原则与具体内容。

（2）应用理论。此理论关注低碳型企业在财务管理中的行为决策及其对业绩评估的影响。

9.2.3.2 碳财务管理的目标

财务管理目标是财务理论研究的关键环节。在传统理论中，企业财务管理的目标主要是实现股东财富的最大化或企业价值的最大化，且通常从股东的角度出发。但在低碳经济的背景下，随着政府对环境保护的加强和公众对生活质量关注的提高，政府与公众作为企业的关键利益相关者，对企业产生显著的影响。从全社会可持续发展的视角看，社会和生态效益的重要性已超越了单纯的经济效益。低碳经济的实施旨在应对不可再生资源的耗竭，关注资源的持续开发与利用，这不可避免地涉及生态环境的改善及产业结构的优化。因此，在设定财务管理目标时，企业既需保证实现股东财富最大化，又应致力于减少污染物排放，提升资源的生态效益。

9.2.3.3 碳财务管理的原则

碳财务管理的原则在传统准则的基础上，补充了以下内容：

（1）各方利益兼顾原则。该原则要求企业在分配利益时平衡所有利益相关者的需求，避免偏向某一方。在此基础上，财务人员应不断探索适应经济环境变化的新型利益分配策略。在低碳环境下，除了追求经济利益，相关方还需承担相应的碳排放责任。企业应优化资源配置，实现资源利用与经济效益的高效平衡，促进企业与环境利益的协调共生。

（2）充分考虑期权价值原则。在低碳经济中，投资可再生能源项目通常需要分阶段实施，且初期资金投入较大。企业若仅评估初期投资，则可能导致负面评价，故企业应全面考虑各阶段，再选择是否续投。这种期权价值在低碳投资决策中具有不确定性，对于决策分析极为重要，有助于实施原本不可行的项目。应用此原则能够增强碳财务管理的深度与效果。

（3）反馈性原则。该原则强调企业在作出财务决策后，通过信息管理系统持续反馈决策结果的影响，以便决策者及时发现与目标的偏差，分析原因，并适时调整策略，限制潜在损失。这一原则对于低碳型高科技企业尤为关键，有助于持续优化决策过程。

（4）信息互通原则。该原则要求企业的财务管理信息系统与其他信息系统互通。财务预测、决策信息应迅速传递至会计、统计系统，促使企业从被动的记账、汇总转向主动的模拟核算与分析，及时识别并解决问题。同时，会计、统计的实时信息也应反馈至财务管理系统，为下一步财务预测、决策提供数据支持。

9.3　企业碳财务战略模式

企业碳财务战略模式是对传统财务战略模式的改造和完善。企业碳财务战略模式是追求企业价值的可持续增长及长期效益，而非销售量的盲目增长、规模的盲目扩大和短期效益。企业碳财务战略模式旨在使企业在经济效益增加的同时实现生态效益和社会效益的协调发展。

传统财务战略模式根基于新古典经济学，以最大化利润和最小化成本为核心目标，体现了经济主体的理性追求。然而，这种模式在实际应用中并未充分考虑社会、经济及生态的整体成本效益，可能导致资源的低效配置和环境污染等问题。在这种理论框架下，企业在应对碳排放成本和制定低碳化融资决策时将面临重大挑战。因此，企业亟需开发符合低碳经济需求的新型财务战略模式。

企业碳财务战略模式就是在引入低碳发展理念的前提下，以节能减排的企业财务战略目标为出发点，以低碳特征为重点，与综合考虑碳因素的企业战略目标相结合，采取低碳手段和技术方法，构建基于低碳经济的财务战略评价体系，实行低碳会计、低碳财务管理，为企业培育新一轮的核心竞争力，从而实现企业的低碳可持续发展。

9.3.1　企业碳财务的融资战略

9.3.1.1　碳财务战略的融资方式

在当前国内推进经济模式转型和融资方式创新的背景下，政府预计将加大对节能减排的投资。企业应充分利用国家针对低碳经济提供的金融优惠，如金融机构的优惠贷款和国家财政的直接资金支持，选择成本更低、效益更高的融资渠道，抓住发展的良机。此外，企业还应考虑投资资源环境建设，通过专项融资项目筹集建设低能耗、低污染设施所需的资金，这不仅有助于企业的环保形象建设，还能增强企业价值。

在低碳经济的大背景下，随着碳交易在企业运营中的重要性日益增强，基于碳减排的综合融资机制（见图9-2）等新型融资机制相继出现，为企业提供了新的资金来源。

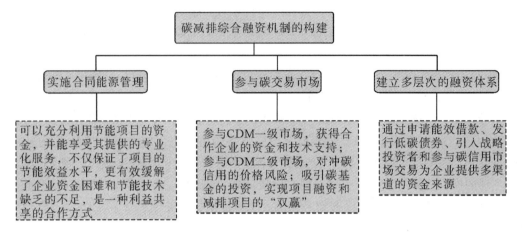

图9-2　企业碳减排综合融资机制的构建

（1）基于清洁发展机制（CDM）的融资方式。该融资方式在保证碳排放量降低的前提下，允许不同缔约国之间进行碳排放权的交易。自2005年《京都议定书》生效后，碳排放权转变为一种稀缺资源。这种机制将二氧化碳排放权视为可交易的商品，俗称碳交易，使其具备了商品的属性。

CDM机制允许发达国家通过资金和技术转移等方式，支持发展中国家建立CDM项目，从而用以抵消自身的碳排放。这是介于发达国家与发展中国家之间唯一的减排交流机制。考虑到我国当前的状况，我国企业主要通过CDM机制在碳交易市场上进行融资，这可以在获得减排效益的同时，更好地控制碳收益相关风险。

（2）基于绿色金融政策的融资方式。继国务院及相关部门实施节能减排政策以来，我国金融机构制定了符合低碳经济的绿色金融政策，以确保为企业提供碳减排融资的制度支持。这些政策实施后，许多金融机构包括银行和保险公司推出了各种低碳金融产品，如绿色信贷等，为企业碳减排提供更便捷的融资渠道。这些金融产品的推出，不仅降低了企业的融资成本，减轻了债务负担，而且增强了企业的运营灵活性。

9.3.1.2　碳财务战略的资本结构

在低碳产业发展初期，企业需要投入大量资金和技术，同时该领域的稳定性还未完全建立。因此，在选择资金来源时，企业必须格外谨慎。特别是采用债务融资虽然能扩大资金来源，但同时也可能会增加企业的债务比率和财务风险。因此，在低碳产业的特定环境下，倘若企业运营不利，财务杠杆效应便会凸显，极易导致债务累积和重大损失。在制定融资战略时，企业应避免盲目依赖债务融资，而应平衡资本成本，综合考虑风险，以增强筹资的灵活性。

9.3.1.3　碳财务战略的融资范围

在低碳经济背景下，融资活动的思路应当进行转变，即应不仅仅关注金融资本的满足，而应更多考虑对知识资本和人力资本等无形资本的投资需求。当前，知识经济已成为主流，投资于人才和知识不仅能优化物质资源配置，还能促进高效、低成本的低碳生产模式。这一模式主要依赖于先进技术和顶尖人才。因此，企业在筹资时应更多考虑对知识和人才资源的投入。

9.3.2 企业碳财务的投资战略

9.3.2.1 投资战略的基本原则

在低碳经济约束下，企业投资必须重视安全性、流动性和收益性这三大传统原则，并额外强调社会责任。这一责任要求企业投资活动旨在最小化能源消耗，并深入考虑其对社会及环境的影响，以减少环境破坏和温室气体排放。尽管履行社会责任可能导致初期收益下降和成本增加，但企业可通过建立节能生产体系并转型为低碳增长模式，实现履行社会责任与提升收益的双重目标。

9.3.2.2 投资战略的评价方法

在低碳经济背景下，评估投资项目的可行性与价值、生存与盈利能力是投资战略评价的核心。企业常用折现现金流量法、回收期法和会计收益率法等方法判定项目的优劣。此外，企业还应考虑提升竞争力、实现环保效益等节能减排目标。以下是在碳财务战略中应用的一些具体评价方法。

（1）多标准评价法。此方法综合多目标和多标准，将社会效益、环境影响及竞争力等非财务指标纳入评价体系，实现投资决策的全面优化。

（2）全部成本评价法。此方法由美国环保局设计，改进了传统的投资评价方法，纳入环境成本进行资本预算分析，并对项目的长期财务分析进行全面的成本与收益计算。该方法有助于避免企业因忽视环保投资而错失机会或对短期投资作出误判。

（3）较低的折现率法。此方法通过应用较低的折现率，提升项目的净现值，使未来价值相对于当前价值得到增值，有助于选择实施周期长且环境效益高的项目，从而支持投资目标与可持续发展目标的一致性。

（4）利益相关者价值分析法。基于利益相关者价值导向理论，此方法认为企业是多方利益相关者的集合体，应满足这些利益相关者的价值需求。在低碳经济中，企业需考虑外部群体与政府的影响，适当降低财务指标的权重，增强环境因素的考量，确保项目能满足各方期望，推动企业的可持续发展。

9.3.2.3 投资战略的方向

企业的投资策略可大致划分为内部投资和外部投资两大类。内部投资主要集中于提升自主创新能力，增强知识与人才资本。这包括在生产活动中改造能源结构，构建清洁、高效的能源系统，并探索多元能源。对外投资则应聚焦于新兴的绿色金融资产领域，这些领域不仅具有高回报和强大的成长潜力，还能带来经济和环境的双重收益。支持这些产业可促进技术革新，并为企业的长期可持续发展打下坚实基础。

9.3.3　企业碳财务的利润分配战略

9.3.3.1　扩大对低碳项目的资金积累

鉴于低碳项目的高风险特性，企业应从总利润中专门划出资金，专注于支持低碳转型。这种资金积累方式不同于常规的留存收益，能够帮助企业满足债务融资需求，减少对外部融资的依赖，从而有效降低债务风险。

9.3.3.2　制定合理的低碳项目利润分配政策

为了保障低碳项目资金的持续供应，企业应设立专门的低碳化融资机制。由于单靠唤起股东对环保的关注并不足以保证资金稳定，企业应在分配股息时，将低碳项目股份的优先级设定与优先股相同，以此赋予股东在利润分配中的优先权，增强其参与低碳项目的动力，降低其投资风险。

此外，维护各方权益是企业碳财务战略利润分配中的关键原则。随着人力资本在价值创造中的作用日渐凸显，低碳经济环境对企业提出了保留及吸引人才的挑战，强调了人力资源管理的重要性。因此，在碳财务的利润分配策略中，应当增加人力资本的分配比例，以突出其核心地位。这不仅有助于优化企业的资本结构和挖掘潜力，还能吸引更多优秀人才，激发员工的创新动力，从而促进企业的长远发展。

9.4　环境-社会-治理（ESG）战略

全球气候的不断恶化，在引发对经济可持续发展、环境生态保护问题密切关注的同时，也成为全球亟待解决的社会发展不平衡问题所面临的挑战。在回应这些任务与挑战的过程中，可持续发展与绿色复苏已成为共识。环境-社会-治理（ESG）战略强调要在重视公司股东价值的同时，兼顾环境保护、社会责任以及公司治理等要素，助力构建绿色发展的长效机制。ESG 战略得到越来越多的重视，吸引全球越来越多的企业投身其中。

9.4.1　ESG 战略的概念和内涵

ESG 是环境（environmental）、社会（social）和治理（governance）的英文单词首字母缩写，是一种关注环境变化影响、社会效益和公司治理绩效综合表现的发展理念，也是企业可持续发展的核心内容和评价标准。

ESG 战略的前身，最早可追溯至 20 世纪 60 年代提出的社会责任投资理念，该理念强调以投资影响企业行为，敦促、鼓励企业履行社会责任，并于 2004 年首次在联合国报告 *Who Cares Wins* 中被提出。2006 年，联合国责任投资原则组织（Principles for Responsible Investment，UN PRI）在报告中再次强调 ESG 在投资决策中的重要地位。ESG 倡导在基础的投资分析和决策制定过程中，融入环境（E）、社会（S）和治理（G）的因素，在传统方法的基础上，进一步度量了企业在环境保护、社会责任、公司治理维度的非财务指标。环境（E）关注企业对生态系统的影响，社会（S）涉及企业与其员工、供应商、客户和所在社区的关系，而治理（G）则涉及企业的管理方式、企业治理结构和股东权利。2009 年，由联合国贸易和发展会议（UNCTAD）、联合国全球契约（UN ClobalCompact）、联合国环境规划署可持续金融倡议（UNEP FI）和联合国责任投资原则组织（UN PRI）共同发起的可持续证券交易所倡议，开启由证券交易所、投资者、监管机构等多方参与共促的 ESG 发展新阶段。联合国 193 个成员国于 2015 年召开可持续发展峰会，从社会、经济和环境三个维度，制定并通过了拟于 2030 年前实现的 17 个可持续发展目标。此后，ESG 作为可持续发展理念在投资界和企业界的具体体现，成为企业追求可持续发展的核心理念、行动指南和实践工具。企业根据 ESG 评价体系包含的内容对相应信息进行披露，评价机构对企业披露的信息进行评价，ESG 投资者再根据评价结果作出投资决策。

因此，我们将 ESG 战略定义为一种关注企业非财务绩效的投资理念和企业评价标准，其核心在于评估企业在环境、社会和治理方面的表现，以衡量其可持续发展的能力和潜力。具体来说：

（1）环境维度主要关注企业对环境的影响，包括对自然资源的利用、能源消耗、废弃物排放、生态保护等方面的表现。

（2）社会维度涉及企业在人权政策、劳动规范、产品质量、社会责任等方面的表现，以及其对社区健康和安全的影响。

（3）治理维度则关注企业的治理结构、反腐败措施、风险管理、投资者关系等，以确保企业的运营透明度和责任感。

ESG 战略强调企业在追求经济效益的同时，也要积极履行环境、社会和治理等方面的义务，以实现可持续发展。这种战略不仅是一种评价标准，也是一种投资理念，旨在鼓励企业采取更加可持续的发展模式，促进经济、社会和环境的和谐发展。

9.4.2 我国 ESG 相关政策

自 ESG 战略提出以来，监管部门、各交易所、行业协会等陆续出台政策。随着我国在全球经济中的地位日益重要，ESG 在我国的发展尤其引人注目。自 2003 年以来，我国在 ESG 领域取得了显著进步，不仅在政策层面展现了对环境保护和社会责任的承诺，也在企业治理结构的改革上取得了重要成果。我国政府对 ESG 的重视体现在一系列政策和指导原则上，这些政策旨在推动企业不仅关注财务表现，还要考虑其业务对环境和社会的影响。我国企业的 ESG 实践不断深化，不仅提高了国内企业的国际竞争力，也为全球 ESG 实践提供了宝贵的经验和示范。可以说，我国的 ESG 政策和实践对全球可持续发展的影响日益加深。2003—2023 年，我国在 ESG 领域所推出的各项政策不仅改变了我国企业的运作方式，也为全球 ESG 发展提供了重要参考。我国 ESG 相关政策如表 9-3 所示。

表 9-3　我国 ESG 相关政策

时间	发布主体	政策名称	内容要点	ESG 因素
2003 年 9 月	原国家环保总局	《关于企业环境信息公开的公告》	要求污染超标企业披露相关环境信息	E
2006 年 9 月	深圳证券交易所	《上市公司社会责任指引》	鼓励上市公司自愿披露社会责任相关信息	S
2007 年 4 月	原国家环保总局	《环境信息公开办法（试行）》	鼓励企业自愿公开环境信息	E
2008 年 1 月	国务院国资委	《关于中央企业履行社会责任的指导意见》	要求央企建立社会责任报告制度，有条件的定期发布社会责任报告或可持续发展报告	ESG
2008 年 5 月	上海证券交易所	《上市公司环境信息披露指引》和《关于加强上市公司社会责任承担工作的通知》	要求上市公司披露环保相关重大信息，并鼓励披露年度社会责任报告	ESG
2008 年 12 月	上海证券交易所	《关于做好上市公司 2008 年年度报告工作的通知》	要求纳入"上证公司治理板块"样本公司，发行境外上市外资股的公司及金融类公司披露社会责任报告	ESG
2010 年 12 月	深圳证券交易所	《关于做好上市公司 2010 年年度报告披露工作的通知》	要求纳入深圳 100 指数的上市公司披露社会责任报告	ESG
2012 年 8 月	香港联交所	《环境、社会及管制报告指引》（第一版）	建议上市公司自愿披露 ESG 报告	ESG
2012 年 12 月	中国证监会	《公开发行证券的公司信息披露内容与格式准则第 30 号》	要求社会责任报告应经董事会审议，并以单独报告发布	ESG
2013 年 4 月	深交所	《上市公司信息披露工作考核办法》	信批质量分为四个等级，其中未按规定披露社会责任报告的上市公司信批考核结果不能为 A	ESG
2015 年 12 月	香港联交所	《环境、社会及 管制报告指引》（第二版）	扩大强制披露的范围，将披露建议全面调整为"不披露就解释"，持续提升对在港上市公司的 ESG 信息披露要求	ESG
2016 年 7 月	国务院国资委	《关于国有企业更好履行社会责任的指导意见》	要求国有企业建立健全社会责任报告发布制度，定期发布报告	ESG
2018 年 9 月	中国证监会	《上市公司治理准则》	要求上市公司按照法律法规和相关要求披露环境信息和 社会责任信息	ESG

表9-3(续)

时间	发布主体	政策名称	内容要点	ESG 因素
2019 年 12 月	香港联交所	《环境、社会及 管制报告 指引》(第三版)	增加"管治构架"和 "汇报原则"的强制披露 规定,新增气候变化指标,环境 KPI 为披露目标,社会 KPI 披露责任提升为"不遵守就解释"	EG
2020 年 9 月	深圳证券交易所	《上市公司信息披露工作考核办法》	履行社会责任披露的上市公司将加分	S
2020 年 12 月	香港金融管理局发起设立的绿色和持续金融跨机构督导小组	发布有关"巩固香港金融生态系统,共建更绿和更可持续未来"策略计划	相关行业在 2025 年或之前按照 TCFD 建议的框架披露气候信息	E
	上海证券交易所	《科创板股票上市规则》	科创板公司应当在年度报告中披露履行社会责任情况并视情况编制和披露社会责任报告、可持续发展报告、环境责任报告等文件	ESG
2021 年 5 月	生态环境部	《企业环境信息依法披露管理办法》	要求符合条件的重点排污单位、上市公司、清洁生产审核企业、发债企业强制披露环境信息	E
2021 年 7 月	中国人民银行	《金融机构环境信息披露指南》	对金融机构环境信息披露提出要求	E
2021 年 11 月	香港交易所	《气候信息披露指引》	促进上市公司按照 TCFD 建议的框架披露气候信息	E
2021 年 12 月	香港联交所	要求 ESG 报告与上市公司年度报告同步披露	2022 年 1 月 1 日起正式实施	ESG
2022 年 1 月	上海证券交易所	《关于做好科创板上市公司 2021 年年度报告披露工作的通知》	要求科创板公司应当披露 ESG 信息,科创 50 指数成份公司应当在年报披露的同时披露社会责任报告或 ESG 报告	ESG
2022 年 4 月	中国证监会	《上市公司投资者关系指引》	增加了公司的环境、社会和治理信息投资者沟通内容	ESG
2022 年 5 月	国务院国资委	《提高央企控股上市公司质量工作方案》	要求推动更多央企控股公司披露 ESG 报告,力争到 2023 年 相关专项报告披露全覆盖	ESG

表9-3（续）

时间	发布主体	政策名称	内容要点	ESG因素
2023年3月	香港联交所	《2022上市委员会报告》	提出着重将气候披露标准调整至与气候相关财务披露小组（TCFD）的建议及国际可持续发展准则理事会（ISSB）的新标准一致	E
2023年7月	国资委	《关于转发<央企控股上市公司ESG专项报告编制研究>的通知》	为央企控股上市公司编制ESG报告提供了建议与参考	ESG
2023年8月	生态环境部办公厅等	《关于深化气候适应型城市建设试点的通知》	鼓励2017年公布的28个气候适应型城市建设试点继续申报深化试点，同时也进一步明确试点申报城市一般应为地级及以上城市，鼓励国家级新区申报	ES
2023年10月	国务院	《国务院关于推进普惠金融高质量发展的实施意见》	明确了未来五年推进普惠金融高质量发展的指导思想、基本原则和主要目标，提出了一系列政策举措	ES
	生态环境部、市场监管总局	《温室气体自愿减排交易管理办法（试行）》	保障全国温室气体自愿减排交易市场有序运行的基础性制度，规定了温室气体自愿减排交易及其相关活动的基本管理要求，明确了各市场参与主体权利和责任	E
2024年4月	沪、深、北交易所	《上市公司自律监管指引——可持续发展报告（试行）（征求意见稿）》	报告期内持续被纳入上证180、科创50、深证100、创业板指数的样本公司、以及境内外同时上市的公司，必须披露ESG报告，其余上市公司自愿披露	ESG

9.4.3　ESG战略的构成

对于企业而言，ESG战略的实施是一个系统工程，需要涵盖环境、社会、治理三个维度的内容。《2020中国ESG发展白皮书》提出了ESG战略的具体内容，详见表9-4。

表 9-4 ESG 维度及内容

维度 1	具体指标	维度 2	具体指标	维度 3	具体指标
环境 (E)	企业对气候的影响	社会 (S)	员工福利与健康	治理 (G)	股权结构
	企业对自然资源的保护		产品质量安全		会计政策
	废弃物和消耗防治		隐私数据保护		薪酬体系
	环境治理		公司税收贡献		道德行为准则
	绿色技术		精准扶贫		反不公平竞争
	环保投入		产业扶贫		风险管理
	绿色办公		乡村振兴		信息披露
	员工环境意识		性别及性别平衡政策		公平的劳动实践
	发掘可再生能源的可能性		人权政策及违反情况		董事会独立性
			反强迫劳动		
			反歧视		董事会多样性
	建设更好环保建筑的可能性		供应链责任管理		
			社区沟通		

9.4.4 ESG 战略的实施

在战略规划层面，企业应将ESG战略整合进战略规划中，并建立ESG组织管理体系，在促进企业高质量发展的同时，满足各利益相关者的期望与要求。此外，借助明确的实施路径和更加专业化、规范化的管理流程，企业能够深入实施ESG行动目标，实现长期的碳中和愿景。

在企业运营层面，企业应增强绿色技术的研发与产品创新，利用科技推动碳中和目标的达成。同时，表现出色的企业在ESG方面能够赢得更多利益相关者的信任，依靠良好的信用评级，扩大融资渠道并降低融资成本。这反过来将为碳中和目标的实现提供更充足的资金支持。

在治理机制层面，ESG强调关注企业治理，认为良好的企业治理是实现好的环境保护和好的社会责任的前提。企业应完善内部治理架构，制定并落实一系列与绿色低碳发展有关的制度体系，从而在日常经营中有效落实碳中和目标。

9.4.5 ESG 战略的绩效评价

9.4.5.1 ESG 披露标准

ESG披露标准是规定和指导企业披露与环境、社会和治理相关的信息和数据的准则和框架，包括披露的范围、内容和格式等。它们旨在确保信息的透明度和可比性，帮助投资者和利益相关方了解企业的ESG表现。目前，不同国际组织、行业协会或政府部门制定了多个ESG披露标准，其中较为常见的披露标准有以下几个：

（1）GRI 标准。GRI 标准是由全球报告倡议组织（Global Reporting Initiative，GRl）制定的标准。该标准自 2000 年问世，经过多次修改、补充和完善，现已成为一套在全球范围内得到广泛使用的标准。GRI 标准分为通用标准和议题专项标准。GRI 通用标准适用于所有组织，其披露内容包括组织概况、战略、利益相关方参与、道德与诚信、管治以及报告实践六大方面。

GRI 议题专项标准由经济、环境和社会领域的 79 项指标构成。在经济领域，经济议题专项标准涵盖 9 项指标，分别从经济绩效、市场表现、间接经济影响、采购、反腐败、不当竞争行为和税务等方面，反映企业及其利益相关者对经济产生的影响。在环境领域，环境议题专项标准采用 30 项指标，分别从原材料、能源、水资源、生物多样性、排放、污水和废弃物、环境合规性等方面，反映企业运营活动对环境产生的影响。在社会领域，其采用 40 项专项标准衡量社会议题，涵盖就业、雇佣政策、劳资关系、职业健康与安全、培训与教育、多元化与平等机会、反歧视措施、结社自由与集体谈判权、童工问题、强迫或强制劳动、安保问题、原住民权利、人权评估、当地社区关系、供应商社会责任、公共政策、客户健康与安全、客户隐私保护等领域，反映公司政策对社会产生的影响。上述每一项指标都含有明确、具体的披露内容。例如，经济绩效指标包括组织产生和分配的经济价值、气候变化产生的财务影响、固定福利计划、从政府获得的财政补贴等。

（2）ISO 26000 标准。ISO 26000 标准是由国际标准化组织（International Standard Or-ganization，ISO）制定的编号 26000 的社会责任指南标准。该标准旨在帮助所有组织（无论其起点是什么）将社会责任整合到他们的运作方式中。

ISO 26000 标准为所有类型的企业提供指导，该标准涵盖社会责任的定义、原则、背景、特点、核心议题等。ISO 26000 标准列出了 7 个社会责任核心议题，分别是组织治理、人权、劳工、环境、公平运营、消费者问题、社会参与和发展。7 个核心议题下设 37 个具体议题。例如，消费者问题下设 7 个具体议题：公平交易、真实无偏见的信息、公平的合同；保护消费者健康与安全；可持续消费；消费者服务、支持、投诉与调解纠纷；保护消费者信息与隐私；基本服务获取；教育与认知。37 个具体议题又下设 217 个细化指标，以便企业深化对社会责任的理解，提高对自身履行社会责任的要求，完善履行社会责任的行为。

（3）SASB 标准。SASB 标准是由设立在美国的可持续会计准则委员会（Sustain-abilityAccounting Standards Board，SASB）制定的标准。该标准采用独有的行业分类，为不同行业制定有关 ESG 的信息披露准则。

SASB 标准包括 5 个信息披露主题，分别为环境、社会资本、人力资本、商业模式与创新、领导与治理。每个信息披露主题都包含若干个与可持续发展相关的议题，如领导与治理主题包含系统风险管理、事故与安全管理、商业道德与付款透明度、竞争行为、监管捕获和政治影响、材料采购和供应链管理等 7 个议题。5 个信息披露主题共包含 30 个议题。

SASB 标准根据企业的业务类型、资源强度、可持续影响力和可持续创新潜力，将企业分为 77 个行业（涵盖 11 个部门），针对每个行业的可持续性发展特征，从上述 5

个信息披露主题下的 30 个议题中，为每个行业选出该行业最重要、最为关注的若干议题作为企业确定披露主题的参考指南。

（4）CDP 标准。CDP 标准是由碳排放信息披露项目（Carbon Disclosure Project, CDP）制定的标准。碳排放信息披露项目是一家总部设在伦敦的非营利性机构，该机构专注于气候、森林和水等环境问题的自愿披露，披露的主体包括城市和企业。

CDP 标准的信息披露框架涉及气候、森林和水三大议题，这些议题以调查问卷的形式提供给相关企业选用。首先，关于气候问题的调查问卷包括治理、风险和机遇、商业战略、目标和绩效、排放方式、排放数据、能源使用量和消耗量、碳定价、供应链管理等多项指标，用以反映企业经济活动对气候变化的影响。其次，关于水问题的调查问卷包括水资源利用情况及其对业务的影响、管理及治理流程、风险和机遇、水核算、商业战略、目标、供应链管理等指标，用以披露企业在确保水资源安全性方面的信息。最后，关于森林问题的调查问卷列出管理流程、风险和机遇、治理机制、商业战略、政策及实施、障碍与挑战、供应链管理等指标，用以反映企业与森林资源及其他自然生态系统相关的行为和效果。

（5）TCFD 标准。2015 年 12 月，G20 金融稳定委员会（Financial Stability Board, FSB）设立了气候相关财务信息披露工作组（Task Force on Climate-Related Financial Disclosures，简称 TCFD），该工作组在 2017 年推出了气候相关财务信息披露框架，即 TCFD 标准。

TCFD 标准包括四个核心要素：第一是治理，涉及组织对气候相关风险与机遇的管理情况；第二是战略，分析这些风险和机遇如何影响组织的业务、战略和财务规划，并评估策略的适应性；第三是风险管理，阐述组织在识别、评估和管理气候相关风险的流程及制度；第四是指标和目标，描述组织使用的指标和目标来识别和管理气候相关的风险与机会。基于这些核心要素，TCFD 给出两类披露指标：第一类是面向所有行业的通用披露指标；第二类是供特定行业如金融行业使用的特定行业补充披露指标。

上述 ESG 披露标准在制定目标、核心议题、结构框架、内容体系等方面既存在相似之处，又各具特色。以制定目标为例，GRI 标准的初衷是编制一套全球各类组织共享的可持续发展报告框架；ISO 26000 标准侧重开发适用于包括政府在内的所有社会组织的社会责任指南标准；SASB 标准的目标是为不同行业量身定制企业可持续性会计准则；CDP 标准是通过制定统一的碳信息披露框架，反映气候变化带来的碳成本、风险、机遇以及碳交易等信息；TCFD 标准则致力于设计一套与气候相关的财务信息披露架构。

9.4.5.2 ESG 评价体系

ESG 评价体系是用于评估企业在 ESG 战略的绩效和风险的方法和工具，该体系基于已披露信息和其他公开信息，通过定量和定性指标对企业的 ESG 表现进行评估。ESG 评价体系由评价机构、投资研究机构等开发和应用，它们基于 ESG 披露标准，结合自己的评价方法、指标和模型对企业 ESG 业绩和风险进行评估。

（1）ESG 评价原则。ESG 评价应遵循以下原则：

第一，客观性。评价人员应秉持诚实正直的职业道德和操守，以事实为依据，以资料和数据为客观证明，对企业 ESG 表现作出公正、公平、规范的评价。

第二，独立性。评价人员应独立开展评价活动，并且在任何情况下都不带偏见，没有利益上的冲突。评价方法、过程和结果公开透明，不受被评价企业的影响。

第三，一致性。评价应使用一致的时间维度、评价方法、评价过程和统计方法，使数据信息能为利益相关方提供有意义的比较。

第四，适宜性。评价方案应符合特定应用场景的特点和需求。对于有显著区别的应用场景，应选用不同的评价指标和评价方法。

（2）ESG 评价指标体系。目前，国内外已有多个 ESG 评价机构编制了通用性或行业专用性的标准化指标体系。基于对主流或有代表性的评价指标体系的归纳，ESG 评价体系一般为三级或四级指标体系。一级指标基于环境、社会、治理三个维度设置。二级指标基于对 ESG 相关法律、法规、披露标准和企业实践的梳理得出。三级指标和四级指标则是对上一级指标的具体测量与细化。

（3）ESG 评价方法。ESG 评价的一般方法如下：

首先，收集信息数据。通过多种途径和方式收集评价对象的相关信息数据。例如，收集公司自主披露的信息以及行业协会、投资研究机构、新闻媒体和网站等相关机构公开发布的信息，或通过向公司发放调查问卷或要求公司提供各类文件来获取相关数据。

其次，筛选指标。基于对所收集数据的科学分析与比较，确定适用于被评价企业的指标，并构建 3~4 级指标体系。

再次，确定指标权重。确定指标权重应主要依据以下因素：

一是行业特定性。不同行业在 ESG 方面面临不同的挑战和机会。因此，指标权重应根据行业的性质和特点进行调整。对于特定行业，越重要的 ESG 问题，其指标权重应越大。

二是企业战略目标。ESG 指标权重应与企业战略目标相一致。如果企业的战略目标强调绿色发展，那么有关环境方面的指标权重应较大。

三是利益相关方期望。根据利益相关方的关切度或期望值，赋予 ESG 各项指标合适的权重。

四是投资者偏好。投资者有不同的偏好和投资目标。一些投资者可能更关注环境问题，而另一些投资者可能更关注社会或治理问题。因此，应在权衡不同投资者偏好和需求的基础上适当确定 ESG 指标权重。

五是法规和标准。一些国家、地区、行业可能有特定的 ESG 标准和相关法规，应遵循已有标准和法规确定 ESG 指标权重。

确定指标权重的方法视不同情形而定。对于不确定性较大的指标，可采用专家打分、专业团队集体商讨等主观权衡法确定权重；对于重要程度区分较为明显且难以量化的指标，宜采用两两比较法，即指标之间进行一对一的比较，重要的指标得 1 分，次要的指标得 0 分；对于层级和数量较多的指标，可使用判断矩阵法，即首先将所有指标列出来，组成一个 N×N 的方阵，然后对各个指标进行两两比较并打分，最后对各指标的得分求和并确定权重；对于可量化且不确定性较大的指标，应采用适宜的数据统计模型或数学方法确定权重；等等。

最后，综合评分及评价等级。首先应确定分值范围，不同的评价方案可根据需要确定不同的分值范围，例如，将分值限定在"0~1""0~10""0~100"或"负值-正值"。其次，依据企业 ESG 的实际表现，通过采用数学方法或主观权衡法对指标进行评分，表现最差的指标评为 0 分，表现最好的指标评为最高分，其他指标则在最低分和最高分之间进行评分。将各指标的得分乘以各自的权重，便可求得每个指标的最终得分。再次，确定等级划分与评价的准则。例如，以 A、B、C 划分企业 ESG 等级，A 级表示领先，B 级表示中等或平均，C 级表示落后。其中每一级又划分为高、中、低三个子级，如 A 级从高级到低级划分为 AAA、AA 和 A 三级，B 级和 C 级也是如此。最后，确定指标分数与各个等级的对应关系，并依据各个指标的最终得分，对企业 ESG 表现作出分类和综合等级评价。

【本章小结】

本章小结具体见表 9-5。

表 9-5　本章小结

碳财务 战略概述	定义	碳财务战略是指为应对全球气候变化，在企业价值链全过程中，以碳理念为指导，加入生态环境因素，结合碳会计理论体系及其具体内容，为谋求企业综合价值最大化并最终实现企业可持续发展，并对企业财务运作和管理所进行的整体性、长期性和创造性的筹划
	目标	实现碳环境约束下的企业价值最大化
	评价指标体系	（1）财务指标体系 （2）非财务指标体系
碳财务 战略的 相关理论	三大理论	利益相关者理论 碳会计理论 碳财务管理理论
企业碳 财务战略 模式	融资战略	碳财务战略的融资方式： （1）基于清洁发展机制（CDM）的融资方式 （2）基于绿色金融政策的融资方式
	投资战略	投资战略的基本原则： （1）安全性原则 （2）流通性原则 （3）收益原则 （4）社会责任原则
		投资战略的评价方法： （1）多标准评价法 （2）全部成本评价法 （3）较低的折现率 （4）利益相关者价值分析法
	利润分配战略	（1）扩大对低碳项目的资金积累 （2）制定合理的低碳项目利润分配政策

表9-5(续)

ESG 战略	定义	ESG 战略是一种关注企业非财务绩效的投资理念和企业评价标准,其核心在于评估企业在环境、社会和治理方面的表现,以衡量其可持续发展的能力和潜力
	ESG 战略的绩效评价	ESG 披露标准: (1) GRI 标准 (2) ISO 26000 标准 (3) SASB 标准 (4) CDP 标准 (5) TCFD 标准
		ESG 评价体系: (1) ESG 评价原则 (2) ESG 评价指标体系 (3) ESG 评价方法

【本章内容在历年 CPA 考试中涉及的考点】

> 敲黑板:
> 1. 战略实施
> 2. ESG 绩效衡量

【技能训练】

一、单选题

1. 以下不属于碳财务战略的非财务指标的是（　　）。
   A. 碳能源指标
   B. 碳产出指标
   C. 零碳能源产出指标
   D. 发展能力指标

扫一扫,对答案

2. 以下不属于碳财务战略的相关理论来源的是（　　）。
   A. 利益相关者理论
   B. 碳会计理论
   C. 碳财务管理理论
   D. 价值评估理论

3. 下列关于企业可持续发展报告基本内容的表述中,不正确的是（　　）。
   A. ESG 信息披露一般从 ESG 治理与报告两个层面出发
   B. ESG 治理层面强调董事会责任及全面参与 ESG 进度检讨、风险评估及报告审批

C. ESG 的社会维度主要披露上市公司在排放物、资源使用、环境及天然资源以及气候变化方面的信息披露情况，并体现企业对于环境风险的管理和应对能力

D. ESG 报告层面要求企业明确报告定量与定性内容要点、报告原则与方法论

4. 以下不属于 ESG 披露标准的是（   ）。

A. ISO9001 标准　　　　　　　　　B. ISO 26000 标准

C. TCFD 标准　　　　　　　　　　D. GRI 标准

5. 2024 年，J 公司发布了可持续发展报告。报告提出创新研发循环经济产业模式，"吃干榨净"粮食资源，进一步提升粮油精深加工能力，运用适度加工工艺有效节粮减损，通过订单农业践行"前端惠农、后端惠民"，藏粮于技推动农业转型升级。根据 ESG 衡量指标，J 公司上述内容体现的 ESG 业绩衡量指标是（   ）。

A. 环境方面　　　　　　　　　　　B. 社会方面

C. 治理方面　　　　　　　　　　　D. 责任方面

二、多选题

1. 企业碳财务战略的评价体系包括（   ）。

A. 财务指标体系　　　　　　　　　B. 平衡计分卡评价体系

C. 非财务指标体系　　　　　　　　D. 单一评价指标体系

2. 碳会计要素的确认包括（   ）。

A. 碳资产　　　　　　　　　　　　B. 碳负债

C. 碳收入　　　　　　　　　　　　D. 碳成本

3. 以下属于碳财务战略的主要融资方式的是（   ）。

A. 基于清洁发展机制（CDM）的融资方式

B. 基于绿色金融政策的融资方式

C. 租赁融资方式

D. 赊购款融资方式

4. ESG 是一种新型的投资理念，受到社会及人们的广泛关注。A 公司依据所处行业特点，在公司业绩衡量中引进 ESG 理念及业绩衡量方法，设计八个主要指标，包括碳排放、员工环境意识、绿色采购政策、绿色技术、反不公平竞争、道德行为准则、投资者关系、贪污受贿政策。这些指标涉及以下属于 ESG 理念的（   ）方面。

A. 环境方面　　　　　　　　　　　B. 社会方面

C. 治理方面　　　　　　　　　　　D. 盈利方面

5. 利邦公司为国内知名家装建材生产企业。下列企业设定的业绩衡量指标中，符合 ESG 理念的有（   ）。

A. 木材资源损耗率　　　　　　　　B. 员工职业道德培训评分

C. 客户收货时长　　　　　　　　　D. 建材成品破损率

三、简答题

1. 什么是碳财务战略？其理论来源主要有哪些？

2. 什么是碳会计？碳会计包括哪些要素？

3. 什么是 ESG 战略？ESG 战略主要关注哪些维度？简述各维度关注的具体内容。

【案例演练】华发股份：积极践行"双碳"战略

全球气候问题日益严峻，碳中和与碳减排议题已跃升为全球瞩目的核心议题。2020 年，我国向世界承诺，2030 年前实现碳达峰，2060 年前实现碳中和。时至今日，绿色转型与可持续发展理念已深深植根于各行各业的发展脉络之中，成为推动高质量发展的不可或缺要素。

珠海国资房地产企业——华发股份，积极助力擘画国家碳达峰、碳中和的宏伟蓝图，积极践行"双碳"战略，以实际行动引领房地产行业迈向绿色可持续发展的前沿，树立行业典范。华发股份始终坚持以绿色、环保、低碳为发展观念，致力于协调自然环境、建筑和人之间的和谐共生关系。华发股份通过绿色设计、绿色建筑和景观规划，打造宜居宜业环境，以行业领先、安全健康的绿色建筑为标准，精心构建每一个项目。在绿色建筑这一前沿领域，华发股份凭借其卓越的产品力与创新力，打造出了一系列类似的杰出项目。截至 2023 年年底，华发股份累计推进绿色建筑项目 163 个，累计建造绿色建筑总规模达 2 670 万平方米，彰显了公司在绿色建筑领域的蓬勃发展态势与强劲动力。克而瑞数据显示，华发股份以 443.5 亿元的操盘金额跻身"2024 上半年中国房地产企业销售排行榜"TOP10，相较 2023 年逆势上升 3 位。四十余载辛勤耕耘，从珠海走向全国，华发股份实现了从"百亿房企"到"千亿房企"的华丽蜕变，更在地产行业中跃升至十强行列。华发股份一次又一次地生动诠释着"品质中国，匠心筑家"的品牌理念。

一方面，长期的稳健经营，为华发股份构建了坚实的财务基础与充裕的现金流。华发股份积极响应新"国九条"政策，在不断扩大自身规模的同时，不忘回馈广大股东，通过高额现金分红政策，持续传递企业的成长红利与价值共享的理念。2024 年 7 月 5 日，华发股份实施了 2023 年度权益分派，向全体股东每股派发现金红利 0.37 元（含税），共计派发现金红利 10.18 亿元。据悉，自 2004 年上市以来，公司已实施分红 20 次，累计派发现金红利超 78 亿元。

另一方面，华发股份多年来在资本市场上的卓越表现，不仅赢得了投资者的广泛认可与信赖，还成功得到了资本市场的高度青睐。华发股份于 2023 年 11 月发布了定向增发股票的上市公告，其定增募资圆满完成。此次股权融资得到了华发股份控股股东华发集团的鼎力支持，并且获得了包括中国人寿保险、广发基金在内的多家专业机构投资者的青睐，进一步彰显了资本市场对华发股份中长期投资潜力的高度认可。华发股份定增顺利落地，不仅成为"第三支箭"新政发布后行业首例定增股权融资成功的案例，而且是上海证券交易所上市房企股权融资第一例，推动了地产行业股权融资进一步落地，促进了房地产市场的高质量发展。

华发股份在绿色发展的征途中，凭借其不懈的努力以及持续的创新贡献，成功赢得了行业内外的广泛赞誉与高度评价，这不仅是对其在环保领域所做努力的肯定，更是对其作为绿色发展先行者角色的高度认可。2024 年 6 月 30 日，中央广播电视总台财经节目中心发布《2024 年度 ESG 行动报告》。在此报告中，华发股份凭借其出色的 ESG 实践，入选"中国 ESG 上市公司先锋 100（2024）"榜单，为房地产业五家上榜企业之一，彰显了其在可持续发展和社会责任方面的卓越成就与领先地位。

【思考题】

1. 华发股份主要践行了碳财务战略模式的哪些方面？

2. 结合该案例，谈谈华发股份在碳财务战略中践行了哪些新理念。

扫一扫，对答案

10　企业财务战略数字化

【学习目标】

> 1. 掌握：数字化技术的类型、数字化战略的定义，企业财务战略数字化转型的主要内容。
> 2. 理解：数字化技术对公司战略的影响；财务战略中数字化转型的难点与对策。
> 3. 了解：数字化在企业财务战略中的应用。

【课程思政】

课程思政目标：

1. 引导学生思考并讨论如何正确地利用数字技术进行企业财务战略的最优决策，推动社会公正和经济可持续发展。
2. 引导学生了解数字化对企业经营和国家经济发展的重要性，培养学生的现代经济管理观念和数字经济的发展视角。

融入点：

1. 在教学过程中，强调数字技术的双刃剑特性，即技术本身是中性的，其正面或负面的影响取决于使用者的价值观和目的。
2. 组织研讨课，选取国家关于数字经济、数字财务战略的政策和案例，讨论政策和案例背后的价值导向和对企业财务战略的影响。

【思维导图】

本章思维导图如图 10-1 所示。

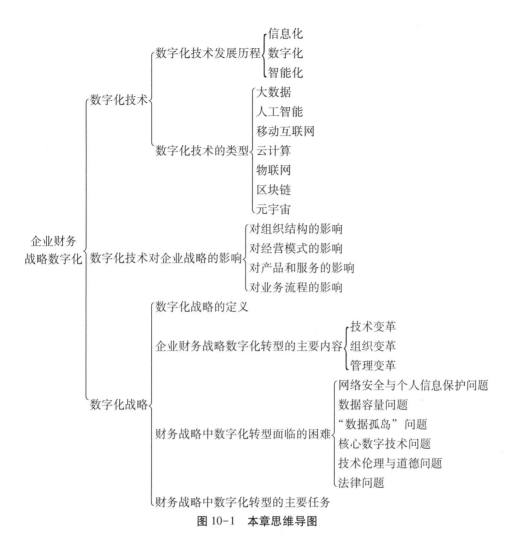

图 10-1   本章思维导图

【导入案例】Comb 公司的数字化战略转型

Comb 公司是一家手机制造商。2023 年，Comb 公司决定通过 Arico 公司互联网平台技术搭建以手机业务为中心的信息分享平台，以此来整合供应链、生产、销售、服务的各项数据。各类型企业在发现其潜在优势后进驻该平台。在平台内，供应商可以及时了解下游企业的需求量，生产企业则可以根据销售数据对产品需求进行预测，及时调整产品结构。顾客也可以入驻该平台，在该平台提出自己的意见，生产企业便可以根据消费者的要求为其提供定制化的产品或服务。Comb 公司作为中心企业，为各个生产企业的产品提供技术支持，进一步提升各个生产企业产品的智能化程度。

Comb 公司在此基础上提出"万物互联"的理念。通过技术手段，使得各种科技产品互通。Comb 公司以手机为中心的管控体系研发成功，通过手机即可控制大部分产品的使用。比如在进入房间之前，可通过软件操控，提前将室内灯光以及空调开启等。该平台的发展为 Comb 公司带来了更多的发展机遇，但同时也面临着一些问题。一方面，由于平台内企业和顾客数量越来越多导致数据量暴增，如何储存并快速地对大量信息进行筛选、分析，成为目前 Comb 公司亟待解决的难题。而且数据量暴增导致传统服务器无法发挥作用，Comb 公司必须借助云系统来管理，但是这种系统的安全性存在一定隐患。另一方面，由于 Comb 公司的平台建设技术是由 Arico 公司提供的，关键的核心技术并未掌握在 Comb 公司手中，其使用成本较高，且在某些方面无法满足平台内各企业的个性化需求，对 Comb 公司的进一步发展有一定的制约作用。如何妥善解决上述问题成为 Comb 公司数字化转型的关键点。

扫一扫，对答案

【思考题】

1. 简要分析数字化技术对 Comb 公司产品和服务的影响。
2. 简要分析 Comb 公司在数字化战略转型中面临的困难。

10.1 数字化技术

数字化技术是指通过结合电子计算机的软硬件、周边设备、协议、网络以及通信技术，实现信息的离散化表述、定量、感知、传递、存储、处理、控制及联网。在企业数字化管理领域，管理者将这些技术作为工具，以企业发展战略为指导，针对企业的产业、人力、技术及市场资源的现状，运用计算机网络技术和管理应用软件开发，构建企业的管理信息系统。

10.1.1 数字化技术发展历程

信息化、数字化、智能化紧密联系，相互衔接，推动产业升级。数字化是信息化的高阶阶段，是信息化的广泛深入运用，是从收集、分析数据到预测数据、经营数据的延伸，而智能化是信息化、数字化的最终目标，也是发展的必然趋势。目前，全球信息通信技术正在经历技术架构的重大转变，企业数字化转型也在从传统信息技术（IT）架构的信息化管理向基于云架构的智能化运营迈进。

10.1.1.1 信息化

信息化通常指现代信息技术的应用，尤其是在特定对象或领域（如企业或社会）中，通过深入应用信息技术促进的业务模式、组织架构甚至经营战略的根本转变。在企业层面，信息化不仅仅是信息技术的应用，更关键的是它所引发的业务与战略的变革。

信息化的基本功能是开发信息资源，其主要任务是通过测量记录、筛选加工、安全存储、互联传送，让人们随时获得必要的信息。信息化的评价标准主要是组织在战略决策和行动中得到准确、及时、足够信息的便捷程度。

10.1.1.2 数字化

数字化是指将信息从纸质或非数字形式转化为数字形式的过程，也可用来描述把数字技术或工具引入各种活动、产品或服务的过程。

数字化的核心功能在于统一信息形式、提高信息表达的精准度，并增强信息利用的效率。其主要任务是通过诸如信息量化、模数转换、统一整合、建模计算和仿真模拟等步骤实现信息增值。因此，评价数字化的标准主要是数字信息应用的广泛性与其增值效果。

10.1.1.3　智能化

智能化是指在产品、工具和工作系统中将人类智能与人工智能协同应用，旨在提升其效能。

智能化的核心不仅仅关乎开发人脑功能或应用信息技术与计算机网络，而是人类智能与工具智能的共同增长，以及个体智能、组织智能与社会智能的协同提升，从而不断增强科技、经济和社会活动的效果。

10.1.2　数字化技术的类型

10.1.2.1　大数据

大数据这一概念由维克托·迈尔-舍恩伯格在 2008 年所著的《大数据时代》中首次提出。大数据指的是那些庞大到传统软件工具无法在合理时间内完成提取、管理、处理和整理的数据集。其核心特征包括数据的大量性（volume）、多样性（variety）、高速性（velocity）以及价值性（value）。

（1）大量性，是指数据集的规模极大。随着个人电脑、手机、平板等网络设备的普及和网络技术的进步，数据来源广泛且不断增加，单位量级也从 PB 增至 EB 甚至 ZB，呈现出质的飞跃。

（2）多样性，是指数据类型繁多，涵盖传统的结构化数据（如文本资料），以及半结构化和非结构化数据，如文本、图片、音频、视频等。

（3）高速性，是指大数据的生成速度极快，且需要迅速处理以保持信息的时效性。在海量数据面前，如何高效处理以提取有价值信息成为关键。

（4）价值性，是指大数据包含巨大的潜在价值，但价值密度较低。它反映了人类生活、生产、商务等多方面的重要信息。在数据规模庞大且不断更新的情况下，利用强大的机器算法快速、高效地提炼数据价值成为大数据时代的主要挑战。

10.1.2.2　人工智能

人工智能是一门集自然科学与社会科学成果于一体的新兴交叉学科，以智能为核心，形成了独具特色的研究体系。该学科不仅融合了控制论、信息论、系统论等基础理论，还涉及哲学、心理学、认知科学、计算机科学、数学及多种工程学方法，这些多学科的交叉为人工智能提供了坚实的理论支撑。

在研究领域，人工智能涵盖了知识表示、搜索算法、机器学习以及处理数据与知识不确定性的多种技术。其应用范围极广，覆盖专家系统、博弈论、定理证明、自然语言处理、图像识别和机器人技术等众多方面。这些应用展示了人工智能技术的广泛性和深远影响。

10.1.2.3　移动互联网

移动互联网是从个人计算机互联网演变而来，将移动通信与互联网技术结合形成的一种新的整合模式。它不仅是技术的融合，更涵盖了平台、商业模式及应用的集成，是移动通信技术与互联网的实践活动的综合表现。移动互联网结合了移动通信的携带便利性与互联网的开放性、共享性及互动性，打造了一个基于宽带 IP 技术的全新国家级电信网络。这一网络支持语音、传真、数据、图像及多媒体等服务，代表了新一代的开放电信基础设施。该网络的建设和服务由电信运营商与互联网企业共同完成，提供无线接入及成熟的应用程序（APP）。

10.1.2.4　云计算

云计算是一种依托于分布式计算技术，通过网络"云"执行数据处理的方法。它将庞大的数据处理任务拆分成众多小型程序，这些程序由构成系统的多台服务器协同完成处理和分析工作，最后将处理结果反馈给用户。云计算的早期形态为简单的分布式计算，主要用于任务分配和计算结果的整合，因此也被称作网格计算。这项技术能够在极短的时间内处理数以万计的数据，提供强大的网络服务。

云计算服务根据功能可细分为三个主要层次：基础设施级服务（infrastructure as a Service，IaaS）、平台级服务（platform as a Service，PaaS）以及软件级服务（software as a Service，SaaS）。这三种服务构建了一个分层的体系架构，分别涉及基础设施层、平台层和应用软件层。IaaS 提供基础设施资源，PaaS 提供软件开发平台，而 SaaS 则直接向终端用户提供应用软件服务。具体情况如下：

（1）基础设施级服务（IaaS）。消费者通过互联网获取完善的计算机基础设施服务。IaaS 通过互联网将数据中心和基础设施等硬件资源分配给用户，采用商业模式运作。

（2）平台级服务（PaaS）。此服务将软件研发平台作为服务提供，属于软件级服务的一种扩展应用。PaaS 促进了软件服务的发展，特别是提高了软件应用开发的效率，使得开发者无需投资于服务器等硬件即可开发新应用。

（3）软件级服务（SaaS）。该服务通过互联网向用户提供软件，用户无需购买，而是租用基于互联网的软件来管理企业活动。SaaS 显著降低了大型软件的使用成本，同时软件托管于服务商的服务器，因此还减少了用户的管理与维护成本，提高了可靠性。

10.1.2.5　物联网

物联网，作为新一代信息技术的核心，指的是基于互联网扩展而成的物物相连的网络系统。这一系统通过将各类信息传感设备和互联网结合，构建起一个覆盖全球的巨大网络，实现了人、机、物在任何时间和地点的互联互通。物联网的概念主要包含两个方面：一方面，它以互联网为基础，是对传统网络的一种延伸与扩充；另一方面，它的终端设备扩展到了所有物品，这使得通过信息传播媒介的任何物品都能进行信息的交换与通信。因此，本书将物联网界定为：通过射频识别、红外感应器、全球定位系统、激光扫描器等信息传感设备，依照特定协议将各种物品连接至互联网，使得物品能够进行信息交换和通信，进而实现智能化的识别、定位、跟踪、监控与管理的一种网络技术。该技术旨在扩展互联网的应用范围，实现物品和设备的智能互联。物联网应用主要体现在如下三项关键技术：

（1）传感器技术：此技术将模拟信号转换为计算机可处理的数字信号。

（2）射频识别（RPID）技术：即将无线射频与嵌入式技术结合，广泛应用于自动识别和物流管理。

（3）嵌入式系统技术：这种技术整合了计算机软硬件、传感器技术、集成电路及电子技术，类似于人体中的大脑，负责接收信息并进行处理。在物联网体系中，传感器相当于感官，网络则是神经系统，嵌入式系统则扮演大脑的角色。

10.1.2.6　区块链

区块链就是由一个又一个保存了一定的信息，并按照它们各自产生的时间顺序连接而成的链条，体现了分布式数据存储、点对点传输、共识机制和加密算法的集成应用。

首先，从技术层面看，区块链涵盖了数学、密码学、互联网和计算机编程等多个领域的技术。其次，从应用层面看，区块链技术根本上代表一种分布式共享账本和数据库，它具有去中心化、不可篡改、可追溯、集体维护及透明等关键特点。这些属性确保了区块链的诚信和透明度，并构建了其信任的基础。区块链的应用场景广泛，主要解决信息不对称问题，促进多主体间的信任与合作。

区块链由算法驱动，天然支持资产数字化。区块链技术通过公钥密码学来标识资产所有者，并对资产认证信息进行加密与锁定，进而确保财产权的自主性。拥有相应私钥的用户能够实时转移其资产。其交易过程完全由算法驱动，实现智能化操作。

随着信息技术的快速发展，语音、图片和视频等非结构化数据可转化为流通的数字资产。将来，房屋、汽车和土地等实物资产经区块链登记与确权，可能转变为可量化的数字资产，甚至发展成为新时代的实物货币，从而实现全面的万物互联，每个个体都可能转变为网络中的关键节点。

10.1.2.7　元宇宙

近年来，数字化技术的发展呈现出多种技术、多个应用领域交叉融合的趋势，并孕育、催生了层出不穷的"黑科技"产品。例如，元宇宙就是一个由虚拟现实、增强现实和区块链等技术构建的数字化空间，它提供了一个以人为中心的虚拟世界，使人们能够与其他用户进行互动、沟通和创造。元宇宙是现实世界和虚拟世界的交汇点，它融合了各种数字技术和内容，包括3D建模、虚拟现实头盔、手柄、全息投影、人工智能和区块链等。通过这些技术，用户可以创建自己的数字身份，在虚拟世界中社交、购物、学习和娱乐。元宇宙的发展潜力巨大，它有望改变人们的沟通方式、社交模式和商业模式。人们可以在虚拟世界中建立新的社交网络、开展跨界合作和创新实践。同时，元宇宙也面临着一些挑战，包括隐私保护、技术标准、内容监管和数字不平等等问题，这需要综合各方力量共同解决。随着技术的不断进步，元宇宙有望成为人们生活、工作和娱乐的重要部分，开启全新的数字化时代。

10.2 数字化技术对企业战略的影响

10.2.1 数字化技术对组织结构的影响

在数字经济时代，现代企业通过依赖互联网和信息技术的智能化及数字化建设，引入了创新的生存、生产、经营、竞争与创新模式。数字化转型的关键在于运用数字技术对企业实施智能化和数字化的升级，利用大数据的丰富性和流动性，有效应对企业遇到的不确定性挑战，进而提升生产效率。就组织结构的变革程度而言，面对"数字优先"的外部环境的剧烈变化，组织目标也进行了根本性的调整，由传统的结构转变为专注于提供数字化社会信息服务的互联网型组织。具体来看，企业数字化技术对组织结构的变革主要体现在以下几个方面：

10.2.1.1 组织结构向平台化转型

进入数字经济时代，组织结构朝着更加柔性、扁平和网络化的方向发展，形成了"大平台、小前端"的模式。面对不断变化的市场环境，组织未来需采用更灵活的应对策略。即通过建立以流程为核心的扁平化动态组织，将创造用户价值作为核心目标，优化跨部门业务流程，逐步消除部门间壁垒，彻底改革由部门划分引起的流程中断和分散的现象。

10.2.1.2 构建传统与数字的融合结构

数字化技术构建传统与数字的融合结构是现阶段的核心变革举措。一方面，这种融合结构涵盖了传统与新兴的人才、观念、技术、流程及传播渠道。在媒介融合战略的推动下，新兴知识与理念在组织内部得以广泛传播，新生元素对传统元素起到显著的引导与转化作用。因此，在组织变革过程中，这种融合结构是传统人才、观念、流程向互联网化转型的关键机制，体现了其核心价值。另一方面，融合结构作为促进传统要素向数字化转型的桥梁，其本质是一种过渡结构而非终极形态。这是因为，新兴知识、观念和技术的应用促使需要淘汰的传统元素，如不适应数字内容生产与分发的人员和介质，被逐步淘汰，从而推动组织向更适合网络化，特别是移动端使用的更纯粹形态转变。

10.2.1.3 以新型组织结构为主要形式

在数字化技术的支持下，一些组织设计并采用了一些新型的组织结构以增强组织竞争力，其中最为重要的是团队结构和虚拟组织。这两种结构将具备多样技能的员工组成团队，共同完成复杂的任务和项目，其优势体现在多专业人员间的有效协作与沟通；扁平化结构确保信息传递的及时和准确；决策权限的下放使团队能迅速应对环境变化；充足的资源支持创新活动的高成功率；而相对较低的试错成本则有利于探索新领域和项目。

（1）团队结构，是以团队作为协调组织活动的主要方式，团队成员在动机、价值取向和目标追求上具有高度的一致性，且要求成员既是全才又是专才。团队享有较大的自主权，对大部分业务活动负有全面责任。借助信息技术，团队间的沟通及组织的有效监管得以实现。

（2）虚拟组织，是企业间扁平化结构的实际应用。面对市场新机遇，具备不同资源和优势的企业联合起来，基于信息网络创建了一个技术共享、费用分摊且共同开发的利益联盟。虚拟企业通过网络整合人力、资产及创意，突破传统组织边界和地理限制，生产商品及提供服务。这种组织依托先进的计算机网络，以信息流管理为核心，能够灵活重组社会资源，迅速适应市场变化，突破企业自身能力限制，实现难以单独完成的目标。

10.2.2 数字化技术对经营模式的影响

数字化技术对企业经营模式的影响主要表现在以下几个方面：

10.2.2.1 互联网思维的影响

企业思维正在由工业化向互联网思维转变。工业化思维以规模化生产、销售和传播为核心，调整市场策略周期较长。在这一模式下，信息不足和信息不对称是企业面临的主要挑战。数字经济的兴起促进互联网思维的发展，这种思维挑战了企业管理的传统观念，并要求在战略、业务、运营及管理各层面进行重新评估。互联网思维的一个主要变化是利用信息技术的快速发展，降低传统销售和传播的重要性，使企业能够更有效地应对消费者对产品和服务的个性化需求，同时达到成本效率和响应速度的优化。

10.2.2.2 多元化经营的影响

多元化经营已成为经营者的共识。在数字技术的推动下，实体零售企业结合"互联网+流通"模式，加速推行线上线下一体化的O2O全渠道布局。这种模式通过线上线下资源的深度整合，使实体零售企业能够全面融合店铺、产品、服务、渠道、技术、营业模式及业态等零售要素，促进零售业态的多元化发展。具体来说，O2O模式借助现代信息技术，有效整合线上线下资源及价值链上下游的合作伙伴，突破了传统店铺的时间和空间限制，推动了跨界经营的融合。这种融合在O2O模式的驱动下，通过商品结构和服务的优化，不断拓展商品种类，逐步推出如无人商店、"餐厅+生鲜超市"等多样化新零售业态，整合了更多娱乐休闲元素。

10.2.2.3 消费者参与的影响

在数字化时代背景下，网络空间的扩展将实体与虚拟世界紧密连接，为消费者在商业模式创新中的参与提供了广阔的空间。借助大数据平台，消费者能将历史与实时数据结合，主动提供个性化的创新思维，从而推动商业模式的开放、科学化及效率提升。具体而言，利用新一代数字技术，可以显著减少企业与消费者之间的信息不对称，并通过即时的信息互动，使消费者更广泛地参与到企业运营中，将分散的消费者力量转化为具有价值的集体力量，增强消费者权益。随着消费者权益的增强，基于互动的新型商业模式逐渐形成，这些模式增强了企业与消费者之间的协同效应。企业应通过数字平台加强与消费者的互动,利用大数据洞察市场需求,提供更优质的产品与服务,以适应市场变化。

10.2.3 数字化技术对产品和服务的影响

数字化技术对产品和服务的影响主要体现在以下四个方面:

10.2.3.1 个性化

在数字化时代,消费者偏好发生了显著变化,个性化已成其核心需求。消费者不再仅仅关注产品的价格、质量和实用性,而是越来越注重服务、社交互动、信息分享、沟通和参与的体验性需求。这种趋势要求企业必须拥有高效的信息挖掘、整理及应用能力。企业利用数字化技术提供的数据采集与分析工具,可以在消费者频繁活动的平台(如社交媒体、电子商务网站和搜索引擎)上,收集并处理分散的信息,从而深入了解消费者的具体偏好和潜在需求,推动产品和服务向定制化、个性化和多样化转变。

10.2.3.2 智能化

在数字化时代,智能化已成为产品发展的关键驱动力。众多的传感器、处理器及存储设备使智能产品能够实时捕获、使用数据。企业借此分析消费者的使用行为,并使产品具备自学习功能,进一步提升消费者的使用体验。

10.2.3.3 连接性

在数字化环境下,产品的连接性日益增强,实现了广泛的万物互联。例如,智能家居系统通过整合音响、电视、照明及空调等设备,实现了数据的互通与共享,提供了流畅的用户体验。此外,智能设备之间的联动不仅连接了多样的活动主体,还孕育了丰富的商业机会。比如,智能可穿戴设备助力消费者监控健康,同时为医院、保险公司、药企及健康顾问提供了直接联系消费者的途径,从而能更好地为消费者提供个性化服务。同时,运动和餐饮行业也能通过这种技术连接,向消费者提出专业建议。此外,基于可穿戴设备的社交网络等平台,也为移动应用打开了新的市场入口。

10.2.3.4 生态化

在数字化转型的新时期,产品的生态属性更被消费者所关注。即通过依靠科技促进低碳化发展,实现数字化赋能生态发展。通过数字化赋能,可提高效率,节约资源,实现降低能耗,加快重铸产业结构、生产方式、生活方式、空间格局。在这一过程中,生态化的发展为企业数字化转型提供重大的发展契机,消费者对生态产品的需求能够迫使企业依靠科技创新实现生产技术的更新换代,从而在根本上实现整个行业转型升级,并在此基础上,通过搭建数字化平台和管理体系,推动整个产业的数字生态发展。

10.2.4 数字化技术对业务流程的影响

在传统的企业管理模式中,业务流程常因非增值环节较多、信息传递缓慢以及各环节关系混乱而效率低下。特别是当一个完整的业务流程被不同职能部门割裂时,流程的效率和效益会显著降低。因此,企业只有对其流程进行改造与创新,才能在新的环境中得以生存与发展。

20世纪90年代初，管理领域引入了"重新设计"的思想，随之产生了业务流程重组（business process reengineering，BPR）的概念。业务流程重组，或称为重组，是通过对业务流程进行彻底再设计，以显著提高成本、质量、进度和服务效益，从而使企业在市场上成为成功的竞争者的过程。业务流程重组是一种企业过程创新活动，它要求人们以归纳推理的方式审视信息技术的处理能力和计算机及互联网技术的连通性，这不仅增加了组织信息和知识的可访问性、存储和传播，还提高了业务流程的运行效率，使组织能够突破传统规则，创立全新的工作模式。在这一过程中，数字化技术发挥了关键作用，其不仅简化了自动化过程，还利用技术的前沿潜力实现了创新目标。

数字化信息系统是企业业务重组流程的核心。企业在建立和发展初期，往往采取传统的文档管理办法，即把文件数据分类储存在员工个人电脑软件中，这些数据受到一定的隐私权保护。当企业壮大之后，大量原始文档数据开始在企业一台台电脑上公开生成和发布，这往往造成重要文件和数据的泄露。企业为了避免重要文档和数据泄露，或者统一配置电脑，或者统一配置办公系统，以确保所有文件在企业内部局域网内使用，但这种方式仅适用于大型企业，对中小企业来说，这种方式成本过高，其包括配置费用和维护费用。数字化信息系统的出现，推动了基于云端的协作工具和软件的出现。比如企业云盘可以帮助企业更好地完成知识沉淀，从而便于管理者作出更有利于企业发展的决策。无论是内部管理还是外部协同，基于云的办公场景构建，都是企业数字化转型中必须考虑的场景。工欲善其事，必先利其器。企业团队经常使用的工具能够适合企业的数字化场景，也是推动企业数字化进程的重要一步。一方面，在服务理念上，企业应从传统的人工服务模式转向智能服务模式。这要求企业充分挖掘和整合各种资源与数据，以满足消费者的多样化需求。在满足消费者显性需求的基础上，企业应深入探寻其隐性需求，进而通过深入的数据分析，构建数据模型，最终提供智能化服务。另一方面，在服务重组过程中，企业需利用新型服务平台，结合大数据分析、传感技术及人工智能，从海量的内外部信息资源中挖掘潜在价值。接着，企业需有目的地进行开发和组织，将分散的信息资源转变为增值更高、更为多元化的服务模式。同时，企业应提升用户的参与度，将原本重复的人工操作转换为半智能或全智能的服务形态。

10.3 数字化战略

10.3.1 数字化战略的定义

数字化转型并非彻底否定企业既有的信息化建设，而是对原有企业信息系统进行整合与优化。在此基础上，企业能够提高管理及运营效率，并通过采用新技术手段，增强技术实力，从而满足数字化转型过程中新的挑战和需求。因此，我们将数字化战略定义为全面评估企业数字资产，制订持续改进计划并积极服务于企业业务增长目标的战略举措。

10.3.2 企业财务战略数字化转型的主要内容

10.3.2.1 技术变革

随着 5G 和工业互联网等新一代信息技术的迅速发展，企业急需更新和重构网络、通信设备及现有系统等基础设施，为创新提供必要的技术资源，加速产品和服务的创新节奏，开拓新的市场机会。

（1）数字化基础设施建设。数字化基础设施是企业数字转型的关键基石。这包括主干网与互联网接口的带宽、网络覆盖率以及数据安全措施的应用程度，这些都是衡量基础设施水平的核心指标。主干网不仅支撑企业的全部通信和数字化系统，而且连接企业的生产管理流程，扩展到每一个工作岗位。带宽和网络覆盖率共同决定了企业数据传输的效率和网络连接的广泛性，是实现高效、低延迟通信的基础。数据安全措施的广泛应用则确保了企业网络和平台的安全性。

（2）数字化研发。数字化研发是推动企业转型升级的核心。其关键指标包括新产品产值率、研发投入强度和员工人均专利数。新产品产值率反映了企业将研发成果迅速转化为市场适应产品的能力。研发投入强度展示了企业在科技创新方面的投资水平，这一比例越高，表明企业的技术创新和转型动力越强。员工人均专利数则显示了企业在开发新技术和新产品方面的活跃度，尤其是发明专利代表了更大的未来价值创造潜力。

（3）数字化投入。数字化投入是企业数字转型的重要支柱，包括数字化投入的比例、设备投入比例、运维投入比例和数据安全投入比例等。这些指标反映了企业对数字转型的重视程度和投入的合理性。适当的数字化投入不仅能加快企业的转型步伐，还能显著提升转型效果。

10.3.2.2 组织变革

数字化技术带来的组织变革主要体现在以下两个方面：

（1）组织架构。数字化转型对企业的组织架构带来了深刻的影响。在这一过程中，数字化部门的领导者地位的提升及企业管理层级的减少成为评估组织变革的重要指标。领导者地位的提升可以加速数字化的进程。企业通过减少管理层级，可以实现组织结构的扁平化，这不仅降低了部门和员工之间的信息壁垒，还提高了在面对技术变革的不确定性时的适应性和整体工作效率。例如，海尔在数字化驱动下放弃了传统的科层制架构，转而采用了基于"企业平台化、用户个性化及员工创客化"的平台化组织模式。

（2）数字化人才。数字化人才是推动企业数字化转型的重要推动力。关于数字化人才的质量，可以通过数字化人才比重、数字技能覆盖的员工比率以及初级数字技能培训的支出比率来评估。数字化人才的比重反映了企业在人力资源方面的数字化水平。数字技能覆盖的员工比率越高，说明员工操作数字设备的熟练程度越高，设备的利用率也越高。而初级数字技能培训的投入比率则体现了企业在增强员工数字技术应用能力方面的投资程度。

10.3.2.3 管理变革

数字化技术带来的管理变革主要体现在以下四个方面:

(1) 业务数字化管理。业务数字化管理构成了企业数字化转型的核心。其关键评价指标涵盖了四个主要指标:电子商务采购比率、数字化仓储物流设备的使用率、订单的准时交付率以及数据可视化率。一是电子商务采购比率——企业通过电子商务平台完成的采购总额占总采购额的比例,其有助于突破传统采购的时间与空间限制,缩短采购周期并减少交易成本。二是数字化仓储物流设备的广泛应用为减少库存提供了必要的物质与技术支持,是降低物流与库存成本的决定性因素。三是订单的准时交付率显示了企业如何有效利用大数据技术整合供应链资源,提升生产与协作效率,从而迅速响应市场变动。四是数据可视化率是衡量生产管理水平和全流程精确控制能力的重要指标。

(2) 生产数字化管理。生产数字化管理是企业转型中的关键环节,其主要评价指标包括自动化编制和优化的排程比例、与过程控制系统(PCS)或生产执行系统(MES)直接连接的设备比例、数字化检测设备的使用比例以及在线设备管理与运维的比例。这些指标体现了数字化在生产中的普及程度、控制的精确性、设备的连通性以及数据的互通性。设备的高度互联互通有助于优化生产方案,促进灵活高效的生产管理。同时,数字化检测设备的广泛部署加强了企业对产品质量的监控和对产品全生命周期的管理,从而提升了生产效率和产品质量。

(3) 财务数字化管理。财务数字化管理是支撑企业转型的重要环节。其核心指标涵盖企业资源规划(ERP)系统的应用覆盖率、资金周转率以及库存资金的占比。首先,ERP系统通过整合企业各环节的数据,加强决策支持功能。其次,资金周转率反映了流动资金的运转效率。最后,库存资金的占比展示了信息技术在库存管理中的效用。例如,华为利用自动化交易核算及ERP系统的优化,实现了全球财务活动的实时可视化与管理,从而能够在3天内完成月度财务报告,在11天内完成年度财务报告,显著提升了其在数字化竞争中的优势。

(4) 营销数字化管理。在数字经济时代,传统营销模式的局限性逐渐凸显,而数字化管理为营销提供了新的发展方向。之前,多数行业的营销策略,多依赖于大量人力和高额销售成本。当前,利用新兴技术,企业可以通过数字平台整合多渠道信息,为客户打造无缝的线上与线下体验,并提供全方位服务。大数据的运用使企业得以深入挖掘和分析客户数据,并转化这些信息成为营销策略的创新点,实现精准营销。例如,AI技术的融合不仅加强了人与信息、服务及商品的互动,而且推动了营销活动向智能化和效率化转变。企业可以通过应用数字化技术,如CRM系统、数据仓库和商业智能工具,扩大客户基础,深入了解客户行为和需求,实现更广泛的市场服务。这些技术的应用还支持企业进行整合营销和交叉销售,同时企业通过大数据分析,可进一步实现客户生命周期的数字化管理和精细化营销策略。

10.4 财务战略中数字化转型面临的困难与主要任务

10.4.1 财务战略中数字化转型面临的困难

10.4.1.1 网络安全与个人信息保护问题

网络在企业数字化转型中扮演了关键角色，但同时也引起了显著的安全挑战。随着数据云化，数据集中度降低，安全保障成为一大难题，非法访问的风险也随之增加。在传统设置中，应用服务器通常独立运行，但一旦迁移到云环境，安全边界便大幅缩减，漏洞问题频发，且云环境中的虚拟机及其安全保护措施往往不足。企业在推进数字化应用的扩展时，往往受限于安全措施的滞后。此外，尽管企业力求从云计算中获得加速效益，但权限管理的静态变化使得安全策略的适配更加困难。

企业会根据用户个人信息以及消费记录给用户全方位的消费体验升级，包括推送信息的个性化和消费体验的精确化等，大大增加用户对平台的依赖。但是，不法分子也能通过技术手段入侵个人信息存储平台，盗取用户的个人信息，并利用这些信息进行售卖或者篡改个人信息。在一些重大信息填报上，一旦不法分子篡改选择或是删除某些重要信息，将会对用户个人造成难以想象的影响。2016 年《中华人民共和国网络安全法》和 2021 年《中华人民共和国个人信息保护法》的颁布，对维护、加强网络安全和保护个人信息提供了重要的法律保障，但全面实施这两个法律的内容任重而道远。

10.4.1.2 数据容量问题

在传统管理模式中，数据存储及整合分析的工作量在企业运营中占比较小，甚至不需要借助信息技术便可完成统计和处理，也无需关注存储问题，更不用考虑高端存储设备。然而，随着企业数字化转型，数据量剧增，传统的计算机设备已难以应对。这也对企业后台运行和终端处理技术提出了更高的要求。

10.4.1.3 "数据孤岛"问题

部门开发时间的差异以及多种软硬件平台的并行使用，导致信息系统间的异构性和独立性，使得数据无法共享，形成了所谓的"数据孤岛"。在数字化向更高阶段发展之际，企业对包括产业链上下游相关企业信息在内的外部数据需求不断增长，亟需整合这些数据资源，以便实现行业信息共享。

10.4.1.4 核心数字技术问题

在数字化转型的过程中，企业常常面临高昂的成本和核心技术供应不足的问题。此外，市场上缺少能提供从战略咨询、架构设计到数据运营等一体化服务的第三方总包服务商。目前的解决方案多为通用型，难以满足特定企业与行业的个性化需求。尤其对于中小企业，市场上的软件、大数据和云计算服务商质量不一，且缺乏统一的行业标准，这使得企业在选择服务商时面临更多的挑战。

10.4.1.5　技术伦理与道德问题

数字化世界是受道德约束的，即技术上能做不代表现实中可行。数字化道德应受法律规定、数字技术与道德规范共同约束。数字化道德的实施要注重伦理规范和道德判断的编码化，须从一个工程师的思维、一个软件的思维转变到人文主义的思维。

（1）算法偏见与歧视。程序算法设计会受到程序设计本身以及程序设计者对于程序设计的影响，产生初始偏见。算法偏见主要分为三类：一是文化驱动的预存性偏见，其涵盖性别歧视、种族歧视和价格歧视等问题。二是数据驱动的技术性偏见，这种偏见在算法运行时显现，其原因包括数据选择不适当、数据过时、数据本身的偏差以及历史偏见的延续，这些因素均会加剧算法的歧视性固化。三是应用驱动的突生性偏见，这类偏见通常在算法与人类用户的交互环境中出现。

（2）学术伦理规范。用户借用算法技术进行文本创作，并非是基于人类智力的创作，而是依托算法强大的计算能力来进行相关内容的搜索匹配。成果剽窃通常存在两种情况：一是无意剽窃，数字技术通过对互联网上获取的文本资料进行训练，在输出时通常不会引用文献来源，因此造成剽窃；二是有意抄袭，用户利用现有政策与技术漏洞，不如实汇报使用情况。就目前的反算法技术水平而言，其侦察力难以准确识别此类新型作弊方式。

（3）技术的误用滥用。智能聊天机器人可以借助互联网收集的文字资料，生成类似人类的文本，这些文本可以用于恶意目的。一是输出的文本可以用来捏造假新闻、传播错误信息、冒充个人等；二是智能聊天机器人可以输出带有恶意与危险的代码，经验丰富的黑客可以诱导机器人生成恶意代码，加快网络攻击速度；三是智能聊天机器人可能会生成网络钓鱼电子邮件，窃取企业信息作为学习资料，影响网络安全。

10.4.1.6　法律问题

（1）侵犯知识产权。智能聊天机器人在进行文本创作时，若未经权利人授权，可能会触及知识产权侵权。首先，在训练语言模型过程中，这些机器人需要复制大量文本数据，这可能构成著作权侵犯。其次，知识产权具有地域性限制，某些国家对"合理使用"的定义可能与其他地区不同，这可能导致用户过分依赖算法技术，误将输出的文本视为原创并使用，增加侵权风险。最后，关于智能聊天机器人是否能够作为版权的独立所有者或是学术论文的共同作者，目前尚存在法律上的争议。

（2）泄露用户隐私。伴随着人工智能的发展，算法技术可以更便捷地收集用户的数据信息，尤其是涉及个人生物体征、性格、家庭等敏感信息，并形成关于用户个性特征与行为倾向的量化评估，但算法运行过程中可能会无意泄露用户的敏感信息。科技巨头企业一旦掌握了相关数据，其权利就会得到强化，其借助资本、技术的优势便可进一步精准地获悉用户需求，以服务于商业利益诉求。数据隐私的泄露使人变得日益透明化。

（3）新型侵财类行为。在数据世界中，虚拟货币与虚拟资产的交易是一项重要的商业活动，虚拟货币等新型数字资产为违法犯罪提供了更为广泛的投资交易空间。由于数据世界目前仍处于初步探索阶段，其诸多基础性技术没有发展成熟，其本身的去中心化、匿名化等特征，可能会触发利用区块链技术生产加密货币进行洗钱、非法吸取用户存款、传播不良信息、编造虚假项目诈骗、非法经营等违法犯罪活动。

10.4.2 财务战略中数字化转型的主要任务

10.4.2.1 构建数字化组织设计，转变经营管理模式

（1）制定数字化转型战略。即由企业领导层亲自负责，制定企业级的数字化转型战略，做好数字化转型的顶层设计，对企业数字化转型进行全面、系统、整体的规划布局，明确企业数字化转型的战略定位、战略目标，确定数字化战略的具体内容，指明数字化转型战略的实施步骤和实施路径。

（2）建立数字化企业架构。即推动企业传统架构向新一代数字化企业架构转变，重构企业业务架构、数据架构和技术架构，建立以混合云为基础，以企业数字化云平台为载体，能够实现业务自由扩展、应用高效支撑、服务灵活部署、数据融合应用的新一代企业架构。

（3）推动数字化组织变革。即建立数字化组织变革领导小组，调整组织架构，建立适应数字化转型的组织体系，构建起以业务为核心、灵活机动、分布式、扁平化、网状化的组织体系，形成适应数字经济条件的新的组织体系。

10.4.2.2 加强核心技术攻关，夯实技术基础

建立企业数字化技术管理体系，对互联网、移动互联网、大数据、人工智能、区块链、云计算等各类技术进行统筹管理，融合企业内外技术团队的能力，建立一个开放式的技术开发应用生态，推动各项技术在企业数字化转型中的实时响应、有力支撑、高效应用。

10.4.2.3 打破"数据孤岛"，打造企业数字化生态体系

围绕实现数据、技术、流程、组织四要素和有关活动的统筹协调、协同创新管理和动态优化，建立适宜的标准规范和治理机制，打破"数据孤岛"。建立企业数字化生态体系和企业级数字生态服务平台，以开放共享的理念，连接企业客户和上下游合作伙伴、第三方服务商等各类主体，形成以企业价值创造为核心的全面开放、协同共生、共建共享的企业级数字化生态共同体。

10.4.2.4 加快企业数字文化建设

加速企业数字文化的建设，是推动数字化转型深入企业各层面的关键。通过培育一种数字化的企业文化，使数字化转型成为企业主流价值观。这包括通过教育和培训，让所有部门和员工理解数字化转型的重要性及其对企业、团队和个人的潜在价值，从而实现从高层到基层的双向促进效果。

10.4.2.5 利用新兴技术，提升企业网络安全水平

每个企业都需要某种形式的网络保护系统，否则就有可能成为网络攻击的牺牲品。通常，企业会使用网络安全程序来控制谁可以查看和使用企业数据，员工需要 ID 和密

码组合才能进入企业网络。在云计算、虚拟化和移动计算技术的应用下，企业可利用支持架构和技术控制来进行安全监控，提供可用于增强服务质量和性能指标的数据。企业和 IT 专业人员都应明确意识到网络安全必须与时俱进。

10.4.2.6　重视数字伦理，提升数字素养

数字伦理是企业在数字技术和数字信息的开发、利用和管理等方面应该遵循的要求和准则。企业数字化战略转型不仅是纯粹的数字技术的运用，还将涉及在数字技术应用中所产生的企业与社会之间的行为规范。一方面，企业要重视数字伦理，即要重视在数字化转型过程中，数字技术应用所带来的安全问题、隐私保护、数字信息产权等，避免数字技术滥用、用户隐私侵犯、算法歧视与陷阱等数字伦理问题，把握合适的伦理尺度、价值准则与道德规范，为社会创造积极正向价值。另一方面，企业要提高数字素养，合理有效利用数字技术并发挥数字技术的积极作用，强化企业数据思维，提高数据挖掘能力，促进数据价值创造，推动企业数字化战略转型与企业数字素养的相互促进。

【本章小结】

本章小结具体见表 10-1。

表 10-1　本章小结

数字化技术的类型	大数据	大数据的主要特征： （1）大量性：指数据集的规模极大 （2）多样性：指数据类型繁多 （3）高速性：指数据的生成速度极快 （4）价值性：指数据价值巨大，但价值密度低
	人工智能	人工智能是一门集自然科学与社会科学成果于一体的新兴交叉学科，其应用领域包括专家系统、博弈、定理证明、自然语言理解、图像理解和机器人等
	移动互联网（5G）	移动互联网是将移动通信与互联网融为一体，让用户在使用手机、平板电脑或其他无线终端设备时，通过速率较高的移动网络，在移动状态（如在地铁、公交车上等）下随时随地访问互联网，从而获取信息，使用商务、娱乐等各种网络服务
	云计算	云计算是一种依托于分布式计算技术，通过网络"云"执行数据处理的方法。此外，云计算主要包括基础设施级服务、平台级服务和软件级服务
	物联网（万物互联）	物联网是基于互联网扩展而成的"物物相连"的网络系统，实现了人、机、物在任何时间和地点的互联互通
	区块链	区块链是一个去中心化的、分布式的共享账本和数据库
	元宇宙（数字技术集合）	元宇宙是一个基于虚拟现实、增强现实和区块链等技术构建的数字化空间，它融合了各种数字技术和内容，包括 3D 建模、虚拟现实头盔、手柄、全息投影、人工智能和区块链等

表10-1（续）

数字化技术对公司战略的影响	数字化技术对组织结构的影响	（1）组织结构向平台化转型： 组织形态趋于柔性化、扁平化和网络化，呈现出大平台、小前端的特征。 【柔性化、扁平化和网络化】 ●纵向：扁平化，前端具有更大的决策权，提高对市场变化的反应速度 ●横向：打破部门边界，降低部门分割造成的中断和分散 【大平台、小前端】 ●大平台：标准化、效率 ●小前端：个性化 （2）构建传统与数字的融合结构： 一方面，融合结构中包含传统和新兴的两类人才、观念、技术、流程和传播渠道； 另一方面，融合结构只是一个过渡性的结构，通过新兴的知识、观念、技术的引导与洗礼，无法适应数字内容生产和分发的人员、介质等要素需要被清除，从而使组织转向更加纯粹地适宜网络端，尤其是移动端的形态 （3）以新型组织结构为主要形式： 在数字化技术的支持下，一些组织设计并采用了一些新型的组织结构以增强组织竞争力，其中最为重要的是团队结构和虚拟组织。 团队结构 虚拟组织 只有依托强有力的计算机网络，这种以信息流管理为核心能力的组织形式才可能存在
	数字化技术对经营模式的影响	（1）互联网思维的影响 （2）多元化经营的影响 （3）消费者参与的影响
	数字化技术对产品和服务的影响	（1）个性化 （2）智能化 （3）连接性（万物互联） （4）生态化
	数字化技术对业务流程的影响	利用数字化技术（如云服务、大数据分析、人工智能等）进行业务流程重组
数字化战略转型的主要方面	技术变革	（1）数字化基础设施建设 （2）数字化研发 （3）数字化投入
	组织变革	（1）组织架构 （2）数字化人才
	管理变革	（1）业务数字化管理 （2）生产数字化管理 （3）财务数字化管理 （4）营销数字化管理

表10-1(续)

数字化战略转型的困难和任务	财务战略中数字化转型面临的困难	网络安全与个人信息保护问题 数据容量问题 "数据孤岛"问题 核心数字技术问题 技术伦理与道德问题 法律问题
	财务战略中数字化转型的主要任务	(1) 构建数字化组织设计,转变经营管理模式 ●制定数字化转型战略 ●建立数字化企业架构 ●推动数字化组织变革 (2) 加强核心技术攻关,夯实技术基础 (3) 打破"数据孤岛",打造企业数字化生态体系 (4) 加快企业数字文化建设 (5) 利用新兴技术,提升公司网络安全水平 (6) 重视数字伦理,提升数字素养

【本章内容在历年 CPA 考试中涉及的考点】

敲黑板:
1. 公司战略与数字化技术
2. 数字化战略

【技能训练】

一、单选题

1. 尽管受到了疫情的冲击,但月上百货的业绩不降反升。月上百货逆势发展的主要原因是其制定的新零售战略方针。通过数字化布局,月上百货将线下消费者加入线上会员系统,通过线上线下的完美融合,突破时空的局限,实现 O2O 全渠道运营,开辟出线上的第二条增长曲线。在本案例中,最能体现数字化技术对月上百货经营模式影响的是 ( )。

扫一扫,对答案

    A. 互联网思维的影响

    B. 多元化经营的影响

    C. 差异化经营的影响

    D. 消费者参与的影响

2. 数字化转型战略是企业谋求高质量发展,提升自身竞争力的必经之路。然而在实际转型过程中,还存在着许多阻碍企业进行数字化转型的因素。对于一个具有多事业部的企业而言,每个事业部都有各自的数据,事业部之间的数据往往都各自存储,难以进行信息共享。这一困难反映的是 ( )。

A. 网络安全问题　　　　　　　　　B. 数据容量问题

C. "数据孤岛" 问题　　　　　　　　D. 核心数字技术问题

3. 在 2016 年中国电子商务大会上，海尔服务正式发布了最新的互联网转型成果：海尔家电移动互联服务平台及两个入口 "海尔服务" 微信服务号和 APP 1.0。据了解，这是海尔服务在数亿级服务需求之上的一次变革，是秉承集团 "企业平台化、员工创客化、用户个性化" 战略的又一次创新实践。这一变革摒弃了传统的科层制的架构模式，企业平台化是这个模式的必要条件，用户个性化是其目的，员工创客化是其充分条件。以上涉及该公司数字化战略转型的方面是（　　　）。

A. 技术变革　　　　　　　　　　　B. 组织变革

C. 管理变革　　　　　　　　　　　D. 生产变革

4. 2020 年 12 月，网上发布了一篇题为《我被 M 外卖会员割了韭菜》的文章。该文章指出，M 外卖存在会员与非会员在同一送餐地址、同一外卖商户订餐，会员配送费高于非会员配送费的情况。以上信息表明，M 外卖在数字化战略转型方面面临的困难是（　　　）。

A. 网络安全与个人信息保护问题

B. 数据容量问题

C. "数据孤岛" 问题

D. 技术伦理与道德问题

5. 佳星百货借助数字化技术进行全面升级，建立了财务共享中心，并利用大数据、人工智能等技术，对财务数据进行深度挖掘和分析，为企业的决策提供有力支持。在本案例中，佳星百货运用数字化技术实现管理变革的主要方面有（　　　）。

A. 业务数字化管理　　　　　　　　B. 生产数字化管理

C. 财务数字化管理　　　　　　　　D. 营销数字化管理

二、多选题

1. 西门子科技公司持续落实节能举措，加强精益和数字化生产。该公司利用数字孪生技术使得企业在产品设计阶段节省 50% 的原材料，在制造执行阶段降低 40% 的能耗。另外，西门子还积极赋能其供应商加快减碳步伐，建立起覆盖近 9 000 家供应商的减排信息管理系统，实时抓取碳排放数据，并及时作出超标预警。西门子科技公司的上述做法所体现的数字化技术对产品和服务的影响是（　　　）。

A. 个性化　　　　　　　　　　　　B. 多样化

C. 智能化　　　　　　　　　　　　D. 生态化

2. 先声公司于 2024 年开始基于通信和数据力核心的技术对人工智能语音板块作出数据分析，有效地将人工智能语音技术面向服务行业，为用户提供优质体验，深度挖掘用户的隐性需求，持续推进人工智能技术的落地。先声公司的上述做法所体现的数字化技术对产品和服务的影响有（　　　）。

A. 连接性　　　　　　　　　　　　B. 个性化

C. 多样化　　　　　　　　　　　　D. 智能化

3. 新加坡 Z 公司是一家专注于厨房机器人研发与销售的创业型公司，Z 公司通过其开发的智能面包制造机 R 获得了多轮融资。但是，Z 公司在开发 R 之初，没有资源来构建一个可以对设备进行管理部署，以及处理和存储相关数据的 IT 基础架构。Z 公司几经对比，最终选择借助 AWS 物联网和云计算服务来构建 IT 基础设施。Z 公司还通过运用客户管理系统、数据仓库及商业智能技术，一年在全球销售了 2 万多台 R。该案例涉及企业数字化战略转型的方面有（　　）。

A. 技术变革　　　　　　　　　　B. 组织变革

C. 管理变革　　　　　　　　　　D. 生产变革

4. 讯飞公司是一家传统制造型企业。为适应当前互联网、大数据及 AI 技术日新月异的发展形势与要求，公司积极推进数字化战略转型：一是加大相关技术硬件与软件投入；二是大幅提升相关领域人才社会招聘的比例；三是拓展产业链条的长度，进军销售领域，并利用大数据技术挖掘出目标客户的相关行为数据实现精准营销。讯飞公司实施数字化战略转型涉及的主要方面包括（　　）。

A. 技术变革　　　　　　　　　　B. 理念变革

C. 管理变革　　　　　　　　　　D. 组织变革

5. A 公司确定今年是公司数字化战略转型的关键年，在管理层进行的多次会议讨论中，已经讨论列出一些 A 公司进行数字化战略转型可能的任务，以下（　　）任务可以作为 A 公司实施数字化战略转型的主要任务。

A. 加强核心技术攻关，夯实技术基础

B. 大力引进数字化人才

C. 利用新兴技术以提升公司网络安全水平

D. 重视数字伦理，提升数字素养

三、简答题

1. 数字化技术对企业战略的影响有哪些？请简要阐述。

2. 请简要论述数字化战略转型的困难和任务。

【案例演练】索菲亚家居的数字化转型之路

索菲亚家居股份有限公司于 2003 年成立，并于 2011 年在深交所上市，为首家定制衣柜 A 股上市公司。经过多年的积累，索菲亚公司已经成为国内从事定制衣柜、橱柜、木门、地板、配套五金、成品家具、大宗业务领域的龙头企业。2005 年，索菲亚开始了信息技术在定制衣柜生产制造上的普及应用，从而彻底解决了衣柜定制和规模化生产的矛盾，开启了定制衣柜规模化生产的时代，一举改变了行业格局，直接催生了中国定制衣柜行业。2011 年，索菲亚公司在深交所挂牌上市。2023 年，索菲亚实现营收 116.66 亿元，并在全国范围内设有 4 000 多家全品类门店，服务网络覆盖 1 800 多个城市。

索菲亚公司上市以后，为实现公司发展和资本市场双赢的目标，公司开始逐步实施大家居发展战略，即基于自身的生产供应链能力和服务能力，在定制柜方面推出书柜、电视柜、酒柜、榻榻米等柜类产品。其品牌标语从早期的"定制衣柜就是索菲亚"升级为"定制家-索菲亚"，其产品和品类不断拓宽，柔性生产线正式投产，解决了规模化与个性化之间的矛盾。2014 年，索菲亚与法国橱柜第一品牌 SCHMIDT 合资设立以高精人群为目标客户的司米橱柜，通过洞察中国消费者的需求、购买习惯和路径等行为习惯，铺设零售、大宗业务，构建多重流量入口，成功跻身中国市场橱柜品牌第一梯队。2017 年，索菲亚与华鹤集团合资设立索菲亚华鹤门业有限公司，进入定制门窗领域。华鹤集团是林产工业龙头企业，特别是其门窗产品线，以其先进的装备水平、技术水平、产品综合配套能力处于国内领航地位。华鹤门业借助索菲亚家居拥有柜、司米橱柜和华鹤木门分别聚焦衣柜、橱柜和木门三大细分市场，并通过终端渠道融合与营销协同，具备国内领先的渠道优势和市场运营能力，迅速扩大了产品的市场覆盖面，增加了销量，提升了品牌影响力。至此，索菲亚定制成为"大家居解决方案提供者"。2019 年，索菲亚公司基于发展现状积极进行战略调整，推出整装渠道战略，在全国范围与实力较强的装企开展合作，即先后与星艺装饰、圣都家装、爱空间等头部装企签署深度合作协议，以建立合资公司或工厂为主要合作模式。同时，与贝壳等居住服务平台进行合作，公司旗下部分品牌已进驻贝壳 APP，在用户浏览 APP 时可利用 VR 技术一键生成使用索菲亚品牌产品装修的房屋效果。公司还成立直营整装事业部，专门负责整装和家装渠道，进一步强化了整装渠道的经销商赋能专属培训体系，由单板块培训转向为培训、动销、支持综合运营赋能，推动各地经销商快速切入整装渠道。此外，公司也于 2019 年开始打造电商新零售平台，在天猫、京东、抖音、快手等互联网平台开设网店，获取线上流量并将其转化为线下购买力。

在公司的发展历程中，索菲亚为提升整体运营效率，提出了一系列数字化转型的解决方案：

2009 年，公司条码系统和 KD 设计软件系统上线，拉开公司信息化建设序幕。

2011 年，经销商管理系统上线，公司主体业务实现全信息化跟踪。

2012 年，公司 ERP 系统上线。

2014 年，公司 CRM 系统上线，信息化进入终端客户精细化管理阶段，公司网络安全水平在最新技术支持下不断提高。

2015 年 1 月份，公司信息与数字化中心成立，对集团也做了系统规划，并陆续建立和上线了很多平台系统，包括 CRM 系统、BI 系统和 DIYHome 设计软件等，打通下单到工厂全流程数据。

此外，2016 年，公司收购广州极点三维信息科技有限公司，聚焦移动营销、智能设计、智慧生产、安装交付的全流程智能化改造，提高个性定制设计的效率和准确率，同时继续发展三维实时引擎、VR、AR 虚拟现实技术等核心优势技术；旗下 DIYHome 以客户体验为出发点推出的 3D 实时设计软件，为顾客呈现风格化的产品，实现风格交付三通，打通前端与后端，实现全品类打通，让消费者亲身参与设计。2016 年，公司还成立了宁基智能公司打造后勤保障系统，通过自动化和信息化的深度融合，实现智慧智造，打造高效率、高品质、低运营成本的智慧工厂。智慧工厂采用国际一流柔性生产线，产品制造全流程智能化。

2018 年 7 月，索菲亚的第一个工业 4.0 车间——黄冈工厂正式投入使用。该车间拥有自主知识产权，成功地将传统生产车间的制造孤岛联接为一条智能化生产线。2018 年以来，索菲亚工厂平均交货期在 7 天～12 天，成功打破家居定制行业普遍面临的产能瓶颈。同时，其生产准确率、交货速度、改补率、板材利用率、能耗降低率等指标均稳健提升，进一步降低了工厂端和经销商端的运营成本，提升了其市场竞争力。2018 年，公司更加注重车间的应用层系统，打造了制造执行系统（MES）和运输管理系统。

2019 年，公司启动了营销业务中台项目，通过营销中台，加强对代理商及代理商内部的管理。索菲亚公司数字化战略从一开始就被列为公司总体战略，由集团高层亲自负责并明确其数字化转型的定位和目标，确定其数字化战略的具体内容。2011—2020 年，公司不断加大研发投入并优化人才结构，同时打造业务团队和 IT 团队，引进埃森哲、IBM 等国外大企业人才。经过数年的运营，索菲亚已经积累了大量的技术人才及数据模型，数字化文化深入人心，初步搭建起数字化网络。这可以帮助索菲亚在未来最大限度地实现数字化运营，构建数字化生态系统。

【思考题】

1. 简要分析索菲亚公司数字化战略转型的主要方面。
2. 简要分析索菲亚公司数字化战略转型的主要任务。

扫一扫，对答案

参考文献

［1］中国注册会计师协会. 公司战略与风险管理［M］. 北京：中国财政经济出版社，2024.

［2］财政部中国财经出版传媒集团. 公司战略与风险管理通关题库［M］. 北京：中国财政经济出版社，2024.

［3］祝继高，曲馨怡，韩慧博，等. 数字化转型与财务管控创新研究：基于国家电网的探索性案例分析［J］. 管理世界，2024，40（2）：172-192.

［4］王璐. 扩张型财务战略下非重点排放企业的碳排放会计核算［J］. 财会通讯，2024（3）：80-84.

［5］徐小惠，孙杰，许新强. 减排承诺与企业 ESG 表现［J］. 技术经济与管理研究，2024（10）：110-116.

［6］田露露，刘自敏，崔志伟. 企业 ESG 实践是否悖离利润最大化目标：兼对"漂绿"现象的财务动因探析［J］. 金融理论与实践，2024（9）：54-68.

［7］王金平，张洁，潘慧婷，等. 国内 ESG 基金的行为解析：ESG 绩效、投资方向与风险警示［J］. 企业经济，2024（10）：127-137.

［8］王华丽，吕琳琳，黄鹤. 价值创造视角下公立医疗集团财务数字化转型研究：以 Y 公立医疗集团为例［J］. 财会通讯，2024（20）：106-112.

［9］刘志高，陈煜明. 企业财务数字化转型中"V 字"模型应用逻辑与推进策略［J］. 财会通讯，2024（20）：8-12.

［10］庞磊，张庆龙. 数据驱动企业财务数字化转型研究［J］. 会计之友，2024（17）：134-138.

［11］张颖慧，李思仪. 数字化转型对企业价值的影响及提升机制［J］. 会计之友，2024（16）：128-136.

［12］吕静. 企业数字化转型与财务风险缓释：来自中国上市公司的经验证据［J］. 金融发展研究，2024（7）：77-86.

［13］张庆龙，张延彪. 国有企业集团财务数字化转型：理论阐释与驱动分析［J］. 财会月刊，2024，45（10）：21-25.

［14］姚慧亮，刘玲娜，徐立言. 浙江交通投资集团财务数字化转型及管理重塑实践［J］. 财务与会计，2024（8）：34-36，40.

［15］陈君，凌凤花，曹玮玲，等. 广西交通投资集团"数智财务、智慧交投"财务数字化转型实践［J］. 财务与会计，2024（4）：59-61.

［16］财政部会计财务评价中心. 高级会计实务［M］. 北京：经济科学出版社，2023.

［17］财政部会计财务评价中心. 高级会计实务案例［M］. 北京：经济科学出版社，2023.

［18］邵科，叶怀斌，李一帆，等. 瑞士信贷银行危机对中国银行业的启示［J］. 银行家，2023（4）：47-54.

［19］韩鹏飞，王海峰. 集团组织优势与企业财务战略［J］. 投资研究，2023，42（11）：106-124.

［20］郭婧，张新民. 财务战略激进与企业债务违约［J］. 管理科学，2023，36（4）：88-104.

［21］丁胜红，周红霞. 平台企业财务共享战略管理理论构建［J］. 财经问题研究，2023（7）：42-54.

［22］于林希. 首钢财务公司数字化转型路径探索：基于 RPA 技术的构建与实施［J］. 财务与会计，2023（19）：26-29.

［23］周卫华，刘薇. 企业集团财务数字化转型：价值嵌入与路径选择：基于三家企业集团的典型案例研究［J］. 经济管理，2023，45（7）：94-111.

［24］徐飞. 战略管理（数字教材版）［M］. 5 版. 北京：中国人民大学出版社，2022.

［25］吕文栋. 公司战略与风险管理（立体化数字教材版）［M］. 2 版. 北京：中国人民大学出版社，2022.

［26］财政部中国财经出版传媒集团. 公司战略与风险管理通关题库［M］. 北京：中国财政经济出版社，2022.

［27］袁广达，蒋岩，壮含露. 碳中和目标下煤炭企业三维财务战略研究［J］. 财会月刊，2022（23）：32-38.

［28］汪艳涛，盛童. 基于企业战略视角的财务报表分析：以海尔智家为例［J］. 会计之友，2022（7）：87-92.

［29］栾佳锐，王俊. 金融周期、扩张战略与企业财务危机［J］. 财经问题研究，2021（4）：67-79.

［30］任立改. 战略导向、绿色管理与企业财务绩效［J］. 财会通讯，2021（6）：61-65.

［31］赫连志巍. 财务能力对企业突变式转型影响评价［J］. 企业经济，2020，39（12）：38-46.

［32］杨军，赵继新，李宇航. 多元化经营战略对企业财务风险的影响研究［J］. 财会通讯，2020（14）：78-81.

［33］赖秀萍，聂力兵. 制造企业服务化转型财务战略演化探究：以中国整车制造上市公司为例［J］. 财会通讯，2020（6）：3-7.

［34］施鸿. 基于财务战略矩阵的企业合并财务评价［J］. 财会通讯，2020（2）：117-120.

［35］冯自钦，杜丽霞. 企业战略风险控制价值效应测度研究：基于财务协同视角价值效应指数的分析［J］. 价格理论与实践，2019（12）：149-152.

[36] 张海霞，张翠萍，贺悦来. 我国燃气上市公司财务战略评价：基于财务战略矩阵视角 [J]. 财会月刊，2019 (19)：43-50.

[37] 王东升. 平台商业模式企业成长阶段的财务战略：基于创新扩散理论视角 [J]. 会计之友，2019 (11)：37-44.

[38] 陈冰玉. 轻资产企业财务战略研究：以海尔集团为例 [J]. 财会通讯，2019 (14)：67-70.

[39] 李闻一，于文杰，李菊花. 智能财务共享的选择、实现要素和路径 [J]. 会计之友，2019 (8)：115-121.

[40] 柴源源. 基于财务战略矩阵的公司财务战略选择 [J]. 财会通讯，2019 (8)：66-70.

[41] 鲍克祥. 华谊兄弟战略转型中的财务战略研究 [J]. 财会通讯，2019 (8)：71-75.

[42] 雷振华，雷铭，肖梦迪. 核电企业财务战略的影响因素及实施路径 [J]. 财务与会计，2019 (5)：70-71.

[43] 山国利. 低碳经济趋势下企业碳财务战略实施探究 [J]. 会计之友，2018 (2)：17-20.

[44] 吕鹏. 公司战略与风险管理 [M]. 北京：北京科学技术出版社，2018.

[45] 黎精明，兰飞，石友蓉. 财务战略管理（第2版）[M]. 北京：经济管理出版社，2017.

[46] 鲁丽萍，石友蓉. 共生视角下企业碳财务战略体系的构建 [J]. 财会月刊，2017 (10)：20-24.

[47] 陈志军，张雷，等. 企业战略管理 [M]. 北京：中国人民大学出版社，2016.

[48] 王静. 基于可持续发展的中小型上市公司财务战略研究 [M]. 北京：经济科学出版社，2014.

[49] 沈华玉. 公司战略与风险管理 [M]. 北京：清华大学出版社，2013.

[50] 陈亚民，王天东. 战略财务管理 [M]. 2版. 北京：中国财政经济出版社，2013.

[51] 鲁思·本德. 公司财务战略 [M]. 杨农，邱南南，译. 3版. 北京：清华大学出版社，2013.

[52] 王琳，肖序. 企业碳财务战略体系构建研究 [J]. 山西财经大学学报，2012，34 (S3)：172.

[53] 周宇. 现代企业集团财务战略研究 [M]. 成都：西南财经大学出版社，2009.

[54] 陈亚民. 战略财务管理 [M]. 北京：中国财政经济出版社，2008.

[55] 胡国柳，卢闯，黄鹤. 企业财务战略与财务控制 [M]. 北京：清华大学出版社，2004.